本书的出版得到国家自然科学基金面上项目（编号：52478044、

裂城

The Divided City

美国城市的贫穷与繁荣

Poverty and Prosperity in Urban America

［美］艾伦·马拉赫　Alan Mallach／著

高舒琦　赵牧黄／译

上海社会科学院出版社
SHANGHAI ACADEMY OF SOCIAL SCIENCES PRESS

序

中国正在经历一场经济和人口空间大变局。从人口流动角度来讲，中国人口正在从农村向城市特别是沿海城市流动，并从小城市向大城市集聚，有些城市还出现了从外围向中心城区的集聚。

在大洋彼岸的美国，近年来也正在经历人口空间格局的变化。之前的几十年里，美国的人口持续从东北部、中西部的铁锈地带向西部与南部的阳光带地区迁移，从城市中心向郊区流动。最近的趋势则是，一些原先热门的人口迁入地，如西海岸的加利福尼亚州，正在经历人口的迁出，一些长期衰退的老工业城市，如底特律、匹兹堡、巴尔的摩等，大量人口重新回到其中心城区。

但是，在美国老工业城市复兴这个主旋律之下，许多表象内部有着鲜明的分化，这也是本书名为"裂城"的原因。在美国的铁锈地带，只有那些规模较大、拥有较好的新型服务业资源（教育和医疗）的老工业城市，可以吸引人口的流入和经济的复苏;许多规模较小、缺少服务业的老工业城市,则难以扭转人口收缩和经济衰退的局面。在城市内部,大量千禧一代的年轻人迁入中心城区,带动了这个区域的复兴,近郊区由于缺少商业和就业机会,则延续着衰退的路径。这呈现出后工业化时期的特征。在老工业城市的社会结构中,贫富差距越来越大,中上产阶级愈发富余,以非裔美国人为主的中下产阶级规模扩大且愈发贫穷,而原本属于社会中坚力量的中产阶级群体不断遭到挤压,规模不断缩小。

造成这种"分化"现象的背后,是新的经济模式与新的社会观念对人口的流动和消费带来了巨大的影响。在一些美国的老工业城市中,虽然原先的工厂消失了,但是大学和医疗中心不断扩张,创造了成千上万的工作岗位,也带来了为数众多的消费者。同时,新的年轻人们不再追寻着他们父辈的道路——为了实现所谓的美国梦而结婚生子,并迁往有着更好教育条件的郊区;他们越来越关注自己的发展和享受,只有市中心才能为他们提供理想的居住和就业环境。

这种"分化"现象其实在中国也同样存在。根据我们团队收集的数据显示,在人口负增长的地区,比如东北哈尔滨为例,虽然整个城市人口在负增长,但它的中心城区人口正增长,我们把这种现象称之为"集中式收缩"。与此同时,在中国区域协调发展中,原来传统将中国分成一些板块,比如东中西、南北,还有长江经济带及京津冀、长三角、珠三角等城市群或经济带,但其实在每个板块内部非常明显地分化成了人口流入地区和人口流出地区。即使在长三角地区和珠三角地区,也是核心地区和地理位置比较好的地方人口正增长,而外围地区出现人口负增长。同《裂城》这本书所描述的美国的情况一样,人口空间分布的变化背后,实际上是产业结构越来越服务化带来的就业和消费场景的变化。因为服务业需要人与人之间的面对面的交流互动,无论是就业和消费都更集中在大城市和城市的中心城区。

在解决空间与社会不断"分化"这个问题上,《裂城》这本书针对美国老工业城市的现状,给出的建议之一是,与其给社会底层人民提供经济补助并让他们一直待在贫困的地区,不如想办法让他们从贫困的地区迁入中产甚至是中上产阶级居住的地区。一些美国的社会实验指出,获得迁居机会的社会底层,其健康状况显著改善,对福利救助的依赖减少了,子女的学习成绩也有所提高。因此,作者认为,让低收入人群移居发达地区应尽快成为美国城市和地区公平战略的一部分,并提出了"包容性住房"的策略:在中高档的居住区开发过程中,必须留出一定的空间以供保障性住房的建设。此外,作者还提出,在人口不断流出的收缩地区,应该坚定地执行减量发展的政策,拆除空置、废弃的建筑并将其改造为绿地。

这与我有关促进中国区域协调发展和建设宜居且和谐城市的观点不谋而合,我们团队长期以来的研究证实:人口从欠发达地区向少数发达地区的集中,其实有利于平抑地区之间的差异。人口从缺乏就业机会的地方适当流出,可以从多个方面带来地区之间的共同富裕,而且目前中国已经出现这些趋势:第一,一部分人口流动到条件比较好的地方可以提升自己的收入;第二,留守的人群可以实现农业、旅游、自然资源产业规模化和现代化,有利于留守人群的共同富裕;第三,人口流动可以带来地区之间差距的缩小,即人均GDP和人均收入的差距缩小;第四,人口流入一些发展条件比较好的地方,可以促进经济增长,并为发达地区向欠发达地区的财政转移支付提供支撑。与此同时,人口流入的一些大城市则可能出现较大的收入差距,因此,需要实现包容性增长,为低收入群体(包括外来人口)提供更好的工作机会和均等化的公共服务。保障性住房要尽量靠近中心城区,过多偏远的保障性住房往往要么闲置,要么出现服务从业人群"职住分离",增加交通拥堵。

人口的流动是人类的天性。每个人都有对美好生活的向往,迁移是实现这个愿望的有效途径。从政策应对角度来讲,应该顺势而为,从而愈合社会与空间的裂痕,促进人和人之间的共同富余。《裂城》一书里讲述的美国经历,可以为中国未来的区域和城市发展提供前车之鉴。

陆 铭

上海交通大学安泰经济与管理学院教授 中国发展研究院院长

2024年9月

前　言

20世纪60年代,我进入大学,之后又步入职场。当时,美国正经历着如火如荼的民权运动和城市更新运动。我在耶鲁大学读本科时,受这两个大事件的影响,加入了种族平等大会(Congress of Racial Equality)的纽黑文分会。自那之后,我开始在经历过城市更新的社区中,调查居民们的生活情况。纽黑文市政府用联邦资金在非裔美国人社区买下大多数穷人的房子,成为市内最大的贫民窟所有者。数以百计的人住在卫生条件极差的城市边缘,连供暖等最基本的需求都得不到满足。

那段时间,当地人对纽黑文未来的悲观情绪深深地触动了我。但我知道,对于纽黑文的当政者来说,即使会摧毁原有的城市社区,城市更新也势在必行。他们试图以这种孤注一掷的方式来挽救这个不断衰败的城市。在那时,耶鲁大学对纽黑文市而言,还远没有今天这般经济支柱的地位。在当地官员们眼里,纽黑文历来是一个拥有繁荣商业区的工业城市,除了继续在城市更新方面发力,他们找不到更好的路。他们说服城里的两家百货公司搬进崭新的大楼,还劝说尚未迁走的工厂搬到崭新的工业园区。这些项目在开始时得到了联邦资金支持,但到了后期,资金却没了踪影。20世纪七八十年代,这些百货公司和大部分工厂相继倒闭。

20世纪六七十年代,我觉得城市的前途堪忧,甚至无路可走。暴力事件似乎在城市屡见不鲜,白人不断逃离城市,郊区的购物中心和办公园区挤满了曾经位于市中心的商店和公司,稍有些历史的城市似乎都在不可阻挡地走向衰落。20世纪七八十年代,为了帮助穷人们逃离痛苦的城市生活,我花了大量时间与城郊导向的区划抗争,并试图在市中心原先是商店和公司的土地上建造保障性住房。

到了20世纪90年代,情况发生了变化。我前往新泽西州的特伦顿市(Trenton),担任那里的住房和经济发展部门主任。特伦顿尽管是新泽西州的首府,但本质上还是一个老工业城市。事实上,它更像没有耶鲁大学的纽黑文。作为曾经的制造业重镇,1990年时特伦顿已经失去了大部分工厂和三分之一的人口,市中心的商店或是停业,或是迁往一号公路周边的郊区购物中心。面对特伦顿和类似城市的衰落,我不能再置身事外。

在任职期间,我成功过,也失败过,做了些好事,也犯过错误。然而,我的所作所为并不是这个故事的重点。重要的是,我了解了许多在特伦顿式的美国城市发生的事情,这让我坚定不移地相信,这些城市面临严峻的形势。1999年,在特伦顿工作 8 年后,我离开了那里。之后,我大部分时间都在美国和欧洲的老工业城市调研。这个过程中,我倾听市民们的声音、查阅大量的数据资料(我是个数据狂人),思考,写作。这是一段宝贵的经历。我参观了许多有趣的地方,结交了很多益友。从一开始,我的关注点就不是纽约或旧金山这些光鲜亮丽的城市,而是底特律、克利夫兰、巴尔的摩和弗林特这些灰头土脸的城市。本书的内容与后者相关,源自我在那些城市的经历。

我的旅行启程于千年之交。当时,有很多迹象表明城市衰落的情况有可能好转。比如,越来越多的人在纽瓦克和克利夫兰等城市购置房产,而且这些房产正在不断增值。2000年,我参加了华盛顿特区的一个论坛,这个论坛由现已不复存在的房利美基金会(Fannie Mae Foundation)举办。在那里,当地一位顶尖的房地产市场研究人员告诉我们,"城市发展一帆风顺",这类说法在最近还是头一次出现。然而,仅仅几年后,越来越多的证据显示,这种"一帆风顺"在很大程度上来自投机行为和次贷狂潮。从 2000 年左右开始,作为城市住房市场一部分的次级抵押贷款迅速增长,许多城市的房价被哄抬到当地居民根本无法承受的水平。最终,楼市的泡沫在 2006—2007 年间彻底崩溃。

当时,面对房价的暴跌和止赎①率的指数级上升,许多人

---

① 止赎(floreclosure),即终止业主赎回财产的权力。在美国,根据房主拖欠税费不同,可分为房贷止赎和房产税止赎两种。——译者注

都想知道这些城市还有哪些潜在的增长点。实际上,过去几年内,我和其他人观察到的"好转迹象"并非都是无稽之谈。开发商们正对克利夫兰的仓库区和圣路易斯华盛顿大道沿线的旧厂房进行改造,在芝加哥的柳条公园建造新房屋,在费城市中心建设新公寓楼。人们搬进这些新住宅,其中大多是年轻人和无子女的人。相应地,迎合他们喜好的餐馆和商店也在周围纷纷开业。但是衰落仍在继续,随着止赎率的不断增加,银行业持续紧缩,整个美国陷入了大萧条。不只我一个人觉得,新世纪开头几年的繁荣,或许只是始于第二次世界大战的漫长城市衰退轨迹上的一个短暂插曲。

十年后,当我回过头写这本书时,答案变得清晰。那些繁荣的迹象确实是昙花一现。在受过良好教育的千禧一代的引领下,老城内许多区域的需求迅速回升,包括中心区、大学周边,还有许多像圣路易斯的肖(Shaw)和巴尔的摩的费尔斯角(Fells Point)的社区。这些聚居地稳步扩张。在巴尔的摩,除了费尔斯角社区,城市复兴区的扩张向东沿内港延伸到帕特森公园(Patterson Park)等更远的地方,向西从约翰斯·霍普金斯大学延伸到汉普顿(Hampden)和伍德伯里(Woodbury)。在匹兹堡,这样的新型聚居区沿着阿勒格尼河(Allegheny River)分布,从市中心一直蔓延到斯蒂普街区(Strip District),最远到劳伦斯维尔(Lawrenceville)。在费城,价值百万美元的联排住宅和公寓已不足为奇,更不必说那些月租金高于费城大多数人月收入的公寓。人们正不断搬到费城,在这里租住或是购入房产。

底特律曾是美国历史上最大的宣布破产的城市。现在，它焕发出新的生机。当我在 2003 年和 2008 年访问底特律时，这座城市的市中心几乎空无一人，人们仿佛不久前才关灯离开。2003 年，我驻足于半圆形的大马戏团广场（Grand Circus）中央，欣赏公园优美的景观，一抬头就能看到 20 世纪 20 年代建造的漂亮办公大楼。可悲的是，那些围绕着公园的塔楼只剩下了空心壳子。如今，这种情况一去不复返。在亿万富翁丹尼尔·吉尔伯特[①]的大力协助下，底特律市区重焕生机。当年我看到的那栋空置办公大楼，现在已经是底特律雅乐轩酒店，那里的客房每晚标价接近 300 美元。

但还是有些事情看起来不太对劲。出于这样的疑惑，我对这些城市进行了相当多的研究，其中有一个项目很能说明问题。多年前，我便着手绘制密尔沃基的绅士化地图[②]。在绘制地图的时候，我把绅士化区域定义为：2000 年属于低收入区域，且从 2000 年到 2012 年家庭收入和房价增长率高于平均值的人口普查区。根据这个标准，我在密尔沃基河西岸发现了一小块可以称为"绅士化"的区域。它就在市中心对面，不是很大，片区人口仅占城市人口的 1%。

然后，我换了个角度考虑这个问题。我想知道在同一时

[①] 丹尼尔·吉尔伯特（Daniel Gilbert），1962 年生于底特律，靠抵押贷款公司发家，2017 年以身价 58 亿美元跻身福布斯富豪榜。活跃于克利夫兰和底特律，是 NBA 克利夫兰骑士队的大老板。——译者注

[②] 我其实不太喜欢绅士化这个词，因为不同的人用它指代的事情大相径庭，在此我暂且使用它，并试图在第五章剖析它的具体含义。——作者注

期,有多少地区正在衰落。结果让我大吃一惊:只有屈指可数的低收入区域存在绅士化现象,其余近一半的区域正变得更加贫穷。情况不仅没有变好,反而变得更糟糕。在考虑通货膨胀的情况下,人们的收入和房产的实际价值在缩水。在中等收入的社区也存在同样的情况——这些社区居民的收入与全市的平均水平大致相同。自2000年开始,近一半中等收入者的优势地位不再显著。换句话说,他们变得更穷,房子也变得没么值钱。在密尔沃基,除了那1%的绅士化区域和一个本来就很富裕的地区,就再无其他地方获得了发展。

我并不是在批判密尔沃基,美国大多数老工业城市都存在同样的情况,只是程度不同。然而,在这些城市里,无论我走到哪里,人们热衷于谈论的都是绅士化。我无意间发现了这些城市的阴暗面,就像底特律的朋友所说:"如此重要的问题却根本无人在讨论"。诚然,复苏是真的,所有的宣传或多或少也有真实的成分,但它们只涉及城市中很小的一部分。剩下的大片区域停滞不前,许多地区正在走下坡路。很大一部分衰退现象牵扯到种族问题。我们的城市在各方面的两极分化变得愈发严重,贫穷与繁荣、复兴与衰落、黑人与白人之间的隔绝与差距越来越大。尽管巴尔的摩的东港和克利夫兰的大学圈充满了机遇与美好,但这些城市的大部分居民和社区都陷入了贫困和绝望,到处是空置的土地和被木板封住的房子,很难在这些地区看到城市中新出现的繁荣迹象。

这就是我决定要写的,不是关于纽约或旧金山,也不是那些占据新闻头条、立于舆论潮头的五六个沿海城市,而是那些数量较多的美国内陆城市,那些现在被称为"遗产城市"(legacy city)的原工业城市,比如布法罗或克利夫兰,或是那些数量更多的小城市和工业城镇,如特伦顿、扬斯敦或宾夕法尼亚州的阿里基帕(Aliquippa)。

这本书是它们的故事,讲述的不是关于"城市"或"都市主义"之类的空中楼阁,而是关于真实的地方和真实的人。我希望能准确描述这些城市中的现象并解释其中缘由,我也想证明种族隔离和不平等并不会是城市的未来。尽管有许多困难与挑战,但总有一条道路,通往更具包容性的未来城市。在那里,每个人都有机会分享自己社区的繁荣。我希望这本书能让这个梦想更快地实现。

致　谢

在写这本书的过程中,我得到了许多朋友、同事和其他人的帮助,如果没有他们,我无法完成写作的工作。这些年来,他们或是给予我知识,或是以行动激励我,或是借助所在组织的力量帮助我。其中,我最感谢的便是社区进步中心(Center for Community Progress)。在过去的七年里,社区进步中心为我的各类活动提供了理想的基础。在这里,我能找到许多志同道合的伙伴。在他们的支持下,我得以深入我的研究工作。在此,我想向现在和过去所有在社区进步中心的同事致以最诚挚的谢意。

另外,我要感谢布鲁斯·卡茨(Bruce Katz)和他在布鲁金斯学会(Brookings Institution)的同事,以及麦克·麦卡锡(Mac McCarthy)和他在林肯土地政策研究所(Lincoln Institute of Land Policy)的同事。多年来,他们一直支持我的工作,感谢他们的帮助与情谊。我还要感谢我在普拉特学院(Pratt Institute)城市规划专业的学生,在过去几年里,是他们的批判性思维帮我完善了本书中的许多想法。

在这些年里,我与许多人分享了想法,在与他们讨论的过程中,我学到许多。还有许多人正忙于建设更强大的社区,或是在帮助人们找到机会,他们的一系列实践也给了我灵感。其中有许多人给了我以上两方面的启发。请允许我在此列数他们的名字:弗兰克·亚历山大(Frank Alexander)、海迪·阿尔科克(Heidi Alcock)、凯伦·贝克·普利(Karen Beck Pooley)、伊恩·贝尼斯顿(Ian Beniston)、卡伦·布莱克(Karen Black)、戴维·伯尔克(David Boehlke)、迈克·布雷迪(Mike Brady)、兰斯·杰伊·布朗(Lance Jay Brown)、尼科·卡拉维塔(Nico Calavita)、唐·卡特(Don Carter)、琼·卡蒂(Joan Carty)、迈克·克拉克(Mike Clarke)、肖恩·克洛斯基(Sean Closkey)、萨比娜·戴特里克(Sabina Deitrick)、乔·德拉法夫(Joe Della Fave)、玛吉·迪尤尔(Margie Dewar)、弗兰克·福特(Frank Ford)、本·福曼(Ben Forman)、藤井康幸(Yasuyuki Fujii)、约翰·加拉格尔(John Gallagher)、比尔·吉尔克里斯特(Bill Gilchrist)、普雷斯利·吉莱斯皮(Presley Gillespie)、艾拉·戈尔茨坦(Ira Goldstein)、亚当·戈登(Adam Gordon)、亚当·格罗斯(Adam Gross)、安内格雷特·哈泽(Annegret Haase)、尼克·汉密尔顿(Nick Hamilton)、妮科尔·海曼(Nicole Heyman)、丹·伊默格吕克(Dan Immergluck)、皮特·卡萨巴赫(Pete Kasabach)、丹尼斯·基廷(Dennis Keating)、吉姆·凯利(Jim Kelly)、众议员丹·基尔迪(Dan Kildee)、已故的乔·金(Joe King)、珍·伦纳德(Jen Leonard)、莉萨·利维(Lisa Levy)、克米特·林德(Kermit Lind)、韦恩·迈耶(Wayne Meyer)、亨特·莫里森(Hunter Morrison)、帕特里克·莫里西(Patrick Morrissy)、马西娅·涅德兰(Marcia Nedland)、雷·奥卡西奥(Ray Ocasio)、乔尔·拉特纳(Joel Ratner)、阿龙·雷恩(Aaron Renn)、里克·索尔(Rick Sauer)、迈克尔·塞尔登(Michael Selden)、哈罗德·西蒙(Harold Simon)、乔·席林(Joe Schilling)、迈克尔·舒伯特(Michael Schubert)、约翰·夏皮罗(John Shapiro)、塔马·夏皮罗(Tamar Shapiro)、埃米莉·西尔弗曼(Emily Silverman)、肯·施泰夫(Ken Steif)、汤姆·施特赖茨(Tom Streitz)、布雷特·狄奥多斯(Brett Theodos)、史蒂夫·托博克曼(Steve Tobocman)、琳达·沃伦(Linda Warren)、鲍勃·韦斯福德(Bob Weissbourd)和索斯藤·维希曼(Thorsten Wiechmann)。我想特别感谢以下五位：拉维娅·布拉赫曼(Lavea Brachman)、迈克尔·布雷弗曼(Michael Braverman)、保罗·布罗菲(Paul Brophy)、查尔斯·布基(Charles Buki)和托德·斯旺斯特罗姆(Todd Swanstrom)。我有幸能经常同他们交流,他们头脑清晰,目标明确,且深以城市和社会正义为己任。我还想特别感谢黛安娜·施特纳(Diane Sterner)。多年来,她一直是一位不可多得的朋友、同事、顾问和评论家。或许上述名单中还缺了不少名字,但他们同样值得我感谢。在此,我为我的疏忽道歉。

我还要感谢布拉德·加顿(Brad Garton)和戴维·赫斯特伦(David Herrstrom)。这两位朋友虽然对本书涉及的专业知识了解不多,但他们阅读了本书的大部分初稿,并与我讨论。另外,我的编辑希瑟·博耶(Heather Boyer)也为本书出力颇多,像她这样的模范编辑实为今日罕见。

最后,我要感谢两个人,尽管他们可能并不知道,但我一直认为他们是我的导师。一位是乔治·斯特恩利布(George Sternlieb)。他让我明白,应当正视事实并追随事实,无论它会把我们带往何方,这一点十分重要。另一位是已故的保罗·达维多夫(Paul Davidoff)。他以实际行动向我展示,献身于社会正义事业的生活意味着什么。我要感谢我的父母,是他们教会我,没有目标的人生不算什么人生。最后的最后,像往常一样,我要感谢我的人生伴侣罗宾,是她陪伴我走过我人生的每一步,我愿向她致以最诚挚的赞扬与谢意。

目 录

引　言　复兴与不平等 / 1
第一章　美国工业城市的兴衰 / 16
第二章　千禧一代、移民和收缩的中产阶级 / 41
第三章　从制造业到"教育和医疗" / 62
第四章　种族、贫困和房地产 / 95
第五章　绅士化及其不满 / 124
第六章　衰退：社区转型的另一面 / 156
第七章　后工业时代美国的另一面：小城市、工业城镇和
　　　　处境艰难的郊区 / 181
第八章　空置房屋和衰败社区
　　　　——面临挑战的城市空间 / 216
第九章　就业与教育
　　　　——逃脱贫困陷阱的努力 / 256
第十章　权力与政治
　　　　——追寻变革之路 / 296

第十一章　通往包容和机遇之路 / 321
　　　　　就业是第一要务 / 327
　　　　　教育与机会 / 332
　　　　　区位与机会 / 336
　　　　　空间公平性 / 338
　　　　　生活质量与贫民区 / 341
　　　　　被抛弃的城市 / 345
　　　　　持续的复兴 / 352
　　　　　展望未来 / 360
　　　　　向韧性迈进 / 364

参考文献 / 369

引言
复兴与不平等

美国的城市正在发生一些重大的变化,这些改变振奋人心。因为它不再只发生在纽约和西雅图等几个备受追捧的沿海城市,还扩散到美国心脏地带的许多老工业城市,如巴尔的摩、圣路易斯和底特律。受过良好教育的千禧一代正前所未有地涌向这些城市,给巴尔的摩的港区东部和圣路易斯的华盛顿大道等地区打了一剂强心针。在圣路易斯,一座名为"猎户座"的全新公寓在市中心西区落成营业,这里曾经破旧不堪,但现在高档又时髦。这个顶级公寓的底层是一家全食超市①,公寓的月租金超过5 000美元,这个价格远远超过当地普通家庭的月收入。然而,仍有人愿意搬到圣路易斯,并支付高昂的房租。

城市中心逐渐恢复了活力。数百座曾经的办公楼、仓库或工厂被改造为公寓和酒店式公寓,新的商店、餐馆和夜总会

---

① 全食超市(Whole Foods),亚马逊旗下的高端超市,以健康有机为卖点。——译者注

纷纷开张。仅仅在几年前，伍德沃德大道，也就是底特律的主要街道，在下午5点就空无一人了。现在，这里直到晚上仍人声鼎沸。工厂消失了，但大学和医疗中心创造了成千上万的工作岗位。匹兹堡的卡内基梅隆大学和匹兹堡大学正在孵化科技初创企业，并开展前沿的自动驾驶汽车研究。匹兹堡、费城和巴尔的摩已经成为全球旅游胜地。

并非所有地方都出现了如此转变。一些城市比其他城市做得更好，但弗林特或代顿（Dayton）这样的小城市仍在苦苦挣扎。但是，许多曾经被政客和专家抛弃的城市，那些被人们称为美国"遗产城市"的地方，在过去的15到20年里发生了显著的变化。

这些复杂的现象激动人心，也让人深感不安。复兴是真实存在的。遍观美国各地，人们不再把城市一词等同于问题，而是将其视为充满机遇和活力的地方。成千上万有才华的年轻人主动选择落户巴尔的摩、圣路易斯或匹兹堡这样的城市，他们在许多方面是这一代年轻人中最优秀、最耀眼的人。我们这辈人曾目睹20世纪六七十年代一个个城市分崩离析、社区被烧毁、数百万市民逃离家园。对于我们来说，单是想到有年轻人愿意入住老城就激动不已。

但是，如此激动人心的情景中出现了问题。在复兴的同时，这些城市正变成一个个助长不平等的地方，穷人与富人、黑人与白人之间的分化愈发严重，城市上空蒙上了一层令人不安的阴霾。有些地区已从次贷危机和经济危机中完全恢复过来，另一部分地区却愈发落后。有些社区得到了复兴或完成了绅士化,而其他社区则变得更加贫穷与破败不堪。在圣路易斯,想从灯火辉煌的中央西区去往到处都是废弃房屋和空地的贫穷街区,只需向北走一小段路。城市里有多少人或社区变得富有,就有多少人或社区变得更贫穷,而中产阶级少得可怜。虽然城市复兴创造了成千上万的就业机会,但拥有工作的城市居民却越来越少。房价的上涨速度远高于收入的增速,租客们面临着沉重的租金负担。在 2000 年,巴尔的摩的租客房租占其收入比重的中位数是 30%,到了 2015 年,这个比重上升到近 40%。2013 年时纽约的市长候选人比尔·德·布拉西奥说,"纽约中发生的各种事情……仿佛发生在两个完全不同的城市"。他所描述的现象可能存在于美国的任何一个大城市。[1]

纵观美国的老工业城市,除了进行绅士化的社区,其他许多社区都正经历着社会意义和经济意义上的双重衰退,甚至包括一些一直以来十分稳固且经济相对稳定的工薪阶层社区或中产阶级社区。通常,非裔美国人社区更容易遭受严重的打击。黑人社区次贷与止赎激增。无论是通过绅士化还是其他方式,他们都很难从房地产泡沫破裂和经济衰退中恢复过来,更不可能搬进新的社区。成千上万的非裔美国人正失去他们的房屋和所剩无几的资产,只能眼睁睁地看着自己的社区分崩离析。如果你相信媒体,你可能认为绅士化是属于 21世纪所有美国城市的大事件。但事实上,媒体的信息基本自少数沿海城市,所有的一切只发生在华盛顿特区或西雅图之类的地方。对底特律而言,绅士化可能只发生在几个街区,但这座城市面对的主要问题，是贫穷人口的不断聚集与曾经发达的社区的衰退。

制造业的转型导致了稳定的工人岗位的流失以及工业行会的衰落，这种现象正在全国范围内发生。用经济学家罗伯特·萨缪尔森的话说，"所有这些因素都导致中产阶级被掏空，越来越多的美国人发现，自己要么属于高收入家庭，要么属于低收入家庭。这两类家庭数量的增长是以牺牲中间阶级为代价的"。[2]这种类似的现象被称为"经济分层"（economic sorting），即社区往往变得更富或更穷，中产阶级则变得更少。然而，在那些历史更悠久的城市，贫富对立的趋势往往被放大，对立现象随处可见，可能就发生在隔壁街区、对门社区或是马路上。

美国城市中，富豪与贫民一直共存。1890年，社会改革家雅各布·里斯（Jacob Riis）义愤填膺地写道："（纽约）四分之三的人住在廉价公寓里……这里是孕育传染病的温床；这里是贫穷与犯罪的孵化器，最终导致我们的监狱和法庭不堪重负；每年有4万人被扔到岛上的收容所和济贫院。在过去的8年里，大约有50万无家可归者涌入慈善机构，他们消耗的物资足以维持一支万人级别的军队。最重要的是，他们给正常的家庭生活带来了致命的道德危机。"[3]

里斯描述的是事实，但客观地讲，在这些廉价公寓里，能够过上体面生活、抚养健康孩子的人比里斯想象的要多。在其他大多数工业城市，人们可以住在自己的房子里，也许有一两个房客，很少像在纽约那样糟糕。与此同时，有人在德尔莫尼科举办奢华的宴会,有人炫耀自己在新港的海滨"小屋"。他们拼命地展示自身的财富,以至于这个时代被称为"镀金时代"——一个过度放纵和腐败的时代。

尽管不平等现象在 20 世纪 20 年代日益严重,并在大萧条期间持续存在,但在第二次世界大战后,美国逐渐地走向了平等,成为中产阶级的人越来越多,极端富裕或贫穷的人越来越少。专家估计,在雅各布·里斯写作的年代,多达三分之二的美国人生活在贫困之中。[4]到第二次世界大战结束时,贫困人口只占三分之一。到了 1973 年,这个数字又减少了三分之二,只有 11%。这是一个标志性的转变。然而,自 1980 年以来,正如托马斯·皮凯蒂(Thomas Piketty)和其他人所说,我们逐渐回到了镀金时代的不平等状态,这一点在老工业城市中最为显著。

美国城市的不平等体现在三个方面——空间、经济和种族,且这些要素之间还存在密切的联系。在巴尔的摩,我们可以清晰地感受到这些联系。2015 年,巴尔的摩的房价中位数约为 7.5 万美元。如图 0－1 的左图所示[5],在 29 个人口普查区中,约有七分之一的房价中位数超过 20 万美元,比全美二手房销售价格中位数低了约 10%。根据全美房地产经纪人协会的数据,美国二手房销售价格中值为 22.24 万美元。与全美的房价水平相比,20 万美元一栋房屋看起来还行,但对巴尔的摩来说却太贵了。这些高房价地区在空间上高度集中:约一半环绕内港,另一半则主要涉及约翰斯·霍普金斯大学周围片区、历来高档的罗兰公园和华盛顿山北面。这一小块区域居住着15%的城市人口,占据了这个城市几乎一半的住宅地产价值。

2015年房价超过20万美元的地区　　　非裔美国人占比不到25%的地区

图0-1　巴尔的摩的房价和种族分布情况

资料来源:政策地图(PolicyMap)

然而,正如图0-1的右图所示,除了少数例外,这些地区不仅是巴尔的摩生活成本最高、最富裕的地区,也是白人最多的地区。一个拥有近三分之二非裔美国人的城市,在高房价、高收入的人口普查区内,几乎90%的人口是白人。在这些普查区内,并不存在黑人占大多数的社区,只有两个高收入普查区的非裔美国人超过三分之一。当地一位博主把这种空间形态形容为被"黑蝴蝶"所包围的"L形白人区"。[6]

巴尔的摩是一个典型例子。在某些方面,这些城市的整合度越来越高。在或普通或高档的餐馆和精品店里,黑皮肤都很显眼;超过 100 个非裔美国人家庭居住在巴尔的摩最豪华的罗兰公园社区。与此同时,在巴尔的摩或是其他城市,大多数地区要么以白人为主,要么以黑人为主。那些种族更加混合的社区往往是在非裔美国人社区边缘形成的半影区域;这种社区数量较少,而且其内部的人口分布往往呈现出从某一种族为主到另一种族为主的过渡状态。

为什么会出现这种情况?为什么美国工业城市的复兴会导致种族、经济和空间两极分化的加剧?其背后的多种影响因素表明,这种结果几乎是不可避免的。其中一些因素可以总结为大趋势,比如全美人口变化或全球经济趋势。另一些因素则是城市本身正在发生的事情,比如非裔中产阶级的人口外流。另外,还有一些因素体现为政治和经济的选择。换句话说,有权做决策和控制资源的人作出的某些决定,会导致使用这些资源的方式的不同,从而导向不同的结果。

人口变化在不同方面的影响有好有坏。二十多岁、没有孩子、受过大学教育的单身人士——我把他们称为青年毕业生(Young Grad),他们渴望参与多样化、充满活力的城市生活,也越来越倾向于推迟结婚和养育孩子。他们的到来推动了一座又一座城市的市中心和特定社区的复苏。与此同时,中产阶级的衰落几乎摧毁了城市大部分社区,其中受影响最多的是传统的育儿夫妇家庭,他们在历史上是美国城市社区的绝对主力。这导致了城市儿童,尤其是中高收入家庭儿童数量的持续下降。城市评论员乔尔·科特金(Joel Kotkin)将

21世纪的城市称为"后家庭城市(post-familial city)",一个"孩子越来越少、越来越关注个体发展"的城市,这样的说法不无道理。[7]

中产阶级的流失虽然是一个全国性的现象,但对老城市的影响要远远大于美国其他地方。近几十年来,差劲的学校、老化的住房、对犯罪的恐惧,以及不断恶化的公共服务,都促使有经济能力的家庭从城市搬到郊区。即使越来越多的年轻人搬进市中心社区的空置建筑,很多家庭依然选择搬往郊区。近几十年来,尽管城市往往在人们心中占据了重要的地位,但越来越多的非裔美国家庭决定搬离市中心。

曾经的工业强市正经历着经济上的痛苦变革。像匹兹堡、底特律和布法罗这样的城市曾是美国工业力量的象征,人们甚至会说制造业城市高于一切。工厂支撑着当地经济,而且在经历了20世纪30年代的工会斗争、瓦格纳法案[①]和战后的繁荣之后,工厂提供的工作确保没有受过正规教育的男性工人可以挣到足够的钱,让全家过上体面的生活,并成为中产阶级的一员。现在,这些工作几乎没有了,在底特律或克利夫兰这样的地方,只有少数几家工厂运行良好,且它们的大多数员工都住在郊区。

这个故事的一部分是关于全球化和制造业本质的变化,但更多还是关于城市本身。制造业在美国蓬勃发展,曾经作

---

① 瓦格纳法案(Wagner Act),1935年罗斯福总统签署的法案。该法旨在保护劳工权益,如赋予工会权利、界定雇主的不正当行为等。——译者注

为美国工业力量摇篮的城市却没有分得发展红利。企业放弃了拥挤市区的过时工厂,转而选择现代化工厂,在那里他们可以更高效地运营,并雇佣更廉价的非工会劳动力来取代被舍弃的高薪工人。自20世纪80年代以来,美国建立了很多新工厂,但它们并没有选址在老城市,也不在东北部或中西部的大多数州,而是在南部和西部的得克萨斯州、加利福尼亚州和南卡罗来纳州。虽然自动化设备减少了工厂的工作岗位,美国的制造业仍在强劲发展——但不是在底特律、布法罗或弗林特。

在巴尔的摩和匹兹堡等更幸运的城市,新兴的全球大学和医疗中心在某些方面取代了消失的工厂,从而吸引了越来越多来自郊区且受过良好教育的劳动力。工人曾为自己的工作感到自豪,他们围绕工厂、工会和社区建立了丰富、多元的文化,现在却发现自己生活在一个新的、陌生的环境中。缺少专业技能和大学学位的城市居民陷入职业寒冬。通常情况下,他们只能找到那些通勤时间长,位于郊区沃尔玛、购物中心或护理院的低薪工作。

在这个国家,老工业城市是陈旧的,而许多人都偏爱新鲜事物。市中心和拥有维多利亚式住宅的历史街区,可以凭借悠久的历史发展成步行区,但这些地区只占每个城市的一小部分。正在复兴的绅士化核心区域之外的地区,有着与步行区一样历史的老旧房屋即使是最新修建的房屋往往也有50多年的历史。这些老房子通常缺少日常维护,或者需要彻底的维修。大多数住房都很普通,通常只有一间浴室,院落极小,远不及现今大多数家庭的期待。

即使有些地方的房屋本身可能会吸引中产阶级家庭,但其所在的社区仍可能不尽如人意。这些地区的学校状况不佳,犯罪猖獗,秩序混乱,街道和人行道破烂不堪,公园荒芜,公共服务也不太稳定。与此同时,在距离传统城市不远的郊区,虽然也有一些问题,但至少社区环境比较安全,有较好的配套学校(也可能只是名声较好)。这里的房价让年收入3万美元左右的家庭负担得起。

尽管这些社会和经济上的变化很大,但这种转变远称不上"历史的洪流"。所有的变化都与公共政策同时进行。比如:减少城市投资;以城市更新或修建州际公路系统的名义,将充满活力的黑人社区夷为平地;通过种族契约和联邦住房管理局(Federal Housing Administration,FHA)的规则,鼓励白人搬到郊区,却把非裔美国人和穷人限制在城市中央;限制城市获取足以供给居民和工人所需的资源。虽然上述事件大多发生在过去,但它的后遗症仍然困扰着城市。即使在今天,州立法机构仍然反对克利夫兰或圣路易斯等城市通过提高最低工资或要求建筑项目雇佣当地工人来改善工人的境况。

所有这些情况造成了复杂且矛盾突出的现象。在20世纪七八十年代,社区的衰败被理所当然地视为美国老工业城市整体经济衰退的重要组成部分。现在,这些城市的投资和活动水平远超几十年前人们的想象。但与此同时,贫困造成了巨大的影响,城市贫民窟愈发与城市其他部分隔离开来,对于其中成千上万的居民而言,复兴趋势没有带来新的希望或机会。那些曾经运行良好、房屋普通却有人精心打理的社区,正走上成为贫民窟的道路。新的浪潮正在到来,但许多社区并没有水涨船高。

这些城市的人们并非对此一无所知。全国性媒体和一些城市规划专家难以应对复杂的问题,往往把城市看成是《机械战警》(*RoboCop*)中反乌托邦的场景,或者是自我感觉良好的复兴故事。与他们不同,很多当地人意识到了问题所在。成千上万人展示出惊人的动力和决心,他们的努力不仅是为了优秀的千禧一代,而且是为了让所有人的城市变得更好。但是,他们的努力并没有起到什么作用。我们需要尊重他们的付出,也应当为他们的成就喝彩,但我们也应当深入研究:为什么他们努力了这么多年,情况却没有改善?他们一直在为振兴城市付出,为什么两极分化却越来越严重,穷人富人变多,而中产阶级变少?为什么在出现了更多的高档住区的同时,生活困苦、竭力挣扎、被忽视的贫民窟也越来越多?

另外,我们也必须思考,如果所有的努力都没有产生影响,这对美国的老工业城市意味着什么?这些城市至关重要,它们的未来不仅关系到数以百万计生活在其中的人们,还有更多与城区关联密切的郊区居民。而且,由于美国城市化进程加快,城市正逐渐恢复作为国家和地区经济引擎的历史角色。用埃尔德里奇·克利弗(Eldridge Cleaver)的话来说,当美国努力应对 21 世纪的艰难挑战之时,我们的城市可以成为应对这些挑战的一部分,或者说,城市就是问题本身的一部分。

今天,美国的老工业城市和后工业城市似乎都在拥抱未来,但城市中的两极分化愈发严重,繁华耀眼的飞地被衰落破败的废弃地包围,数百万人陷入贫困与绝望的生活。这些城市处于发展的十字路口。照今天的发展趋势,美国的城市即将成为戴维·史密斯(David Smith)描述的雅加达,而我们却找不出其内在的原因。他说:"在伟大的商业活动和繁荣、增长的外表背后……在城市中不太显眼的地方——远离主干道的贫民窟或是大都市郊外的棚户区,雅加达的市民过着截然不同的生活。"[8]

对于我们的城市和国家而言,这样的两极分化不是我们期待的未来。20世纪初是这些城市工业发展的鼎盛时期。当时,这些城市内也出现了贫富两极分化的现象——富人住在豪宅里,穷人住在窄小的房屋和公寓里。尽管后者的居住和卫生条件不太好,也比较贫穷,但那时起码大量的美国人有机会在城市里进入中产阶级,让美国人的生活水平成为世界其他国家的典范。

目前的问题不在于今天的美国城市里住着穷人而在于城市几乎不再提供让穷人改变生活的机遇和场所。如今的穷人和他们的孩子无法逃离贫穷,被城市提供的机会拒之门外。这些城市面临的最紧迫问题是:这种情况是否会改变,以及随着城市的继续复兴,城市能否再次成为充满希望和机遇的地方。

这就是这本书的意义所在。它讲述了自2000年以来,美国的老工业城市到底发生了什么,为什么会发生,以及这对未来的意义。我坚信,我们可以改变城市未来的走向。本书不仅讲述推动这些城市转型的经济、社会和人口方面的巨大变革,还将探讨这些变化与种族、贫困和权力之间的复杂关系,以及这些复杂性如何转化为不断变化的现实。本书也会研究底特律和巴尔的摩这类城市,还有其社区在前段时间的各种转变,以及这些变化如何反过来改变人们的生活。

本书第一章为故事的展开搭建了舞台,描述了美国的工业城市如何在过去成为巨大的繁荣和机遇的中心,以及它们如何在第二次世界大战后陷入长期的衰退,直到不久前才开始复苏。接下来的两章着眼于美国社会和经济两方面的广泛变化,它们是城市转变的最强推动力。第二章,讨论人口结构和消费者偏好的变化如何彻底改变了城市及其社区的特点,包括千禧一代的崛起、传统夫妻家庭的衰落和移民群体的兴起。第三章,谈论在工厂关闭的背景下,新的经济部门,诸如医疗保健和高等教育产业,将如何主导这些城市的经济。

接下来的三章可以总结为"空间和种族",内容着眼于老工业城市中不断变化的社区动态。第四章探讨种族问题对于美国的持久影响,这应当是一切关于美国城市严肃讨论的出发点。要知道,在城市复兴过程中,城市贫民窟的维持和扩张(或者说某一种族在某一区域内集中和多代贫困)现象的背后,都是种族歧视和种族隔离的后遗症在作祟。正如威廉·福克纳所说:"过去永远不会消亡。它甚至还没有成为过去。"[9]第五章探究了绅士化意味着哪些事情的发生,而这些事情又是如何影响社区及其居民的,以及为什么"绅士化"会成为关于两极分化的激烈争议的代名词。第六章着眼于社区中的负面新闻,研究一度活跃的社区的广泛衰落,并探究其背后的原因。

第七章转换视角,抛出一个与前文关联较弱但难以回答的问题,即为什么数百个规模较小的工业老城、工厂城镇和老化的郊区严重落后于大城市。我试图解释为什么城市的规模在今天的经济形势下比在城市的鼎盛时期更加重要。接下来的章节,继续讨论人们为应对老工业城市面临的挑战作出了哪些探索。第八章着眼于城市、社区发展公司和其他各方的作为。它们曾试图扭转社区衰退,并意图为资金匮乏、处境艰难的社区带来新的活力,但大多数努力都失败了。这章探索了其中的部分原因。第九章,着眼于机会差距和持续性贫困的原因。另外,人们为了跨越阶层也有所行动,如教育和培训,这些做法取得了很大的成功,我也将探讨这些手段没有造成进一步影响的部分原因。

最后两章回到引言中提出的主要议题。第十章探讨地方政策和决策如何影响了每个城市的发展方式,以及这些决策反映出的城市权力动态。这些相互的影响决定了我们应该如何思考公平和机会,以及为什么所有成功的策略最终必须在地方层面进行探讨。最后,第十一章,提出了一系列广泛的、影响深远的、在少数情况下可能有争议的建议,旨在带来更多的公平和机会,同时维持老工业城市的复兴。它们确实在复兴,但很脆弱;除非这种复兴得以持续,否则人们梦想的机会很少能成为现实。

我相信,更广泛的公平和包容是可以实现的,城市可以再次成为让人充满希望和机会的地方,而不仅仅是少数人的乐土。这是一项非常复杂的任务,但是我们值得对此抱有信心。事实上,这比自由派所倡导的建设更多的项目和投入更多的资金(尽管这可能有所帮助),以及保守派所倡导的释放市场力量(尽管市场是经济发展中重要的组成部分)更重要。我不想加入那些仅仅提供联邦项目清单或对市场过度依赖的人,也不想提供乌托邦式的解决方案,那还不如让我相信亚特兰蒂斯将从海底崛起。相反,我想探究的是,究竟怎样做才能改变当下的发展轨迹,使之由强大的社会、经济和人口力量驱动的同时,又与同样强大的权力和政治相互联系。

这些现实情况既关乎国家和世界,也和每个地方息息相关。美国的城市都应行动起来,而不仅仅是成为被动的旁观者或受害者。联邦政府可以通过多种形式提供帮助,但最终,具体的政策执行将由当地的决策者完成,这关系到某一些人将接受援助还是被排除在外,也关系到那些被复兴落下的人是否有可能重新搭上时代快车。从另一个角度上说,这意味着,任何争取公平和机会的努力都必须首先是一场地方运动,或者更确切地说,是数百个独立的地方运动。这将是一个漫长而艰难的过程,每个小城市和大城市都将经历这一切。这将是一场斗争,但值得我们为此付出努力,因为我们正为美国精神而斗争。

第一章
美国工业城市的兴衰

开国时期,美国的疆域是一块沿着大西洋展开的狭长地带。当时的美国作为一个农业国家,城市是贸易中心,而不是工业中心。独立战争结束后不久,《西北法令》①将中西部的大片土地开放给移民定居,作为贸易中心的城市开始发生变化。此后多年,匹兹堡、底特律或辛辛那提只是些西部小镇,勉强称得上是加强防御用的前哨站。这些小镇坐落在河流沿岸,被森林包围,周边是居住已久的美洲土著人。直到1820年,住在楠塔基特岛②上的人比住在匹兹堡市的人还多。

这些中西部城镇很小,但是相当热闹。那里的居民勤苦

---

① 西北法令(Northwest Ordinance),亦称《1784年、1785年暨1787年法令》。这一系列法令,为当时美国西北地区(即美国宾夕法尼亚州以西、俄亥俄河以北、密西西比河以东和大湖区以南的边陲地区)的垦殖和建州创建了公平合理的程序。——译者注
② 楠塔基特岛(Nantucket),大西洋岛屿,位于马萨诸塞州科德角以南48千米。岛屿自然条件良好,逐渐发展起渔业、造船业、捕鲸业,在独立战争前夕达到鼎盛。——译者注

奔忙,怀揣企业家的精神,从某种角度上说,他们对金钱的追求比东部城市的人更极致,也更专一。弗朗西丝·特罗洛普(Frances Trollope)于 1828 年访问辛辛那提时,鄙夷地描述其中的景象:"蜂箱里的每只蜜蜂都在积极寻找蜂蜜……说白了,就是在追求金钱。"[1] 当时,辛辛那提是阿勒格尼山脉以西最大的城镇,这个地位一直保持到南北战争时期。在接下来的几十年里,随着数以百万计的移民西迁,一座座城市沿着该地区的河流和湖泊应运而生。城镇间联络最初通过运河,随后依靠铁路。1837 年,一位比弗朗西丝观点更温和的英国游客这样描述底特律:"这里能看到高塔、教堂的塔尖,以及活跃的人群;这里有沿岸排列的别墅和漂亮房子,还聚集着百余艘船舶——巨大的蒸汽船、双桅帆船、纵帆船在拥挤的港口装卸货物。简而言之,这里繁荣无比,商业发达。"[2] 南北战争前夕,辛辛那提、圣路易斯、芝加哥和布法罗均位列美国十大城市之中。

19 世纪早期,大部分制造业分布在东海岸,包括纽约和费城等大城市及其周边的几十个小城市。马萨诸塞州的洛厄尔(Lowell)和新泽西州的帕特森(Paterson)在建立之初只是工业城镇,之后发展成真正的城市;19 世纪初,第一批制造餐具的陶器厂在特伦顿成立,彼得·库珀(Peter Cooper)和艾布拉姆·休伊特(Abram Hewitt)于 1845 年在该市开设了他们的第一家炼铁厂;[3] 19 世纪中叶,费城自称"世界工厂"。[4] 然而,这些东海岸城市很快就有了竞争对手,就部分产业而言,发展起来的中西部城市逐渐超越了东海岸城市。

中西部城市从建成伊始就是工业活动最为繁忙的地方；辛辛那提1819年的黄页中列出了2家铸造厂、6家锡厂、4家铜厂和9家银厂，以及1家制钉厂、1家消防车制造商、15家橱柜店、16家制桶厂等。[5]最初，底特律的造船厂是修理厂，但其业务很快就扩展到船用发动机的制造，19世纪40年代，它们开始为日益增长的五大湖贸易制造轮船。所有这些工业活动都由不断增长的市场和美国西北地区激增的人口推动。伊利诺伊州的人口从1810年的12 282人增加到1860年的170万人，在中西部仅次于拥有230万人口的俄亥俄州。这种爆炸式的人口增长不仅源于来自东部地区的持续移民，还源于19世纪中叶第一批来自德国和爱尔兰的大规模移民。

相比于波士顿和费城这样长期有人定居、坐拥显赫地位的城市，中西部城市尽管有着宏伟的目标，但城市风貌看起来还相当原始。一段19世纪晚期的文字把1860年的底特律描述为："只有几条主要的大道是铺过的。既没有电车轨道，也没有公共汽车线路，只有老式卡车在拖运货物。除了市中心，其他区域没有公共路灯……只有三家石材商业店面。"[6]然而，似乎有更重要的事情即将到来。19世纪50年代，克利夫兰还是一个只有1.7万人口的小城市，但当时的照片显示，苏必利尔大街（Superior Avenue）沿线有一排令人难忘的四层砖石建筑，它通向装饰豪华的公共广场。这里在过去和现在都是克利夫兰的城市中心（图1-1）。

尽管美国城市十分热闹，人来人往，但总体而言，美国在南北战争前夕仍然是一个农业国家。只有六分之一的美国人

图 1-1　正在建设的城市：19 世纪 50 年代克利夫兰市中心
资料来源：西部保留地历史协会

居住在人口超过 2 500 人的城镇。印第安纳州有 130 万人口，住在该州最大城镇印第安纳波利斯（Indianapolis）的只有不到 1.9 万人。伊利诺伊州有 170 万人口，唯一称得上城市的芝加哥只有 11.2 万人，其经济仍严重依赖肉类和其他农产品的加工，产品主要销往东部地区。除了东北地区的几个工业城镇，没有一个美国城市可以被称为"工业城市"。除了纺织厂之外，大多数工厂的规模都很小，更像是车间，与南北战争后出现的大型工厂截然不同。

然而，这种状况很快有所改变。19 世纪 80 年代末，美国成为世界领先的工业国家。在南北战争后的三十年里，克利夫兰和底特律这样的城镇已野蛮成长为主要的城市中心。历史学家和经济学家为 19 世纪后期美国工业化和城市化的同时爆发，找出了许多不同的原因——多到让人们相信美国的工业霸权是命中注定的，美国拥有一切：煤铁等丰富的自然资源；充足而廉价的能源；四通八达的交通基础设施；日益增长的国内市场；变革性技术创新，如将炼钢从手工工艺转变为工业工艺的贝塞麦炼钢法；几乎没有任何限制的蓬勃发展的企业文化；看似取之不尽的廉价移民劳动力。当然，还有一群具有影响力的发明家、金融家和工业大亨，诸如卡内基、洛克菲勒、摩根、范德比尔特或爱迪生。无论其受到的评价如何，他们都是美国传奇中的巨人，他们的名字在今天仍然极具影响力。

繁荣背后却是另一番光景。工人们长时间工作，工作条件艰苦而且往往面临危险。"你很难在这里看到老人，"1894年时，卡内基钢铁工厂的一名工人说，"长时间的工作、难以承受的工作强度，以及工作场所的巨大温差令人筋疲力尽。"[7] 与过去的小作坊形成鲜明对比的是，新的钢铁厂雇用了成千上万的人，地方变大了，人情味却没有了。在卡内基的工厂里，工人们一周工作7天，每天工作12小时，只能在7月4日休息①。工人们死亡或截肢是家常便饭。此时，安全条例、工作时间规定或童工限令还尚未出台。

工厂之外的生活条件也好不到哪里去。由于社会保障系统还没建成，贫困甚至赤贫现象普遍存在。成千上万的移民家庭被迫挤在狭小的房子里，通常与一个或多个其他家庭合住。在纽约市以外，很少有廉价公寓。巴尔的摩的巷间住宅

---

① 7月4日为美国独立纪念日。——译者注

或纽瓦克的三层住宅也往往只是比廉价公寓的条件略好一点点。1900年,在马萨诸塞州伍斯特(Worcester)和新泽西州帕特森,超过一半的住宅和公寓中蜷缩着两个或更多的家庭。

这不是故事的全部。在19世纪接近尾声之际,一座座城市都发生了显著的变化,尤其是位于美国工业扩张中心的中西部大型城市。随着这些城市的繁荣和中产阶级人口的增长,它们成为真正意义上的城市。这不仅体现在人口和商业活动的大规模聚集,还体现在它们对古代雅典或文艺复兴时期佛罗伦萨的极尽模仿,城市成为市民生活、文化生活和智力生活的中心。它们的成就可能不及上述这些城市,但产生了显著的效果。

美国的许多城市致力于城市美化运动,经常模仿欧洲大城市的林荫大道和宫殿。在弗雷德里克·劳·奥姆斯特德(Frederick Law Olmsted)完成曼哈顿的中央公园和布鲁克林的展望公园(Prospect Park)设计后,下一个委托他设计的城市是布法罗,紧接着是芝加哥和底特律。实际上,布法罗聘请他不只是为了设计一个公园,他还设计了一个由公园和景观道路组成的完整网络,为这座灰头土脸的工业城市周围添上了一道绿环。完成1893年芝加哥的哥伦比亚博览会的设计之后,丹尼尔·伯纳姆(Daniel Burnham)和他的同事为克利夫兰市中心设计了精巧的布扎风格①城市建筑。该设计以

---

① 布扎风格(Beaux Arts),是一种由巴黎美术学院教授的学院派新古典主义建筑晚期流派。它是一种混合型的建筑艺术形式,主要流行于19世纪末和20世纪初,其特点为参考了古代罗马、希腊的建筑风格,强调建筑的宏伟、对称、秩序性,多用于大型纪念建筑。——译者注

一个占地三个街区、宽1 200米的景观购物中心为特色，两侧安排有该市主要的市政建筑，包括法院、市政厅、公共图书馆和公共礼堂。同年，在芝加哥的"摩天大楼之父"路易斯·沙利文（Louis Swllivan）主持建造的第一波摩天大楼浪潮奔三角向前，宏伟的克利夫兰市中心百货公司大楼拔地而起。

美国中西部城市出现了一系列的大学、交响乐厅和博物馆，除了这些与新的文化要素相匹配的物质建设，更重要的是出现了市政设施的改造升级。改革运动试图清理腐败的地方政府，改善穷人的生活条件，引入合适的卫生设施，实现街道电气化、公共交通现代化，提供普及的公共教育。改革者试图在愈发拥挤不堪、污染严重的城市中实现这些变革。1905年，林肯·斯蒂芬斯（Lincoln Steffens）称赞克利夫兰市长汤姆·约翰逊（Tom Johnson）是"美国最擅长城市治理市长"。[8]毫无疑问，领导者将这些城市视为伟大的城市，正如伊利诺伊州州长在1889年芝加哥礼堂大楼落成典礼上所说，这座大楼"象征着芝加哥文明之钻，没有遗失在仓库的尘土中，也没有埋没在屠宰场的泥潭下"。[9]

像克利夫兰购物中心这样的布扎风格设计可能是为了提升城市领导层的自我形象，至少在某种程度上如此，但工业城市的转型不仅仅是为了精英阶层的利益。随着劳工和市民骚乱持续发生，城市工人阶级的性质正在发生变化：在经历工会和移民者美国化后，他们的孩子稳步进入中产阶级。相关研究表明，城里的工人阶级的确实现了跃迁。从南北战争结束到20世纪20年代，美国的代际流动处于巅峰状态，而且远远超过同时期的西欧。[10]尽管很少有熟练工人通过开设小型工厂走向中等富足，但美国的经济转型为产业工人、售货员、推销员、政府官员以及数量不断增长的专业人员开辟了数百万个新的中产阶级工作岗位，制造业工作也为推动人们进入中产阶级起到愈发显著的作用。1900年，在克利夫兰、底特律和托莱多（Toledo），近五分之二的家庭拥有自己的房子。与拥挤的纽约市形成鲜明对比的是，底特律只有八分之一的家庭与另一个家庭合住，托莱多只有十四分之一的家庭与另一家庭合住。

中西部的大工业城市只是这个国家工业集群中最突出的部分。19世纪后半叶，美国制造业突飞猛进，1880年至1900年间，工厂增加了250万个工作岗位。在费城、匹兹堡、辛辛那提和纽瓦克等城市，五分之二的工作岗位是在工厂之中。到1900年，在纽约、费城和巴尔的摩等商业城市，制造业已经成为经济的主导。同时，数百个较小的城市，如新泽西州的特伦顿、宾夕法尼亚州的雷丁（Reading）和俄亥俄州的利马（Lima），都拥有自己的工厂、移民社区，以及象征经济繁荣的公园、音乐厅和宏伟的市政厅等。

特伦顿是一个典型的小型工业城市，因其在美国独立战争中发挥作用而闻名。其工业历史始于19世纪40年代，当时有一些小型陶器制造商，还有一家传统的炼铁厂，为该地区日益增多的铁路制造铁轨。随着时间的流逝，这两个行业不断发展。彼得·库珀的钢铁厂建立，吸引德国移民约翰·罗布林（John Roebling）来到特伦顿创建了自己的钢缆制造工厂。到19世纪晚期,特伦顿已经建成70多个陶瓷工厂和车间,如精细瓷器制造商雷诺克斯(Lenox)、克瑞公司(Crane)的前身,以及卫浴制造商美标(American Standard)。这座城市的其他工业产品还包括橡胶轮胎、罐头食品和运动款汽车的早期代表——默瑟汽车。这座城市的人口从1850年的6 000人增加到世纪之交的7.3万人,再到1920年的近12万人,其中包括成千上万的移民,大部分来自意大利和波兰。

和其他更大的城市一样,随着城市的发展,特伦顿逐渐繁荣起来。1891年,奥姆斯特德设计的卡德瓦拉德公园向公众开放。1907年,一个新的布扎风格市政厅落成,正面矗立着雄伟的大理石柱。特伦顿把工业城市作为自己的首要定位,并把它反映在新议会会议厅的装饰上。比如一幅由美国阿什坎学派(Ashcan School)的杰出艺术家埃弗里特·希恩(Everett Shinn)创作的大型壁画,其中两个画面生动地描绘了作为这座城市标志的繁忙工厂,右边是马多克陶瓷厂,左边是罗布林钢缆厂。希恩笔下的工人肌肉发达,挥洒着汗水努力工作。大约在同一时期,当地商会举办了一场比赛,遴选彰显这座城市独特之处的新口号,最终夺冠的口号是:"特伦顿制造,全世界享受(Trenton Makes—the World Takes)"。1911年,这句口号被安置在横跨特拉华河的一座桥上。今天,如果有人乘火车从费城和华盛顿到特伦顿,仍会在电子广告牌上看到这句标语。

罗伯特·博雷加德(Robert Beauregard)写过:"20世纪的前二十年和19世纪的后几十年对于美国城市历史有着特

殊的意义。"[11]这段时间没有持续太久。尽管人们习惯上认为美国城市的衰落始于第二次世界大战结束后,但衰落的迹象早在20世纪20年代就已显现。其中一个现象是郊区的发展,其背后的逻辑在于:随着汽车和卡车的普及,全美的交通系统不再依赖铁路和水路,而是逐渐发展为普通公路和高速公路的新系统。从1920年到1925年,美国的私家车数量翻了一番多;1925年,美国日益拥堵的道路上运行着超过1 700万辆汽车和250万辆卡车,一半的美国家庭拥有一辆汽车。

郊区开始不动声色地扩张。在更早的时候,郊区面积很小,在通勤铁路和有轨电车沿线呈链状分布。现在,郊区可以建在任何地方。它们开始填充交通线之间的空间,围绕已经建成的中心城市,逐渐形成由城市、城镇和村庄组成的隔离墙,将中心城市锁定在20世纪20年代以前的边界内。虽然大多数城市在20世纪20年代继续增长,但它们的增长率正在放缓,特别是在1924年移民限制生效之后。

工业也开始分散。圣路易斯有着美国领先的鞋类制造商,但在20世纪20年代,如乔恩·蒂福德(Jon C. Teaford)所说:"圣路易斯的制鞋业巨头将大部分生产线转移到贫困小镇的工厂。这些工厂散布在伊利诺伊州南部、密苏里州、肯塔基州、田纳西州和阿肯色州……公司总部留在圣路易斯和其他中心地区,但工厂却不在这里。"[12]由于工业不再需要水力驱动,洛厄尔的许多著名纺织厂在20世纪20年代迁往南方。在这十年间,这个城市的人口减少了10%以上。洛厄尔的人口尽管在20世纪80年代后再度持续增长,但仍未恢复到1920

年的水平。

美国工业逐渐不受地域限制,这反映了城市经济结构的变化,标志着历史学家约翰·坎布勒(John Cumbler)所说的"市民资本主义"(civic capitalism)开始走向终结,或者说,以地方为基础的企业家和资本家之间的交互网络的终结。曾经的他们是各个工业城市的组成部分,与其所在的社区"同呼吸,共命运"。[13]道格拉斯·雷(Douglas Rae)在谈到纽黑文时写道:"早在1920年之前,大量的本土企业,即使是当地规模最大或最具生产力的企业,也会被愈发强大且更具侵略性的国家级公司从当地的产业结构中挤走……这些本土企业的总部远离故土,因此逃离了本土管理者和所有者的控制。"[14]虽然市民资本主义是家长式的,而且往往是剥削性的,但它也与社区联系在一起。一方面,它们通过公司为所在城市的物质和社会福利做出了贡献;另一方面,由于地方忠诚度的加持,即使所在城市的经济实力没那么强,一家本土企业也能站稳脚跟。然而,城市的经济实力日渐增长,企业的力,本地忠诚度却变得越来越无关紧要。

尽管敏锐的观察者在20世纪20年代注意到这些变化,但它们没有引起广泛的关注。洛厄尔只是个例外。大多数城市仍在成长,很少出现规模较大的工业外流。虽然越来越多的人住在郊区,但与之后相比,数量还少得多。对于各个地方而言,绝大多数人口仍住在城市中心。郊区居民可能住在城外,但他们仍然前往市中心工作、购物或看电影。街道上车水马龙,全新的摩天大楼如克利夫兰标志性的航站楼拔地而起,城市似乎比以往任何时候都更有活力。

然而,美国工业城市的发展在接下来的 15 年急转直下。经济大萧条摧毁了这些城市。到 1930 年 7 月,底特律三分之一的汽车制造岗位已经消失,15 万工人无所事事。工厂关闭,银行倒闭,住房建设几乎停止。1933 年,克利夫兰一半的劳动力失去了工作。当地一位新闻记者写道:"衣衫褴褛的市民每天成群结队地涌进报社寻求帮助,他们身无分文,甚至买不起三明治。福利部门的办公室被围得水泄不通,却无法提供紧急援助。"[15] 1936 年,布法罗有 143 960 人依靠救济或无实际意义的工作生活,占全市人口的四分之一。[16]

20 世纪 30 年代末,罗斯福新政开始缓解经济大萧条的影响,但直到第二次世界大战,经济螺旋式下降的趋势才被短暂扭转。闲置的工厂恢复了生机。底特律的汽车工业进行了重组,转而制造坦克和飞机,这座城市因此被称为"民主的兵工厂"。作家哈尔·博兰(Hal Borland)在 1941 年写道:"这台庞大的生产机器拥有了全新的节奏和严峻的新目标。成千上万的烟囱重新冒出烟来……底特律比过去几年都要繁忙,发展的脚步不断加速。"[17] 成千上万来自阿巴拉契亚地区的白人和来自南方腹地的非裔美国人涌向这座城市,由于缺乏新建住房,他们挤在老房子和公寓里,建造棚户区,并在城市公园中扎营。

20 世纪三四十年代,美国工业城市极为动荡,社会变革迭起。20 世纪 30 年代,由罢工引发的暴力冲突浪潮过后,工会的力量不断崛起。1937 年,针对通用汽车公司的静坐罢工将密歇根州弗林特市变成了一个武装营地,"有 4 000 多名国民警卫队队员……包括装甲和机枪部队"。[18] 经过多次劳工斗争,像钢铁工人工会和汽车工人联合会这样的工会已和美国经济密不可分。到 1943 年,汽车工人联合会成为美国最大的工会。1949 年,会员已超过 100 万工人。

暴力冲突通常也标志着非裔美国人的大规模移民,由于传统南方农业的衰落,他们只能来到城市工作谋生。自第一次世界大战期间开始的大规模黑人移民以来,种族冲突成为一个反复出现的问题。三 K 党①在许多北方城市滋生。20 世纪三四十年代,紧张局势在许多城市酝酿,并于 1943 年蔓延到底特律。在奥姆斯特德设计的贝尔岛公园,暴力冲突持续了 3 天,造成 34 人死亡,数百人受伤,这次是近几十年的高潮,也成为 20 世纪 60 年代种族冲突爆发的先兆。

随着第二次世界大战的结束和军队的回归,人们期望城市的生活和工作恢复正常。对许多人来说,他们想要在战争和经济大萧条之前的生活,至少在一段时间内是这样。尽管现在看来,城市衰落的迹象几乎从战争结束时就已显现,但 20 世纪 40 年代晚期和 20 世纪 50 年代对大多数工业城市来说并不算糟糕。工厂迅速重组,转向国内市场。1948 年,美国汽车制造商生产了 500 多万辆汽车,其中近 400 万辆是小轿车。匹兹堡的炼钢产业规模比以往任何时候都大。琼斯-

---

① 三 K 党(Ku Klux Klan),美国历史上一个奉行白人至上主义的团体,名称源自希腊文,Ku-Klux 意为集会,Klan 意为种族。——译者注

劳克林公司开始大规模扩建旗舰工厂,以满足战后的需求。同时,工厂使用的能源从煤转变为天然气,使得城市的空气比过去很长一段时间都干净。匹兹堡臭名昭著的豌豆浓汤雾霾正在成为过去。虽然匹兹堡和克利夫兰等城市的制造业企业所提供的岗位数量,低于第二次世界大战时期的水平,但在1958年,这些城市的工人仍然比1939年多。在大多数情况下,他们都干得很好。正如雷·苏亚雷斯(Ray Suarez)所说:"第二次世界大战后,老板们赚了很多钱,就连工人们也尝到了甜头。在人们的印象中,每个人都在工作,事实也是如此。"[19]

住房的建设量开始增长。从战争结束到1960年,底特律建造了近10万套新房和公寓,费城建得更多。不仅仅在郊区,城市中心区的住房自有率也开始上升。从1940年到1960年,底特律的住房自有率从39%上升到58%,费城从39%上升到62%,阿克伦(Akron)从49%上升到67%。1960年,弗林特几乎四分之三的家庭拥有自己的房子,其中15 000栋是20世纪50年代新建的,这些家庭中的男性大多在通用汽车厂工作。

与战前相比,社区似乎没有发生什么变化;如果非要讲出不同之处,那便是变得更好。1960年,代顿和扬斯敦几乎一半的家庭是育儿的已婚夫妇家庭(如今只有8%),其余大多数也都是已婚夫妇家庭,只不过他们要么是还没有第一个孩子,要么是全部子女均已自立门户。我再次引用一次苏亚雷斯的话:"20世纪初,拥挤的少数族裔聚居区已经拥有了更舒适的生活,而宗教和族裔、种族和阶级依然是社区的组织原则。初代移民逐渐适应彼此,自信的年轻一代过上了更充实、更富有的美国生活。"[20]

人们很容易把20世纪50年代的城市浪漫化,尽管苏亚雷斯等人的描述已尽量客观,但还是免不了一些浪漫想象。事实情况是,由于20世纪20年代以来的资金缺口,大部分城市破败不堪。大多数城市仍在实行种族隔离。在圣路易斯,"德尔玛分界线"是一条不成文的法律,即所有非裔美国人都不能住在德尔玛大道以南,否则就会面临生命危险。然而从整体上看,有充分的理由证明,20世纪50年代是美国工业城市有史以来最美好的岁月。虽然这个时代缺乏世纪之交时那种能量和活力,但它在别的方面做得更好:人们的生活质量大幅提高,而且惠及大多数居民;工作条件好得多,工资也更高——很大程度上得益于工会的发展;大多数家庭拥有自己的房子,多家合住或者以收留寄宿者维持生计的情况,已经成为过去。

不过,这些繁荣的城市正在深渊边缘起舞。只要留心观察,就能发现,早有许多迹象揭示了这些城市的危机。这些城市的繁荣反映了整个国家的发展,却掩盖了它们所获资源占比正在减少的事实。尽管住房得以不断新建,但这些城市很难吸引到新的居民。1950年的人口普查是美国大多数工业城市的人口巅峰。在20世纪50年代,虽然一些工业城市的人口继续增长,或者像芝加哥和克利夫兰一样,仅损失了少量人口,但在其他城市,人口却开始急剧下降。密尔沃基人口减少了13万,占1950年人口的15%;匹兹堡和圣路易斯的人口也都下降了 10% 以上。

这个国家的发展重心开始不可逆转地从城市转移到郊区,从古老的东北部、中西部转移到阳光地带①。20 世纪 50 年代,休斯敦增加了 34 万人;圣迭戈增加了 24 万人;凤凰城的人口翻了两番,每年新增 3.3 万人。同期,郊区人口开始超过中心城市。1920 年,中心城市的人口通常占所在区域总人口的四分之三或更多。在随后的 20 世纪二三十年代,由于内陆城市发展空间有限,这个比例开始下降,但它们仍然拥有各自地区的大部分人口。20 世纪 50 年代成为分水岭:郊区居民的人数首次超过了中心城市的居民。

郊区化一旦开始,就难以停下脚步。1970 年,像底特律或特伦顿这样的城市,城区人口不到整个地区人口的三分之一。1920 年,底特律地区的两个边远县奥克兰(Oakland)和马科姆(Macomb)的总人口不到 13 万。1950 年,它们的总人口增长到 58 万,到了 1970 年又增加了近两倍,超过 150 万。中心城市变得越来越名不副实。

许多人都意识到发生了什么。在罗斯福新政的指导下,《1949 年住房法案》的第一章提出了联邦城市更新计划。该法令旨在以转移贫民窟等方法来帮助老城复兴并巩固城区的竞争力,尽管此时有越来越多的就业岗位和经济活动正流向日益壮大的郊区。当时的城市更新计划包含了多项举措:向

---

① 阳光地带(Sunbelt),一般指美国北纬 37°以南地区,20 世纪 70 年代时以低廉的房价、宜居的气候、丰富的能源和农业资源吸引了大量人口和新兴工业,形成了美国的南部工业区。——译者注

城市提供大笔联邦拨款,用于购置和拆除房产;重新规划和建设整个街区、社区或市区;向开发商推介土地,建造新的住宅、办公楼和商业中心。虽然城市更新的最初动力可能是消除贫困地区并改善住房条件,但在20世纪50年代,其主旨逐渐变成帮助城市留住中产阶级并阻止中心城区衰落。

城市更新背后的原则受到一系列理念的影响,包括勒科比西耶(Le Corbusier)的光辉城市(radiant city)理念,以及1939年世界博览会时,通用汽车公司提出的以汽车为导向的未来愿景,但其面临的问题是:城市已经过时。尽管个别城市拥有漂亮的林荫大道和一幢幢装饰华丽的20世纪20年代摩天大楼,但当时常见的城市中心仍然是一堆拥挤的小型建筑,大部分建筑的一层为商店,二层是办公室,这些建筑紧密地排列在狭窄的街道两侧。当时人们所憧憬的未来是,每个人都驾驶自己的汽车往返于大型的高层建筑之间。那些基础设施陈旧且拥挤的城市,需要经历现代化的改造以适应未来的变化。小地块需要重新整合成"可用于大规模开发建设的"大地块,街道需要拓宽和重新调整以解决交通拥堵问题,还需要建造停车场。最重要的是,19世纪中期以来的城市的无序发展,需要转化为一种更适合现代世界的形式。

城市更新的理论听起来可行,但实施时出现的问题却层出不穷。在城市更新的理论中,人们认为基本前提是清理出可供开发大型项目的场地,但这个前提存在致命的缺陷。乔恩·蒂福德写道:"它为未来的美国提供了一个典型的反面教材。"[21]这个教训格外惨痛且代价高昂。60多万个家庭流离失所，其中大部分是穷人，而且包含了很多非裔美国人。许多社区已经存在了几十年甚至几个世纪，却在一夕之间遭到破坏或彻底摧毁，这给居民带来了难以消解的愤怒和怨恨。[22] 比摧毁社区更具破坏性的是建造绵延数英里的州际公路，但这种破坏性更为隐秘。这些高速公路穿过美国老城市的心脏地带，与尚且保留些许历史建筑的城市更新相比，高速公路建设摧毁了前进方向上的东西，留下了支离破碎、残破不堪的社区和城市，横亘在幸存者之间，成了新的障碍。

虽然城市更新的影响力在20世纪60年代中期开始减弱，但在同一时期各个城市爆发的骚乱，进一步让人们意识到城市危机的严重性，这也促使联邦政府出台了一系列新的举措。从1965年到1977年，许多城市从联邦政府的各类政策中获得了从未有过的可观援助，这些项目包括反贫困斗争①、收入分享计划②、示范城市计划③、城市发展行动基金（Urban Development Action Grants，UDAG）和社区发展基金（Community Development Block Grants，CDBG），以及一系列的住房项目，例如第235款、第236款和第8款法案。这些年来，除了专门针对城市状况改善的措施之外，还增加了许

---

① 反贫困斗争（War on Poverty）的核心为《1964年经济机会法》。美国成立了经济机会局，以监管一系列以社区为单位的反贫困项目。——译者注
② 1972年通过了收入分享计划（revenue sharing）相关法案，规定联邦政府每年将部分税收交给州和地方政府，以减轻联邦政府的经济负担。——译者注
③ 1966年通过了示范城市（Model Cities）相关法案，规定为修缮贫民窟和建设市区提供资金，并提供为期3年以上的土地开发抵押保险。住宅和城市发展部负责监督该计划执行。——译者注

多新项目,尤其是健康和社会福利领域的项目,另外,就业培训、交通、社区卫生中心和教育相关的联邦支出也在增加,所有这些都直接或间接地影响着美国城市。20世纪70年代中期是联邦政府向城市投入资金最多的时代。

但是,这几年可能也是美国城市历史上的低谷,"城市危机"一词成为美国人词汇的一部分。今天的人们提起美国城市时都觉得令人向往,但可能很难有人相信,在四五十年前,大多数人对城市持悲观,甚至是绝望的态度。一位作家说出了当时人们的普遍感受:"美国的城市变得不再是关键。"[23]著名的城市拥趸保罗·伊尔维萨克(Paul Ylvisaker)伤感地评论道:"只有在预见到城市的末日时,你才会成为城市专家。"[24] 1971年,社会评论家斯图尔特·艾尔索普(Stewart Alsop)在《新闻周刊》以不祥的标题"城市的时代到此为止"发表文章,向他的读者宣告:"城市的时代可能已经结束,因为它们变得不再宜居,城市中的人口将继续下降……这些城市将会被戒备森严的中产阶级郊区包围,成为穷人和黑人的保留地。"[25]引用新奥尔良市长穆恩·兰德里欧的话说,"城市正在衰败"。[26]

由于越来越多的家庭逃往郊区或阳光地带,老工业城市的人口不断流失。暴乱发生后,白人如洪水般从城市撤离。20世纪70年代,底特律的人口减少了16.9万,圣路易斯减少了12.8万,克利夫兰减少了12.6万。这是美国历史上第一次,数以千计的房屋和公寓被遗弃在城市的中心,北费城的联排公寓和底特律的工人平房就是例证。1977年世界棒球锦标赛期间,纽约南布朗克斯地区的廉租公寓被烧毁,据说当时在扬基体育场的霍华德·科曾(Howard Cosen)目睹了这一切,喊出了那句名言:"女士们、先生们,布朗克斯在燃烧!"[27]

小城市受到的打击尤其严重。与密苏里州圣路易斯隔密西西比河相望的伊利诺伊州东圣路易斯,在20世纪70年代流失了20%的人口。1981年,一名记者描述道:"街道破旧不堪,只剩下拆毁的房屋和烧剩的断壁残垣,街道一片惨淡景象。"1985年,印第安纳州加里(Gary)的五家百货商店全部倒闭;四家用木板封起来,像废弃的船,另一家则被改成了公共福利设施。[28]

20世纪70年代,许多工厂都倒闭了。在扬斯敦,1977年9月19日仍然是人们记忆中的"黑色星期一"。扬斯敦钢铁公司突然关闭,解雇了5 000名工人。扬斯敦市的领导人在《华盛顿邮报》上刊登广告,请求卡特总统的帮助,让"扬斯敦和俄亥俄州的其他地方可以独立存活"。另一些人则在寻找替罪羊,一名工人说:"肮脏的日本人……第二次世界大战时杀死了我的父亲,现在还要害我的孩子们挨饿。"[29]这些挣扎毫无用处。1954年,扬斯敦还有25 000个制造业岗位,到1982年只剩下5 000个。面对产业淘汰和全球竞争,美国腹地的工业,如钢铁、汽车、重型机械、轮胎等,正在缩减规模或渐渐消失。如图1-2所示,20世纪90年代末,在大多数重要的工业城市中,十分之九的制造业工作已经消失。虽然零售业和服务业的工作岗位在增长,但这是两码事。那些消失的工作岗位定义了这些城市,它们不仅创造了强大的蓝领中产阶级,还创造了整个城市的文化氛围。四十多年后,人们对这种损失仍记忆犹新。

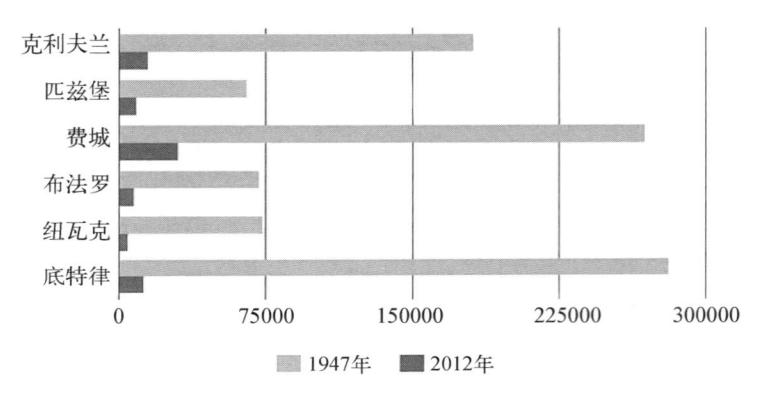

图 1-2 消失的工厂:1947 年和 2012 年美国主要工业城市的制造业岗位数量

资料来源:美国制造业普查

20世纪七八十年代,在经历了后工业化的美国城市,人们的思维发生了巨大转变。在整个 70 年代,城市一直在寻求联邦政府的帮助,然而,就像扬斯敦公民领袖的广告那样,十年间所有呼吁都石沉大海。至此,可以看出一些端倪:联邦政府打算放弃拯救城市。甚至在里根政府取消各类城市计划之前,吉米·卡特领导下的联邦政府已经放出消息,希望调整联邦政府在城市更新中扮演的角色。其他迹象也反映出政府对城市未来的悲观态度。1979 年,总统委员会在国家议程上呼吁"需要在下一阶段重新定义联邦政府的城市政策",从"以地方为导向、关注空间的国家城市政策"转向"更加以人为本、适度关注空间的国家社会和经济政策"。总统委员会还承认:

"我们伟大而古老的城市,其境况已然举步维艰,而新政策可能还会对其带来创伤性后果。"20 世纪 80 年代,联邦政府基本上放弃了任何奉行城市政策的托词,也没有对老工业城市持续存在的困境表现出特别的关注。城市们意识到,它们只能靠自己了。

随着联邦政府的偃旗息鼓和支柱产业的坍塌,城市开始重新思考自身的未来。它们意识到,身处后工业化时代,城市不得不受制于不断变化的市场。常见的应对措施是把娱乐业作为城市的发展方向。凯文·高谭(Kevin Gotham)写道,城市投入"巨大的公共资源用于建设大型娱乐设施,包括专业体育场、会议中心、博物馆、重新开发的滨河区、节日购物中心、赌场和其他游戏设施"。[30] 与此同时,对私营公司和开发商的公共激励措施激增,包括税收减免、税收增额融资、工业收入债券和商业促进区。20 世纪 80 年代,设施建设、鼓励政策加上廉价资本和有利的折旧计划表①,促成了城市中心区的建设热潮。但人们忽视了一个事实:无论从社会还是从经济角度来看,城市没有发生根本性的改变,其繁荣的合理性难以证明。

工业城市整体上一直在走下坡路,但也有一些好转的迹象。尽管人口仍在下降,但下降速度却在放缓。少数城市,如波士顿,人口甚至略有增长。各地都有公私合营的投资项目启

---

① 折旧计划表(depreciation schedule):资产在使用过程中,由于损耗而逐渐转移到成本、费用中去的那部分价值。——译者注

动,并开始助推当地的经济活动,比如巴尔的摩的内港项目。内港广场于1980年开始营业,开发商詹姆斯·劳斯(James Rouse)称之为"节日市场"。1981年,它吸引的游客数量比迪士尼乐园还多。[31] 随后,凯悦酒店和国家水族馆在内港建成,前者是公共资金的受益者,后者由联邦政府、州政府和慈善基金共同资助。

与此同时,少数所谓的城市先驱者(urban pioneer)开始把破旧的城市社区,如巴尔的摩的奥特拜因或费城的春天花园,打造成建有精美联排别墅的飞地。在这些城市的其他地方,新成立的社区发展公司担起了重任,它们不依靠外来的开发商,而是和低收入社区的居民一起,试图重振处境艰难的社区。

20世纪80年代,备受瞩目的公私合作项目涌现,加上一些广为宣传的成功案例,掩盖了城市持续衰落的现实。劳斯在其他城市开发的"节日市场"遭遇了失败,但所受的关注远不如他在巴尔的摩取得的成功。比如,劳斯在托莱多打造的港城,于1984年开业时,被誉为托莱多市中心的救世主,但在1990年,港城的"主入口……散发着尿骚味……装饰性的喷泉已经干涸,里面到处都是垃圾。"[32] 同年晚些时候,它永远关上了大门。

强效可卡因的泛滥加剧了城市的衰落。整个20世纪80年代,犯罪率持续上升,大多数城市在90年代中期的犯罪率达到顶峰,之后才逐渐下降到今天的水平。尽管出现了零星的复兴和"回归城市"的情况,但在整个90年代,相对于郊区和整个国家来说,中心城市的人口变得更加贫穷了。

虽然美国的后工业化城市在 20 世纪八九十年代的复苏进程比较缓慢,且持续的衰退远远胜过复苏,但从千禧年开始,出现了巨大变化的端倪。2002 年,理查德·佛罗里达(Richard Florida)出版了他最具影响力的著作《创意阶层的崛起》。与此同时,才华横溢的年轻人涌向奥斯汀、西雅图和旧金山等城市。佛罗里达在书中描述了一位匹兹堡大学天才毕业生对自己离开匹兹堡去往奥斯汀的解释:"那里有很多年轻人,还有许多值得体验的事情:欣欣向荣的音乐圈、种族和文化多样性、精彩的户外娱乐,以及美好的夜生活。"[33] 2000 年,那名毕业生认为留在匹兹堡不如前往奥斯汀,但如果今天再让他做出选择,结果可能会有所不同。

美国工业城市的转变不仅仅是所谓的"千禧年进行曲"。在过去的 20 年里,美国的人口结构、消费者偏好、移民和经济都发生了巨大变化,所有这些要素都以不同的方式影响着城市。匹兹堡、巴尔的摩和圣路易斯这样的城市,无论最近发生的变化是好是坏,都与 15—20 年前大不相同。人们可以有理由地说,在过去的几十年间,这些城市体验了忽视、撤资、遗弃和贫困化,如今它们浴火重生。然而,从另一些角度上讲,它们仍然在努力挣扎——贫困、痛苦和遗弃仍是当今城市现况的一部分。

美国曾经的工业城市发生了两个根本性的转变:一个是人口结构的转变。这在很大程度上是由千禧一代的迁入所导致的;另一个则是经济上的转型。城市的支柱产业由制造业变为高等教育和医疗保健行业,即所谓的教育和医疗业。在接下来的两章中,我们将看到,国家层面的改革和根植于地方的资源——这两种资产至少在一些城市中已经长期存在——如何共同推动教育和医疗产业的发展。

第二章
千禧一代①、移民和收缩的中产阶级

  麦克斯酒馆位于巴尔的摩费尔斯角社区附近的南百老汇大街,是当地的标志性建筑。据说,那里有"马里兰州规模最大的精酿啤酒设备,拥有103个啤酒龙头、5套制作桶装啤酒的设备、1 200多种瓶装啤酒,还有各种美食。"1除了麦克斯酒馆之外,巴尔的摩内港以东的老街区还有100多家餐馆、酒馆和夜总会。每晚都有成千上万的人聚集在内港吃饭喝酒,或者只是在滨水区的鹅卵石街道上闲逛。在百老汇街和泰晤士街这两条主要街道边,房屋沿街排列,装饰精美,熠熠生辉。与此同时,在一条没有树木的狭窄小巷里,一幢后院只有巴掌大的两居室小别墅,最近正以37.5万美元的高价出售。2在撰写本书的不久之前,我和一位朋友聊天,她现在已年逾六十,但在20世纪60年代她还是个小女孩。她出生于费尔斯角,后来父亲带着她搬走了,他说那里太危险了。反观今天,费

---

① 千禧一代(Millennials):指的是20世纪八九十年代出生的人群。——译者注

尔斯角吸引了大量年轻人，近一半的人口年龄在 25 岁到 34 岁之间。

每个美国大城市都有类似的事情发生。20 世纪初，华盛顿大道还只是圣路易斯的服装工业区。在这条大道两侧宏伟的五六层建筑中，工人们曾为整个中西部生产服装和鞋帽。第二次世界大战后，这些工厂开始倒闭。到 20 世纪 80 年代，这条大道几乎不见人烟了。今天，原来的服装厂改造成了 LOFT① 和公寓，华盛顿大道挤满了小吃店、酒馆、水烟店等各种商铺，看起来和费尔斯角一个样。这里不仅吸引了成千上万的公寓住客，还吸引了来自整个城市和整个地区的人。有人说它是"圣路易斯的 LOFT 区"，也有人说它是"吃喝玩乐一条街"，无论如何，它又开始热闹起来。

费尔斯角和华盛顿大道这样的地区，是美国城市转变过程中最引人注目的部分。许多社区都在发生变化，其变化速度往往快得让居民、社区组织或市政府都反应不过来。费尔斯角或许只是专属于千禧一代的游乐场，与此同时，在东边近两千米的高地镇（Highlandtown），拉美移民也改造出了一处繁荣的新家园。同样的事情也发生在底特律西南部一个被称为"墨西哥城"（Mexicantown）的地区，成千上万的墨西哥移民在这里开起了餐馆或商店，彻底改变了这里原有的面貌。我认识的一位社区负责人说道："我们都来自哈利斯科

---

① LOFT：通常指小户型，高举架，可以在局部跃层的住宅，目前尚无合适的中文翻译且大众已普遍了解该英文词的意义。——译者注

(Jalisco)，哈利斯科的人都是墨西哥城的企业家。"

当然，这并不是故事的全部。只有底特律、巴尔的摩或圣路易斯的少数社区出现了这类变化。当你沿着华盛顿大道往北走一小段路，你就会发现自己身处完全不同的世界，到处都是破破烂烂的房屋和成片的空地，许多房子无人居住，曾经矗立的房屋早已被拆除，包括声名狼藉的普鲁特-伊格项目①。数英亩的土地正逐渐变成林地，就像1765年第一批法国移民到来前一样。在圣路易斯或巴尔的摩，有些社区还维持着表面上的体面，但由于止赎、贫困和犯罪率的上升，这些社区正在分崩离析。在房屋和前院维护良好的街区，也逐渐出现了空置与废弃的房屋，这在过去是无法想象的。

就像每个主流社会现象一样，美国城市社区转变的背后，存在多种影响因素，其中最显著的，也许是美国人口构成的变化。另外，人们的生活方式和理想居住地也有所改变。今天的美国与20世纪60年代的美国截然不同，在那个年代，城市衰落是所有美国人的共同记忆。如今的美国与2000年的美国相比，也已发生了巨大的变化。若要了解美国城市正在发生的事情，我们需要了解这个国家在近几年的变化。

现在的人们很难想象1960年的美国是什么光景。全国三分之二的房子和公寓里都住着夫妇，大多数夫妇都抚养孩

---

① 普鲁特-伊格（Pruitt-Igoe）项目，1956年建成于圣路易斯的公共住宅项目，是20世纪50年代美国国家主导的住房计划的重要成果，建成后仅数年就迅速衰落，贫困、犯罪和种族冲突横行，最终于20世纪70年代被全部爆破拆除。——译者注

子。换句话说,如果你是个小孩,你大概率和双亲住在一起。在当时的美国,超过 90% 的育儿家庭是由已婚夫妇组建的。如果你还未婚,你可能独自住在公寓、出租屋或单人旅馆里。89% 的人口是白人,在美国境外出生的人口只有 5%。除了墨西哥以外,来自拉丁美洲其他国家的移民非常少,以至于人口普查局都不以国家区分他们,而是直接归为"其他美洲人"。

如图 2-1 所示,今天的情况出现了很大的变化。虽然美国的家庭数量自 1960 年以来翻了一番,但已婚已育夫妇家庭却在变少。如今的美国,此类家庭比 1990 年减少了 240 万个,只占美国家庭的 19%。在城市家庭中,这个比例更小,匹兹堡为 9%,克利夫兰为 7%。三分之一的育儿家庭是单亲家庭,主要由女性担任户主。与此同时,独居人数增加了近

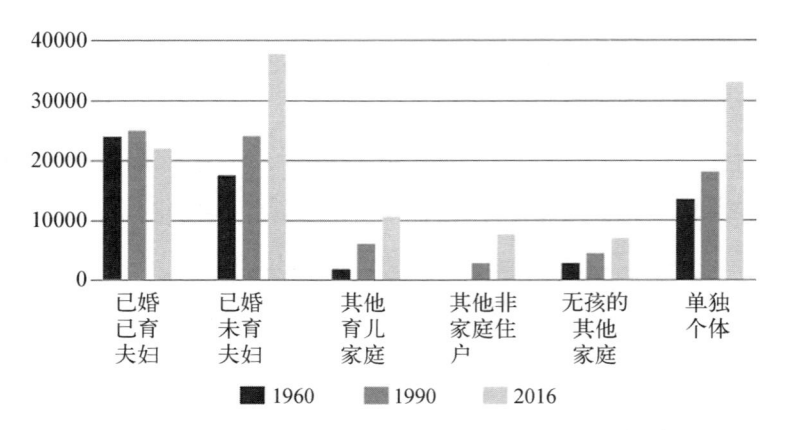

图 2-1 1960 年至 2015 年各类家庭的数量变化

资料来源:美国人口普查局

2 000万,还有750万个"非家庭住户",其中包括合租住户、异性恋和同性恋的未婚伴侣等——这几类住户在1960年的人口普查中甚至是不存在的。在国外出生的美国人口从不到1 000万增加到4 200万,其中一半来自拉丁美洲。"非拉美裔白人"的比重持续下降,目前仅占全国人口的64%。

1960年,尽管《退伍军人权利法案》①出台,高等教育也有所发展,但年龄在25岁至34岁之间、接受过四年大学教育的人口只有250万,约占总人口的1.5%。2014年,在出生于1980年至1990年之间的千禧一代中,这个数字增至1 450万,约占美国人口的4.5%。

与此同时,中产阶级的人口却在逐渐减少,就像一些作家所说,中产阶级已经被"掏空"。如果我们把中等收入家庭定义为:家庭收入在全国中位数的75%到150%之间,也就是收入大致相当于现今(2017年)的4万到8万美元的家庭,那么他们在美国家庭中所占的比例已经从1970年的43%下降到了2014年的25%。更多富裕家庭出现了,这些人大多拥有大学学位,但还有更多处于困境中的低收入家庭,其中大多数人甚至没有接受过正规教育。在50年前,大学毕业生与高中毕业生相比,收入只多了24%,如今,这一差距扩大到72%。对于没有上过大学的人来说,许多优秀的高薪工作对他们永远关上了大门。[3]有些人可能并不认同,但在21世纪的美国,拥

---

① 《退伍军人权利法案》(G.I. Bill),即1944年军人复员法案,为安置第二次世界大战退伍军人,给予他们各类福利,包括失业保险支付的经济补贴、家庭及商业贷款、高等教育及职业训练的各类补贴。——译者注

有大学学位至关重要。上过大学的人不一定会成功,但没有上过大学的人几乎不可能成功。

在中产阶级流失的同时,还出现了一种与之相关的现象,研究人员称之为"经济分层",也就是说,人们越来越倾向于以经济情况为标准对自己进行归类。换句话说,在过去的很多社区,低收入、中等收入和高收入家庭混杂在一起。现在,这样的情况少了很多,在一个社区内,要么多是穷人,要么多是富人。学者肖恩·里尔登(Sean Reardon)和肯德拉·比肖夫(Kendra Bischoff)深入研究了这种趋势。通过观察117个大中型都市区,他们发现,在1970年至2009年间,居住在"中等收入"社区的家庭数量占比从65%下降到44%。这些社区居民的收入中位数是城市居民收入中位数的80%到125%。生活在"贫困"社区的家庭数量占比从8%增长到17%,这些社区居民的收入中位数只有城市居民收入中位数的三分之二或更少。[4]

像我这样对数字敏感的人来说,这的确很有趣。这对城市意味着什么呢?事实上,我提到的每一个因素都对美国城市的发展趋势有重大影响。不如让我们先回到麦克斯酒馆这类风靡全美的店铺,来聊聊它们的顾客吧。

我将从"千禧一代正涌向城市"说起,但我也得承认,这种说法已是陈词滥调。这个话题已经被讨论得足够多,以至于一些作者试图驳斥这种观点。可惜的是,他们没有抓住重点。事实上,并不是所有的千禧一代都被城市所吸引,只有大约三分之一的千禧一代——那些拥有大学学历、科研能力、赚钱能力,以及渴望城市环境,或者仅仅是向往城市时髦酒吧的人——涌入城市。他们在潜移默化中改变城市,我称他们为青年毕业生。

事实上,城市一直对年轻人有着巨大的吸引力。几百年甚至几千年前,就有年轻人背井离乡到大城市追名逐利。即使美国城市在第二次世界大战后开始衰落,但总有一些人逆流而上。1980 年出版的《重返城市》(Back to the City)一书中,描述了 20 世纪 70 年代的情况:"年轻人以及拥有专业技能的中产阶级……在那些低收入的社区中购买坚固、美观的住房。"[5]我对这种趋势非常了解,因为我就是这些专业人士中的一员。70 年代末,我 30 多岁,刚刚再婚,在当时费城边缘的费尔蒙特社区买了一套几乎无法居住的联排公寓。

我们就是所谓的"城市先驱者"。这个词的意味十分微妙,在某些方面,它体现了青年人涌入城市所带来的活力;但从另一个角度来说,我们这些"先驱"无足轻重。刚买房子的时候,我们加入了一个志同道合的"城市先驱者"圈子,通过他们,我们能了解到某个管道工是否可靠,还认识了会修补地板的人——他会用锯末制成的糨糊填补裂缝,还能找到会把大理石壁炉修理得完好如初的人。要知道,当时那个壁炉已经碎得不成样子,装在一个纸箱里。那时,我们得开车 8 公里去郊区买东西,但好在家门口就有费尔蒙特公园,市中心还有许多新开张的餐馆。

然而,今天看来,20 世纪七八十年代"重返城市"运动的影响相当有限。除了少数像波士顿这样的城市,它对美国城市的总体发展轨迹影响甚微。20世纪70年代,城市各个社区都在发生剧烈转变,"绅士化"开始流行。直到今天,我们仍能看到这些变化留下的痕迹。比如说比费尔蒙特更靠近市中心的春天花园社区(Spring Garden),在那些年里建起豪华的住宅,逐渐形成了一个高档社区,而且未曾衰退。但是,更多的社区,包括费尔蒙特,几十年来都萎靡不振。

对大多数城市来说,20世纪70年代的"城市先驱"现象只是昙花一现。由于通货膨胀,我们在70年代末买的房子在后来的20年里逐渐贬值。我们从那里搬走,并把房子租了出去。大约在2000年,费尔蒙特发生了翻天覆地的变化:从2000年到2003年,那套房子的价值翻了一番多,于是我们把它卖给了一位年轻的单身律师。在那段时间,搬到城市里居住不再是少数非主流人士的怪癖,而是成为常态。这种生活模式始于西雅图或华盛顿这样颇具吸引力的城市,然后蔓延到其他传统城市。自2010年以来,每年都有超过4 000名青年毕业生搬到巴尔的摩,超过3 000人搬到匹兹堡。到2014年,超过九分之一的匹兹堡人是青年毕业生,几乎是全国平均水平的三倍。如图2-2所示,这是一个不断增长的趋势:在20世纪90年代,城市里没什么年轻人;21世纪开始后,年轻人越来越多;在2010年后,这个势头也没有停下。

到底发生了什么?简而言之,对受过教育的年轻人而言,城市生活的吸引力比以往任何时候都更强。要理解其中的原因,我们必须从城市和青年毕业生两方面入手。一方面,作为曾经尘土飞扬的工业中心,美国的老工业城市已经发生了很

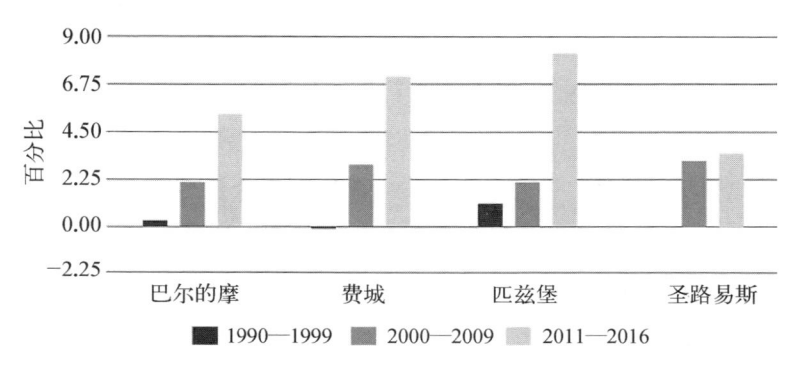

图 2-2 青年毕业生迁入城市：年龄在 25—34 岁之间、受过大学教育人口的年平均增长率

资料来源：美国人口普查局

大变化，城市的经济支柱从制造业变为医疗保健和高等教育行业。与此同时，这些老工业城市也成为社会学家特里·尼科尔斯·克拉克（Terry Nichols Clark）所说的"娱乐机器"。[6] 我们将在下一章仔细讨论这个现象。

另一方面，在过去的 20 年里，城市变得更加安全。在 20 世纪 90 年代，美国大多数老城市都是相当危险的，但犯罪率在随后的几十年急剧下降。纽约犯罪率的下降众所周知，而其他城市也有类似的趋势。联邦调查局每年都会统计各个城市的犯罪指数，包括最严重的暴力和经济犯罪。1995—2005 年，圣路易斯和费城的犯罪指数下降了四分之一，巴尔的摩和华盛顿则下降了 50% 以上。或许不是整座城市都变得安全了，但至少在那些青年毕业生聚集的地方变得更安全，并且对于那些对城市生活的细微差别不太敏感的人来说，城市更安全了。在 20 世纪 90 年代，许多人害怕在天黑后穿过华盛顿的杜邦圈①，但在十年后，它已经成为千禧一代的游乐场，年轻人熙熙攘攘，惬意地闲逛到深夜。

近年来美国的青年毕业生扎堆涌向城市，既是由于城市的名声正在好转，也是由于新一代人的观念和喜好发生了变化。我们很难准确说出这两方面的影响谁多谁少，但至少有证据表明，两者都发挥了作用。在过去 10—15 年前成年的那一代人对城市和城市生活的态度似乎和他们的父母有所不同。最近的一项调查发现，20—30 岁的人更倾向于选择城市作为居住地，喜欢寻找具有不同种族和文化的地方，更不愿意开车。正如 2016 年的一项研究所言："位置！位置！位置！对千禧一代来说，一个好的住区意味着靠近城市的核心。这样一来，他们就可以享受公共设施和公共交通，通勤更加方便。研究表明，人们越来越喜欢住在诸如音乐厅、剧院、酒吧、健身房等场所的附近。"[7] 青年毕业生的数量比以往任何时候都多，而且相较于前几代人，他们结婚和生育孩子的时间都更晚。这意味着他们中有更大比例的人是单身，或处在某段非正式关系中。这让他们更容易在轻松的氛围中参与活跃的城市社会生活。

一些时事评论员可能会认为，空巢老人和退休的婴儿潮一代②对城市复兴的影响与千禧一代所造成的差不多。虽然

---

① 杜邦圈（DuPont Circle），华盛顿特区西北部一个以交通环岛为核心的历史街区，以其高度集中的大使馆和智库闻名。——译者注
② 美国的婴儿潮一般指第二次世界大战后至 20 世纪 60 年代中期所出生的人口。——译者注

数据上并不能证明这一点，但这也是有可能的。生活在城市中受过良好教育的、富裕的空巢老人和婴儿潮一代的人数正在增加。但我们也必须正视，这反映了人口结构上的变化，而并不一定是因为这代人更向往城市生活。这部分人群的增长，不只是因为婴儿潮一代和空巢老人涌入城市，更多的则是因为相比前一代老人，他们的人数规模要大得多，几乎所有地方老人的数量都在增加。

从 20 世纪 60 年代开始，越来越多的美国人进入大学。其结果是，在 2000 年至 2014 年期间，美国 65 岁以上拥有大学学历的人数增加了一倍多，这是因为 20 世纪六七十年代的一大波大学毕业生正步入老年，且高学历的老人几乎在所有地方都有所增加。然而，事实是，尽管美国的老工业城市对年轻人的吸引力很强，但对高学历老人的吸引力仍落后于绝大多数城市。

今天，华盛顿正迎来一大批三四十岁拥有大学学历的毕业生，以及那些改变了这个城市面貌的更年轻的人。巴尔的摩也是如此，不过，流入巴尔的摩的人口少得多。这种情况可能在一定程度上是过去十年青年毕业生不断涌入城市的余波，但也能反映出一些生活富裕、受过良好教育的人更愿意留在城市里成家立业。然而，这些城市的老年人增长率都不高。虽然的确有一些空巢老人和婴儿潮一代正在搬到城市，但是，与移居他处和不搬家的老年人相比，迁往城市的人仍不算多。他们为城市的复兴做出了贡献，但不是推动城市复兴的主要力量。

城市人口结构的第二大变化无关增长，而与下降有关。

准确地说,是曾经的美国中产阶级和美国城市社区人口的减少,或者说是已婚已育夫妇的减少。传统家庭的模式就像《小英雄》①中展示的那样,丈夫早上带着饭盒和公文包去上班,妻子留在家里抚养孩子,准备丰盛的家庭晚餐。在当前的后现代社会中,人们扮演的社会角色更加多元化,个人的意义被重新塑造,传统的家庭看起来不合时宜。

传统家庭的生活方式可能将永远消失,许多人可能认为这是一件好事。然而,历史上每次重大变革的前车之鉴告诉我们,那些意料之外的后果绝无可能是良性的。对于美国的工业城市而言,尤其如此。在这种背景下,在不同的老工业城市中,不同的社区受到的影响也不尽相同。很多人会认为,在20世纪早期的美国老工业城市的社区中,应该像曼哈顿的老照片一样,到处建满了公寓楼。但事实是,当时大多数人都住在独户住宅中。其设计只是为了服务已婚夫妇,包括那些正在抚养子女的、打算生育的,还有那些子女已经离家的。这些社区依然存在,但是,就像我将在第六章中详细讨论的那样,随着已育夫妇数量的减少,许多这样的社区已经消失。这些建筑已经不再具备原先被赋予的功能,至少到目前为止,它们还没有任何新的用途。

让我们把视线转移到俄亥俄州的两个小型工业城市——阿克伦和扬斯敦,它们同时也是两大核心工业城市。阿克伦

---

① 小英雄(*Leave It to Beaver*),1957年首播于哥伦比亚广播公司的电视情景喜剧,讲述了一个郊区男孩、他的家人和他的朋友的不幸经历。——译者注

被称为"世界橡胶之都",是百路驰轮胎、固特异轮胎、凡士通轮胎和通用轮胎在20世纪早期的发源地。扬斯敦的钢铁制造业更不必说,钢铁制造之于扬斯敦,就如橡胶轮胎之于阿克伦。1960年,这两个城市近一半的就业人口在工厂里工作,其余的大部分居民则为他们提供食品杂货、医疗保健和政府服务。当时,在阿克伦,超过三分之二的家庭为已育夫妇;在扬斯敦,这个比例则达到了90%。同时,在这两个城市中,超过半数夫妇所抚养的孩子还不到18岁。

今天,这两个城市的大多数工厂都关闭了,大部分与制造业相关的岗位也消失了。1960年的扬斯敦有2.4万名制造业工人,现在只剩下了2 800人。已育夫妇的数量下降得更快。在扬斯敦,只有不到四分之一的家庭是已婚夫妇,只有不到5%的家庭育有孩子。扬斯敦1960年时有2.1万对已婚已育夫妇,而今只有1 000对。在阿克伦,这个比例稍高一些。在这两个城市,超过五分之二的住户是单身人士。尽管现在扬斯敦的家庭数量仅为1960年的一半,但单身人口的数量与当时持平。

无论哪个种族和民族,已婚已育夫妇曾是美国中产阶级的缩影,由于诸多原因,他们不断地离开城市。20世纪六七十年代,白人曾因种族原因外逃,这或许已经成为过去。但在今天,中产阶级的外逃仍在继续,而且黑人家庭外流的数量甚至超过了白人家庭。为了让孩子得到良好的教育,他们筋疲力尽。除此以外,他们还要面对城市生活中普遍存在的犯罪。对于那些最贫困的社区而言,极端暴力或许不是摧毁城市的元凶，真正的凶手是生活中不断出现的"微小"犯罪：入室抢劫、小规模的破坏行为，还有墙上的涂鸦。他们还不得不面对高昂的房产税、糟糕的公共服务、姗姗来迟的警察、坑坑洼洼的街道，还有坏掉的路灯。雷·苏亚雷斯写道："城市的生活总是紧绷着一根弦，就像有无数双眼睛在脑后盯着你，水涨船高的保险费、糟糕的本地服务、日复一日的负面新闻，最终逼得人不得不离开城市……"[8]最重要的是，他们离开城市是因为有足够的经济能力，今天的大多数已婚夫妇家庭都是双职工，他们在城市郊区有很多选择。

家庭搬离城市的后果是，城市内孩子的数量不断减少，已婚家庭的孩子数量减少得更快。到目前为止，没有证据表明，家庭逃离城市的趋势有扭转的迹象。我在旅程中，总能听到这类故事：某特许学校①，为吸引有学龄儿童的家庭回到城市社区，用尽了各种手段，比如说圣路易斯的城市花园蒙氏教育②学校（City Garden Montessori School）。但数据告诉我，这些情况在持续下降的大趋势中并不寻常。如图 2-3 所示，自 2000 年以来，虽然在一些城市的已婚家庭中，学龄前儿童的数量有所增加，但这些家庭中的 6 岁以上儿童数量急剧下

---

① 特许学校（Charter-school）：美国各地在公立教育体系之外特许的中小学教育机构。在美国，一所公立学校如果连续三年在全州的标准化统考中不合格可能会被关闭，而当地的社会机构与企业则可以将其接管，成为特许学校。经过几十年的发展，美国各地有了数千所特许学校，其营利性质各异，教学成绩迥异。——译者注

② 蒙氏教育，以 20 世纪的著名幼儿教育家玛丽亚·蒙特梭利命名的教育方法，因其尊重儿童自我成长的特点风靡西方世界。——译者注

降。圣路易斯和费城的 3 岁以下儿童越来越多,在巴尔的摩,3—5 岁儿童的数量也在增加,但是过了这个年龄段,儿童数量还是在减少。此外,在这些城市中,小学和初高中生的变化趋势没有多大差别。

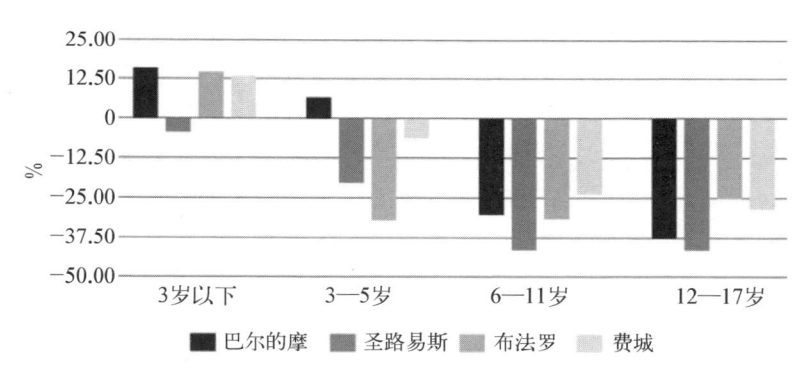

图 2-3 2000—2015 年四个美国老工业城市中,已婚夫妇家庭中各年龄段子女数量的对比

资料来源:美国人口普查局

随着家庭的出走,城市不再需要那么多独户住宅社区。有抱负的青年毕业生想住在市中心和大学周围的高密度社区,很少有人想在远离城市活动的偏远地区购买陈旧的房屋,比如那些 2000 年左右建成的框架房屋或 20 世纪 50 年代建成的小平房。另外,在已婚已育夫妇数量减少的同时,单亲母亲的数量却增加了——尽管总数不多。除了极少数外,绝大多数单亲母亲都比过去的传统家庭穷得多,甚至难以维持收支平衡,更不要说保养那些破旧的老房子。他们中的大多数人不可能买房子,除了少数幸运的单亲母亲在获得

住房券①后拿到了租金补贴，长期不稳定的收入情况使他们只能在房东的"施舍"下度日。

一方面，许多城市的独户住宅社区正在衰落，同一城市的市中心和其他青年毕业生居住的地区正在蓬勃发展。这种现象背后有许多原因，但所有的一切都始于美国的人口结构变化，尤其是在美国老工业城市。我将在第六章更细致地分析这些原因。

另一方面，人口统计数据中不仅能看到衰退的景象，仔细挖掘过后，还能发现一些给人以希望的迹象——移民，为美国老工业城市注入了重要的新鲜血液。底特律的科南特街（Conant Street）是一条长长的砂石路，这条路的起始点位于通用汽车公司的底特律-哈姆特拉姆克（Hamtramck）装配厂北面，道路向北一段后向西北方转折，一直延伸到底特律的八英里路（Eight Mile Road）。当你沿科南特街向北行驶时，你会先穿过被底特律完全包围的小城市哈姆特拉姆克，然后穿过底特律。一路上，你可以看到沿街商铺的招牌从阿拉伯语逐渐过渡到孟加拉语。在卡尼夫街（Caniff Street）稍往北的地方，正是底特律和哈姆特拉米克的交界处，这里沿街两侧的商店更加密集：希沙姆伊斯兰礼品、印度时尚、阿玛披萨、伊斯兰百货②、

---

① 住房券（housing lottery，housing voucher）：由美国住房与城市发展部所提供的经济援助，住房券可以补贴获得者租房支出的一部分，其具体金额的数量取决于家庭的收入情况以及当地的房地产市场情况。——译者注
② 伊斯兰百货门前的标语是：不只是时装、油品、珠宝，更多尽在伊斯兰百货。——作者注

环球综合服务①、孟加拉香料、阿拉丁甜品咖啡、阿敏超市、扎姆-扎姆孟加拉菜、印度和巴基斯坦菜、沙赫布尔杂货与清真食品店等。

这里就是班格拉敦(Banglatown)社区,一半属于哈姆特拉米克,一半属于底特律。底特律国际②的创始人史蒂夫·托博克曼告诉我,班格拉敦里有一半居民是在外国出生的:其中一半来自孟加拉国,剩下的约一半来自也门。底特律国际与孟加拉裔公共事务委员会合作,帮助后者建立商业社群,并最终将其打造成区域性的旅游胜地。该委员会的创始人伊赫桑·塔克比姆(Ehsan Taqbeem)说:"(在底特律)我们有墨西哥城,我们有希腊城。"这两个地方因其移民社区和风味餐馆而出名。"所以,我们依葫芦画瓢,准备打造班格拉敦。"9

班格拉敦也许会成为旅游胜地,也许不会:这里看起来并不漂亮,也没什么好风景。科南特街永远也不会成为历史街区,店铺所在的建筑看起来普通而陈旧,其间穿插着停车场、二手车交易场和加油站,唯一能看到的绿色只有路边或人行道缝隙中冒出的杂草。但是,这里充满活力,生机勃勃,科南特街旁的整洁平房街区中,房屋空置率仅为2%,而底特律其他地区的空置率超过22%。

班格拉敦并不是底特律唯一充满活力的地方。纵观各

---

① 环球综合服务主要提供税务、旅行和移民相关服务。——作者注
② 底特律国际(Global Detroit),区域经济发展战略项目,以移民和国际人士为基础,试图振兴底特律都市区的经济。——译者注

个城市,墨西哥移民振兴了底特律西南社区的大部分地区;柬埔寨人和越南人给南费城的破败地区带来了新的生机;位于圣路易斯市杰斐逊街(Jefferson Street)以西的切罗基街(Cherokee Street)已成为充满活力的拉丁裔购物街。还有纽瓦克的铁界(Ironbound)社区,这个名字据说来源于曾经环绕该社区的铁路。到了20世纪50年代,这里成了葡萄牙移民的聚居区。尽管这些移民的许多孩子后来搬到了郊区,但他们依然使用母语,还建立了各类公共设施,包括商店、体育俱乐部、餐馆、咖啡馆、医院和律所,这不仅吸引了来自纽约大都会地区的游客,还吸引了来自巴西、佛得角群岛以及其他拉丁美洲国家的葡语移民。铁界社区是纽瓦克最重要的社区,渡轮街(Ferry Street)是其主要街道,同时是纽瓦克最热闹的购物街。

从很多方面来看,这些街区的繁荣并不是新鲜事。少数族裔社区原本就是现代美国社会的源头。100年前,美国工业城市的社区大多是民族聚居区,基本由单一民族主导。1911年纽瓦克市的一幅民族地图描绘了"各个民族的地盘",如图2-4,其中德国人、意大利人和犹太人的地盘比较大,中间夹杂了少量的爱尔兰区、非洲区、希腊区、斯拉夫区和中国区。这张地图显示,在纽瓦克,德国人、意大利人和犹太人各自拥有很大一片集中区域,而所谓的"斯拉夫区"则不然。实际上,斯拉夫人包括了波兰、捷克、乌克兰、斯洛伐克、斯洛文尼亚、塞尔维亚和克罗地亚等民族。他们被统称为斯拉夫人,可见他们的地位并不高。在同一时期的克利夫兰就不一样了，每个斯拉夫民族都能在地图中找到自己的名字。综上所述，我们可以发现，人数多的社群往往拥有自己的住区，人数较少的社群则会多民族混居。[10]

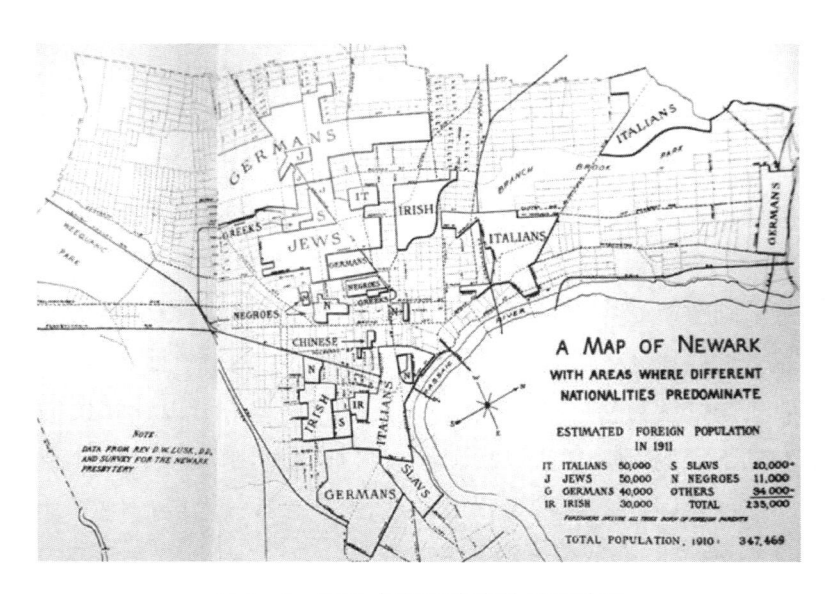

图 2-4　1911 年纽瓦克市的民族地图
资料来源：新泽西州理工学院利特曼建筑设计图书馆

在大多数城市，工业鼎盛时期的欧洲各民族聚居区几乎完全消失了，只有少数例外，如圣路易斯意大利人的希尔社区（The Hill）和匹兹堡犹太人的松鼠山社区（Squirrel Hill）。大多数社区在经历了"同化-繁荣-迭代-迁徙郊区"等过程后消失。同时，在老一辈人去世或逃往郊区后，没有来自同一国家的新移民填补他们留下的空白，这进一步加快了社区的消亡。

从很多角度来说，班格拉敦、墨西哥城或南费城的柬埔寨区等地区，是 20 世纪初外来族裔聚居区的新世纪翻版——新移民可以在新的社区找到与他们有共同语言和文化的家园，并渐渐适应这个新的、令人生畏的国家。

新的外来族裔社区会持续繁荣吗？我只能说，城市在不断变化，社区也在不断变化。20 世纪 70 年代时，底特律曾有一座热闹的迦勒底城镇（Chaldean Town），它由来自伊拉克的基督教移民组成，但最终还是在高犯罪率和郊区化的双重作用下消失了。[11] 另外，铁界社区作为一个葡萄牙语社区，已经传承到了第三代，其势力还相当强大，但它同时也吸引了越来越多说西班牙语的居民。人们永远无法定义一个社区，但只要美国继续对移民敞开大门，只要有一个地方可以让移民们安顿下来、找到居所、寻找工作或自行创业，那么就会形成新的移民社区。随着移民社区的居民们逐渐融入美国主流社会，一些人将会消失，新的人又将出现。有些人会陷入艰苦的生活，但另一些人可能会有更好的发展。

然而，到目前为止，美国的老工业城市对于移民的吸引力比不上之前。与纽约、洛杉矶或休斯敦这样的城市相比，老工业城市的移民社区显得稀少，而正是这些社区为城市提供了充足的发展动力。在老工业城市，其一代移民比例很难达到全国平均水平，像班格拉敦或南费城这样的移民聚居地只是大城市中的小街区。

不过，这种情况可能正在改变。2000 年至 2015 年间，巴尔的摩市的移民人口几乎翻了一番，费城和匹兹堡的移民人口也增长了近50%。这仍与一百年前的数据相距甚远。那时,匹兹堡近三分之二的人口和克利夫兰整整四分之三的人口都是一代移民及其后代。不过,这从另一个角度揭示,美国的老工业城市正在发生转变。

第三章
从制造业到"教育和医疗"

谈及纽黑文时,房地产经纪人约翰·基奥(John Keogh)说:"一言以蔽之,纽黑文是一个公司小镇。"¹纽黑文是21世纪"公司小镇"的代表。然而,这家"公司"不是钢铁厂或汽车厂,而是一所大学——耶鲁大学及其附属医院,主宰着这座康涅狄格州的小城市。这两大机构拥有近2.5万名员工,约占纽黑文就业人口的三分之一。另外,耶鲁大学的1.2万名学生也占到了纽黑文人口的十一分之一。如果再考虑到大学的支出、其员工和学生群体的消费,以及与他们相关的数千个工作岗位和数百家企业,毫不夸张地讲,耶鲁大学贡献了该市四分之三的经济。

耶鲁大学成立已有三百年,在它成立后的大部分时间,耶鲁大学对纽黑文经济的影响远没有现在这样显著。正如记者弗雷德·鲍利奇(Fred Powlege)所写,在20世纪60年代,"除了学生和市民间的频繁摩擦,耶鲁大学与这座城市几乎没有什么联系"。²在殖民地时代,耶鲁大学坐落于风景如画的纽黑文北郊，但并不受纽黑文管辖。凭借校产基金管理人员、高层管理人员、其他纽黑文市民、商业精英之间的频繁联系，耶鲁大学巧妙地发挥影响力以巩固其自身利益。通过纽黑文乡村俱乐部的高尔夫比赛和毕业生俱乐部午餐等形式，耶鲁大学和纽黑文之间的关系得以日渐稳固。

20世纪六七十年代，纽黑文到处是移民、工厂和作坊，是一个典型的小工业城市。1910年，纽黑文人口远超今天，达到13.4万，超过三分之二的居民是移民及其子女。其中意大利人占多数，其次是爱尔兰人，然后是俄裔犹太人。该市拥有500多家制造厂，其中最大的三家是萨金特五金厂、温切斯特枪械厂和纽黑文钟表公司，用道格拉斯·雷的话来说，"运作方式几乎跟城市一模一样"。[3] 这种模式在接下来的40年里都不曾改变。该市人口在20世纪20年代稳定在16万左右，并一直保持到20世纪50年代。1947年，纽黑文仍有400多家工厂，雇用了2.8万名制造业工人，另有5 000名办公职员、警卫、门卫和经理，这些人占到该市劳动力的一半。

与美国其他老工业城市一样，纽黑文情况发生了变化。到1987年，工人的数量已降至5 700人。2012年，仅存的70家机构只有1 500名工人，其中的大多数更像是作坊或工作室，而不是工厂。纽黑文钟表公司于20世纪60年代关门。温切斯特枪械厂在挣扎几十年之后，也在2006年倒闭。只有萨金特五金厂幸存下来，但只是作为瑞典亚萨合莱集团（Assa Abloy）在美国的一个边缘分厂。在工厂接连倒闭的同时，耶鲁大学却逐渐成长，其影响力从纽黑文扩展到全美，进而扩展到全球。时至今日，纽黑文的工业鼎盛已成为一段泛黄的回忆。

作为只有一个大机构的小城市，纽黑文的情况可能有些极端，但是仍具有一定普遍性。在这样的普遍趋势中，美国城市的变化接踵而至。城市经济模式从对制造业的依赖转变为对高等教育行业和医疗保健行业的依赖。这种依赖程度，与原先对于工业的依赖程度相似，甚至更高。

作为典型的美国标志性的钢铁制造城市，匹兹堡的情况与纽黑文非常相似。很少有城市比匹兹堡更能体现美国的工业历史。1907年，赫伯特·卡森（Herbert Casson）对钢铁业巨头匹兹堡赞美道："匹兹堡不仅仅是一座城市。它站在钢铁产业的巅峰，举手投足都能在行业内掀起巨浪。那里的钢厂和熔炉全年无休、昼夜不停……没有任何一个美国城市像匹兹堡一样努力，人们依靠体力和脑力换取踏实的生活。"[4] 1958年，有近10万人在该市的1 000家工厂中工作。

如今，匹兹堡只剩下7 300个制造业岗位，该市新的主导产业——教育和医疗——却有9万个岗位。匹兹堡的其他就业岗位大多集中在金融、信息技术和酒店业，这也反映了该市旅游和娱乐中心的次要功能定位。在匹兹堡就业分布"热力图"（图3-1）中，我们可以清晰地看到：左侧较大的热力圈是市中心，右边是奥克兰，两者相距不到三千米，它们分别是卡内基梅隆大学和被称为"皮特（Pitt）"的匹兹堡大学的发源地。

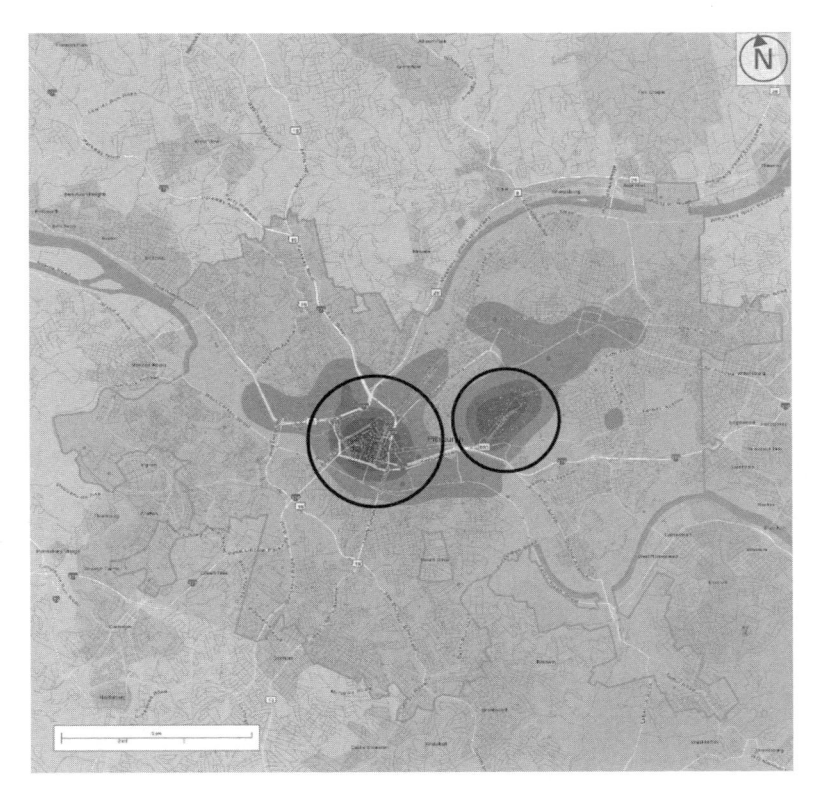

第三章 从制造业到"教育和医疗" 65

图 3-1 匹兹堡 2014 年就业分布"热力图"

资料来源：美国人口普查局的地图 APP

超过 5 万名学生，或者说是匹兹堡六分之一的居民，就读于卡内基梅隆大学、匹兹堡大学和他们的小邻居杜肯大学（Duquesne University）。隶属于匹兹堡大学的匹兹堡大学医学中心在当地被称为 UPMC，是宾夕法尼亚州最大的非政府雇主，雇佣了超过 5 万人。该医学中心将公司总部迁至位于匹兹堡市中心的 64 层高的美国钢铁大厦。该建筑建于 1971

年,曾是美国钢铁公司的总部,是其工业实力的象征。该医学中心在这座匹兹堡最高建筑的顶部竖起巨大的"UPMC"发光钢字,成为匹兹堡天际线的一部分(图3-2),以高调的姿态昭示着该市的转型。

图 3-2 匹兹堡市中心带有 UPMC 标志的美国钢铁大厦
资料来源:马特·鲁滨逊(Matt Robinson)/PittsburghSkyline.com

1907年,卡森写道:

"美国钢铁公司拥有马萨诸塞州、佛蒙特州和罗德岛州的土地。它雇佣了18万名工人……超过100万的美国人……依靠这个公司为生……它拥有19个港口和100艘大型矿石船组成的船队……其钢铁产量甚至超过英国和德国,占世界各国钢铁总产量的四分之一。"[5]

美国钢铁公司还在经营中,但引文中的辉煌已经是过去式。它如今和 UPMC 在同一幢楼里,但占地要小得多。

对于这些老工业城市而言,这种经济转型是意义深远的,但这些决定性的变化出现得有些突然。对此,我们不禁生出许多疑问:为什么城市制造业会崩溃到如此地步?为什么教育和医疗领域发展到了足以取代制造业的程度?这些变化的源头是超越城市控制的大趋势,还是深思熟虑的变革战略?这些变化对这些城市的未来意味着什么?这些问题中的任何一个都可以用一本书的篇幅来专门分析,但我将尽量用简炼的语言介绍它们,因为这些问题对于理解美国城市正在发生的事情至关重要。

美国的制造业正在衰退,但远未到彻底消亡的时候。与人们可能相信的某些说法相反,美国仍在制造很多东西。2013 年,美国制造业创造了 2.1 万亿美元的 GDP,约占美国 GDP 的 12.5%。制造业虽然只占 20 世纪 60 年代美国经济份额的一半左右,但仍然是美国最大的单一经济领域。另外,制造业的情况也有所改变。我们制造的产品与以往不同,制造这些产品所需的工人数量也比过去少得多。1960 年,美国大约有四分之一的工作岗位由制造业贡献,如今,这个数字是十二分之一。同样明显的是,在 1980 年,25 名工人才能创造价值 100 万美元的制造业产品;今天,仅需 6.5 名工人就能创造同样的产值。[6]

然而，老工业城市的衰落，反映的不仅仅是国家的变化。无论今天的制造业生产什么，美国腹地的老工业城市和城镇的产值都远少于过去。美国的老工业城市承担了转型中的主要损失，正如伯克利大学的经济学家恩里科·莫雷蒂（Enrico Moretti）所写："制造业不再为当地社区带来繁荣的生活。如果要问这带来了什么变化，答案是与过去完全相反的境况。美国的大型制造业中心曾拥有荣耀和财富，但现在，其地位已大不如前，它们面临着人口流失和经济前景艰难的困境。"[7]

从许多角度上看，20世纪五六十年代的美国工业正沉浸在愚蠢的幻想之中。当时美国经济飞速发展，欧洲大部分地区和日本仍在第二次世界大战的废墟与泥沼中挣扎，可以说，美国制造业几乎没有什么对手。但是，正如瓦茨拉夫·斯米尔（Vaclav Smil）所述，衰退的种子已经种下。"市场属于生产者们，这个时代的能源丰富而廉价，"他补充道，"随着经济的高速发展，美国的制造企业几乎可以销售他们所制造的任何产品。与商家所追求的生产数量、快速盈利和更新换代的速度相比，产品的耐用性、功能性和设计质量是次要的，有时甚至无足轻重。"[8]

20世纪70年代的第一次制造业危机带来了三大全球性的变化，也终结了美国工业的安逸处境：首先，表现为其他地区制造业的增长，从欧洲和日本开始，然后蔓延到世界其他地区；其次，随着石油输出国组织（OPEC）的崛起和1973年的石油危机，能源成本激增；最后，是全球市场需求，尤其是对钢铁需求的放缓。这些转变导致了美国制造业的两次显著变化，每一次变化都不同程度地削弱了美国的老工业城市。

对城市影响最大的是钢铁制造业的危机,这个行业集中在匹兹堡、扬斯敦和加里等城市。自20世纪50年代中期以来,美国钢铁产量一直在稳步增长,并于1973年达到峰值,年产量超过1.3亿吨。10年后,这个数字暴跌至不到7 000万吨。产量的骤减导致了数百家工厂关闭,1976年至1986年,有30万名钢铁工人失业。

直到今天,在扬斯敦和俄亥俄州的马霍宁山谷(Mahoning Valley)地区,1977年9月19日这一天仍然被称为黑色星期一。这一天,扬斯敦钢材公司宣布关闭位于扬斯敦地区的坎贝尔工厂。在接下来的四年里,该公司还关闭了布里尔山工厂,美国钢铁公司和共和国钢铁公司(Republic Steel)也相继关闭了位于该地的工厂。据一位知情人士透露,在钢铁厂关闭后,扬斯敦地区失去了4万个制造业岗位。[9]该市再也没能从黑色星期一中恢复过来。

第二个变化的影响更为深远。一切尘埃落定后,美国制造商发现自己身处一个经营成本更高的环境中,市场不再拥有无限的需求,于是他们选择进行大规模重组,以提高效率、降低运营成本。此时,许多从克利夫兰、匹兹堡和特伦顿等城市发家的制造商早已成为全国性乃至全球性公司的一部分。比如由著名钢铁工人彼得·库珀于19世纪30年代创建的特伦顿钢铁厂,在20世纪50年代后已是美国钢铁公司的一部分;再比如特伦顿陶器厂,现在是克瑞公司的一部分。正如历史学家约翰·坎布勒所指出的那样:"当公司总部远离生产基地的时候,决策制定者们变得肆无忌惮。一些决策可能只考虑了极少数经济因素却忽视了对社会各阶层产生的影响。"[10]

制造业并没有消失。在全国范围内,制造业岗位从1 900万个小幅下降到1 700万个,并一直稳定到20世纪末。表面稳定的背后隐藏着两个巨大的变化:一个是地理变化,一个是经济变化。当高管们审视工厂时,他们发现了两件事:首先,除了少数例外,他们的工厂十分陈旧、效率低下,与欧洲和日本即将投产的新工厂相比,这些工厂已经过时。其次,相比于其他国家的工厂,加入工会的人数众多,尽管他们工作勤奋、生产率高,但成本也很高。对这些工厂所在的城市的关心,或者说对厂三代和厂四代居住城市的关心,充其量只拥有次要的地位,更多的时候无关紧要。

那些年一系列工厂的相继倒闭,摧毁了一座又一座城市的经济。布法罗的拉克万纳工厂在全盛时期曾经雇佣2万多名员工,最终于1982年关闭。在密尔沃基,更多的工厂倒闭了,包括阿里斯-查默斯机械厂、德科汽车零件厂、AC火花塞厂、蓝带啤酒厂、路易斯-阿里斯电机厂、卡尼特雷克装备制造厂和舷外海事工厂。20世纪80年代,通用汽车关闭了11家工厂,并于1991年宣布关闭另外21家工厂。1982年,一位年轻的作家回到匹兹堡附近的莫农加希拉山谷地区时写道:"当我到达此地,驱车沿着山谷返回我的家乡时,我很惊讶,这里竟然在短短数月内就迅速衰落了……山谷里实在过于安静,没有以往的敲击声和碰撞声,天空中甚至没有烟雾。我当时大吃一惊。"[11]

在更多城市中,这种转变不会如此突然,而是如温水煮青蛙。比如芝加哥南部的美国钢铁公司、宾夕法尼亚州的伯利恒钢铁公司和巴尔的摩伯利恒麻雀角钢铁公司的大型工厂,它们并未在一夕之间关闭,而是逐渐衰落。其产量和工人逐渐减少。最终,在坚持了多年之后,它们于20世纪90年代或21世纪初关闭。还有一些公司,比如美国钢铁公司的加里工厂,目前仍在经营,厂内仅有5 000名工人;在过去,那里有3万名工人。

从我的经验来看,这些公司试图摆脱的不仅仅是陈旧低效的工厂。自第二次世界大战结束以来,很多工厂几乎没有得到过投资。1996年,我在特伦顿担任住房和经济发展部门的主任。当时,希尔制冷公司宣布关闭当地的工厂并裁员800多人,随后迁往弗吉尼亚州。这是特伦顿最后一家在工业鼎盛期发家的大型制造企业。对一个正面临困境的小城市来说,希尔的离去无疑是雪上加霜。

市、县和州政府都意识到,希尔制冷公司在19世纪80年代至20世纪60年代建造的特伦顿工厂效率低下,已经不能再为公司带来利润,但是政府仍然希望公司留住工厂,只要工厂留在州内,工人们亦可以保住他们的工作。即使新工厂不在特伦顿也是可以接受的,因为政府也知道很难在特伦顿找到一个合适的地点来建一座同样规模的新工厂。但是,该公司话里话外都在讽刺这幼稚的想法。"你不明白,"我记得他大概是这么说的,"重要的不是新工厂,我们在乎的是要付给员工多少钱。我们的竞争对手没有工会。为了提高竞争力,我们需要从招募非工会员工开始。"话说得足够明白,希尔制冷公司的新工厂不再招募特伦顿工人。

大量的制造业岗位转移到了阳光地带。1967年至2002年间,纽约州流失了三分之二的制造业岗位,宾夕法尼亚州的制造业岗位少了一半;北卡罗来纳州、田纳西州和加利福尼亚州的制造业岗位数量基本没有变化;得克萨斯州则增加了近20万个工作岗位。

20世纪四五十年代时,美国企业对工会的态度逐渐转变,大多数时候勉强默许,有时会存在一种隐性的伙伴关系。但到了60年代,双方关系急剧恶化加之制造业环境的愈发恶劣,工厂迁出城市,迁出了工会极为强势的美国东北部和中西部地区。在美国的南部和西南部地区,工厂可以在缺少工会的地方重新开始,这些州的"工作权"法律①也让企业在面对工会时占了上风。我们可以用数据证明此事。1950年,近36%的美国私营企业工人是工会成员。到1991年,在第一波工厂关闭和搬迁之后,这一数字降至16%。如今,只有不到7%的私企工人是工会成员。

面对接二连三的工厂搬迁,人们并非毫无反应,而是试图在许多方面采取行动。正如美国汽车工人联合会主席欧文·比伯(Owen Bieber)所说:"当面临华尔街的埃比尼泽·斯克

---

① 目前美国有27个州通过了工作权法,该法律允许员工自由选择是否加入工会,禁止企业以加入工会为条件签订工作合同。——译者注

鲁奇①这类人贪得无厌的要求时,我们不可能再对他们说'好的,先生!'正确的回答不是如此简短的敬语。"12国会和州立法机构的相关议案,要求企业在工厂关闭前提前通知、偿还之前接受的政府补贴并补偿失业工人。人们举行示威游行,并向华盛顿递交请愿书。另一些城市的人们,在20世纪60年代新左派老将的领导下,直接控制了被关闭的工厂。扬斯敦的宗教和市民领袖在激进学者斯托顿·林德(Staughton Lynd)的指导下,试图收购坎贝尔工厂,并将属于工人的工厂在现代化改造后重新投入生产,但没有成功。匹兹堡的激进分子发起了直接行动,以反对他们眼中引领去工业化进程的公司,他们甚至"将死鱼存放在梅隆银行的保险箱中,并在银行大厅喷洒臭鼬油"。13

除了一些只有象征意义的法案和一些为失业工人提供的联邦再培训基金外,其余的努力收效甚微。虽然卡特总统对钢铁进口施加了部分限制,但对于支持立法机关限制工厂关闭,或是为工会与社区联盟提供政府资金,以收购和重开钢铁厂,他都没有太大兴趣。在罗纳德·里根总统任内,他延续了前任的不作为政策。1984年,在西弗吉尼亚州的小工业城市威尔顿(Weirton),工人们收购国家钢铁公司的旧工厂并重新开张,这是唯一一家工人在掌握所有权后重新开业的例子。该厂在头几年还能盈利,但在20世纪90年代遇到的困难越

---

① 埃比尼泽·斯克鲁奇(Ebenezer Scrooge),狄更斯的小说《圣诞颂歌》中的老守财奴。——译者注

来越多,工人们在 1994 年失去了主要控制权。2003 年,该工厂的新老板不得不申请破产。

令人困惑的是,至少在钢铁行业,各种形式的联邦融资、其他干预,或是更换工厂的经营主体,除了可能缓解衰退城市的部分短期社会经济困境外,还能产生多大的影响。在同一时期,西欧国家也在应对类似的危机。与美国相比,欧盟国家更积极地参与其中,他们投入了数十亿美元以保证工厂运营、维持就业并维护社会稳定。但是,他们的努力也只是减缓了破产的进程。到 20 世纪 70 年代末,欧盟也不得不承认这些努力的失败,迎接他们的是钢铁产量的暴跌。在 1977 年至 1990 年间,欧盟钢铁制造业的劳动力减少了 48%。

在经历了郊区化、白人逃离和 60 年代暴乱之后,许多城市摇摇欲坠。众多工厂的搬离对这些城市而言无疑是雪上加霜,数千名工人失去工作,其痛苦让这些城市沉浸在巨大的悲伤之中。扬斯敦钢铁厂或通用汽车厂的工作,对于这些工人来说不仅是一份工作,更是一种身份认同。为了巩固这种身份认同,自 19 世纪末以来,工厂及其周围的社区形成了一种完整的城市文化,一种由教堂、工会大厅、酒馆、垒球联盟,以及社区、民族和公民组织组成的文化。对于像扬斯敦和克利夫兰这样的城市,制造业不仅是当地经济的一部分,更是城市唯一的经济引擎。工人获得的工资使他们能够光顾城市的百货商店、珠宝店和面包店。工人通过工会合同获得的医疗福利养活了医院和医生。随着工厂的消失,这些城市的各个部分开始瓦解。

在美国其他地方,在第一轮工厂关闭和失业浪潮之后,情况或多或少地稳定了一段时间。计算机等新兴行业的工作岗位取代了已经消失的工作岗位。从20世纪80年代初到20世纪末,美国制造业的就业岗位数量总体保持不变。但在铁锈地带①的各州,尤其是那些较老的工业城市,情况并非如此。就像流行病一样,失业和工厂倒闭似乎也具有传染性,制造业岗位在一座座城市接连消失。如图3-3所示,1982年与1967年相比,这些城市内一半的工作岗位消失了;1997年与1982年相比,又有一半的岗位消失了;到2012年,1997年的岗位里又有一半消失了。然而,最大的区别不在于这些城市失去的制造业岗位比其他地方更多,而在于,与得克萨斯州或加利福尼亚州等地相比,这些城市没有创造任何新的工作岗位。

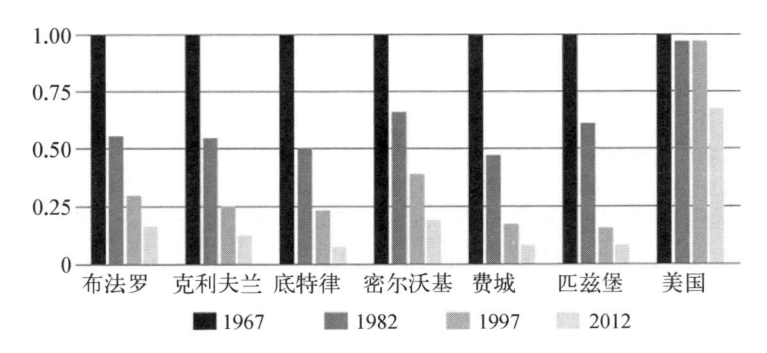

图3-3 1967年至2012年美国和收缩城市制造业岗位的流失情况

资料来源:美国制造业普查

---

① 铁锈地带(Rust Belt),指美国东北部五大湖附近,传统工业衰退的地区。——译者注

费城在 1967 年时有 26.4 万个制造业岗位，到 2012 年只剩下 2.3 万个，而匹兹堡只剩下 7 000 个。在 2012 年之前，发生过两件大事。首先，美国工业十多年的相对稳定期已经结束。从 1999 年或 2000 年左右开始，全球竞争、离岸外包和技术变革的累积影响使制造业岗位数量急剧下降。在 2010 年经济大衰退结束并触底反弹之前，美国已失去 600 万个制造业工作。不过，此时的费城和匹兹堡等城市与 20 世纪七八十年代的情况大不相同，另一件大事也于此时发生：在依然清晰可见的旧产业废墟边，以教育和医疗产业为核心的重要经济体蓬勃发展，娱乐、文化及旅游产业紧随其后。人们更愿意将费城或匹兹堡之类的城市称为"后工业城市"，而不是工业城市。对一些人来说，后工业这个词有些梦幻，给人一种美丽新世界①的感觉，但我认为它只是现实的简单反映——他们曾经是工业城市，而现在已经不是了。

在今天的后工业城市中，是什么推动了医疗和教育领域的爆炸式增长？同样地，我们需要关注全国范围的趋势和城市自身的特征。这两个方面几乎与我们所描绘的同一时期内推动制造业发展的趋势如出一辙。

推动变革的最有力因素与城市本身无关。自 20 世纪 50 年代以来，美国在高等教育和医药方面的支出，尤其是后者，一直呈爆炸式增长。1950 年，美国在医疗保健方面的支出为

---

① 美丽新世界（Brave New World），英国作家阿道司·赫胥黎于 1931 年以此书名创作的长篇小说，是"反乌托邦三部曲"之一。书中刻画了一个 600 年后的未来世界，物质生活丰富但人性已然泯灭。——译者注

120亿美元,在考虑通胀的条件下,这相当于2014年的1 170亿美元。2014年,全美人口比1950年翻了一番,而整个国家在医疗保健方面的支出超过3万亿美元,比1950年的25倍还多,其中近1万亿美元用于住院治疗。一直以来,医学研究的支出虽然只占总额的一小部分,但也从1950年的不到10亿美元(扣除通胀影响后)增加到了2014年的460亿美元,这个数字几乎是1950年的50倍!

此外,在整个过程中,医疗支出的增长幅度并不相同:在1950年至1975年间,医疗支出平均每年增加170亿美元;从1975年至1990年,平均每年增加510亿美元;自1990年以来,平均每年增加720亿美元。

高等教育的发展虽然不如医疗保健那么引人注目,但也不容小觑。在第二次世界大战前夕,只有5%的美国成年人毕业于四年制大学,与其说大学学位是进入特权社会阶层的门票,不如说它是特权社会阶层成员的象征。到1965年,这个比例有所增加,但仅为9%。如今,这一比例达到32%。高等教育总入学人数从1965年的不到600万人增加到2014年的2 000多万人。在当今的美国,对于任何渴望实现阶级流动、获取机会和稳定的中产生活的人来说,大学学位几乎成了一项强制性要求。即使20世纪60年代社区学院和公立大学数量激增,1970年的高等教育总支出仍为234亿美元,相当于今天的1 428亿美元。到2014年,每年的高等教育支出总额已增至5 320亿美元,几乎是70年代支出的4倍。

这一长串数字背后的意义很明显:与50年前甚至25年

前相比，医疗保健和高等教育在美国经济中所占的比重更大。此外，如今的知名医疗中心或重点大学与50年前相比已是天壤之别。詹姆斯·瓦格纳（James Wagner）在2003—2016年间担任亚特兰大埃默里大学的校长，他在2007年写道："40年前埃默里大学的研究机构规模很小，对整个社区的影响微乎其微，从1915年在德鲁伊山（Druid Hills）建立开始，其运作模式就没什么变化，那时的它更像是家庭作坊，而不是个企业。"[14]

1963年，当时的加州大学校长克拉克·克尔（Clark Kerr）创造了"综合大学"（multiversity）这个词，用以描述美国高等教育的出路。[15] 2007年时，瓦格纳不无遗憾地写道："'综合大学'也是埃默里大学追求的目标——作为一个重要的研究机构，政策专家依赖于它的专业知识，实业家仰赖于它的研究，政府机构求助于它的资助提案，捐赠人在此通过慈善事业对美国和世界产生巨大影响。"[16]然而，并不是每所学院或大学都符合这个标准，成千上万的社区学院以及小型的私立、公立大学都不适用于这种模式，更不必说那些发展迅速的营利性大学了。如今，重点大学实际上是一门价值数十亿美元的生意，是供资金流通的巨大机器，这里不仅培养毕业生，还孵化出许多研究项目和其他有利可图的商业衍生品。

美国的重点医疗机构更是如此，约翰斯·霍普金斯医疗集团是一个每年创造80亿美元产值的"世界级健康综合企业"。援引网站上的数据来看，该集团拥有1所医学院、6所学术型和社区医院、4个郊区医疗和外科中心、39个综合和专科门诊点。[17] 2014年,约翰斯·霍普金斯大学从美国国立卫生研究院获得了价值5.93亿美元的研究拨款。[18] 高悬在美国钢铁大厦楼顶的UPMC字母,其影响力超出了匹兹堡。在许多方面,像匹兹堡大学医学中心、约翰斯·霍普金斯医疗集团、耶鲁大学纽黑文医院或圣路易斯巴恩斯-犹太医院这样的机构已经取代了大型制造公司,成为21世纪的美国巨型企业。

老工业城市虽然没把工厂保留下来,但许久之前所做的一些决定却帮助它们在高等教育与医疗保健业的爆发式增长中抢得先机。如今的这些大型机构,早在城市处于鼎盛期或更早的时候就打下了基础。正是这些深厚扎实的产业基础,及其与城市中的其他企业间建立起的多样联系,引导着这些大学与医疗中心成为我们今天所熟知的"支柱性机构"。在20世纪七八十年代最黑暗的日子里,一些大学的校长可能还在幻想着在其他地方另起炉灶,但现实告诉我们,耶鲁大学或约翰斯·霍普金斯大学不可能离开纽黑文或巴尔的摩,去往其他地方重建宏伟的校园。这个问题在今天显得毫无意义,因为这些大学与其所依附的城市已经形成了密不可分的共生关系。

这些支柱性机构往往在空间分布上较为集聚。克利夫兰市中心以东6公里外的克利夫兰大学城就是一个很好的例子。该地区的历史可以追溯到19世纪80年代,当时两所小型学院从拥挤的市中心搬到这里,后来合并为凯斯西储大学。随后,大学医院(University Hospital)和克利夫兰诊所(Cleveland Clinic)分别于1916年和1921年搬迁至此处。

1905年,克利夫兰艺术学院在这里成立。之后,当地还建造了克利夫兰艺术博物馆、克利夫兰自然历史博物馆和克利夫兰管弦乐团的主场塞弗伦斯礼堂(Severance Hall)。现在,大约有5万人在大学城工作,其中有2万是在过去10年间增加的。相应地,在城市的其他地方,却在同一时间里减少了相同数量的工作岗位。同时,在过去10年里,新的餐馆、商店、高档公寓等设施纷纷入驻大学城,2008年时还有一所蒙氏教育高中开始运营。

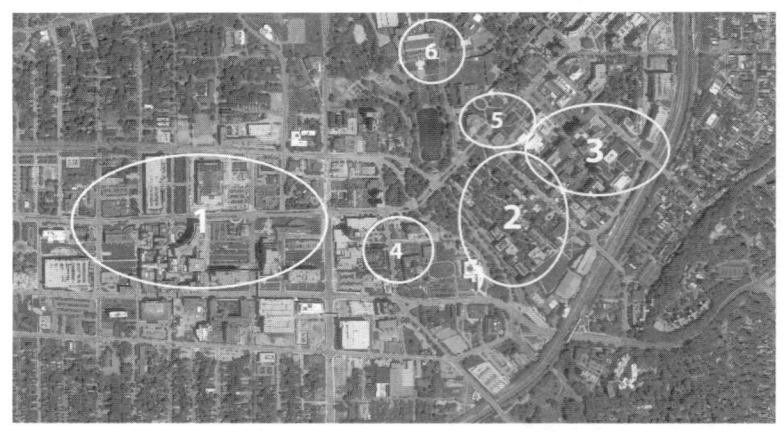

1 克利夫兰诊所
2 凯斯西储大学
3 大学医院
4 克利夫兰艺术学院
5 塞弗伦斯礼堂
6 克利夫兰艺术博物馆

图3-4 克利夫兰大学城的支柱性机构集群

资料来源:谷歌地球,作者改绘

重点大学和医疗中心是经济发展的主要源动力。它们雇佣了数万人,每年购买价值数十亿美元的产品和服务。但它们在城市经济中所展现的力量并不仅仅局限于城市内部。子公司、员工以及数量渐涨的学生群体的消费支出,为城市间接地创造了数十亿美元的收入。

像斯坦福大学和麻省理工学院这样的大学,已告诉我们大学和医疗中心作为创新中心的地位。它们创造了海量的企业和就业岗位,带来了千百万美元的专利许可费以及各种衍生产业。虽然硅谷和波士顿-剑桥地区仍然是美国科技投资的主要目的地,但匹兹堡、纽黑文、巴尔的摩和圣路易斯等老工业城市已经开始分一杯羹。

位于匹兹堡的卡内基梅隆大学因其在自动驾驶领域的突出地位而闻名于世。2015年,优步公司挖走了卡内基梅隆大学的40名核心员工,并在匹兹堡建立了自己的研究机构,此番操作让它们登上了商业媒体的头条。2013年,卡内基梅隆大学的教授拉杰库马尔(Rajkumar)创立了奥托马提卡公司(Ottomatika)。2015年,该公司被德尔福汽车系统投资有限公司(Delphi Automotive)收购,但仍留在匹兹堡。自2011年以来,卡内基梅隆大学的教师和学生已经创建了148家公司,并签署了871项专利许可协议。匹兹堡大学的学生和教师也创建了70家公司,并签署了674项专利许可协议。[19]这些公司和协议为大学和城市的经济活动带来了大量的资金。

位于康涅狄格州的52家生物科技公司当中,有20家位于纽黑文,还有19家分布在纽黑文周围,受到耶鲁大学的辐射。[20]耶鲁大学与纽黑文合作,接收了老温切斯特时期的大部分工厂地块,并将其改造为技术和创新中心的科技园区。在巴尔的摩,马里兰大学在学校附近建立了占地近5 000平方米的生物科技园区,园区位于贫困的巴尔的摩市西部,推动了周围社区乃至整个城市的生物技术商业化和经济发展。在创造了800个工作岗位以外,该园区还致力于推动社区福利,创建了巴尔的摩城市社区学院的生命科学研究所,正在培训社区居民以胜任生命科学领域的工作。

位于圣路易斯的科尔泰克斯创新社区(Cortex Innovation Community)是同类型园区中最野心勃勃的一个,它得到了该市重点大学和医疗中心的联合投资。该社区成立于2002年,它标榜自己是"美国中西部最大的创新中心,集生物科技研究、开发和商业化为一体,为圣路易斯一众初创项目和正式公司提供支持"。该项目占地近0.8平方千米,毗邻圣路易斯知名的森林公园,已为该市带来了4 000多个工作岗位。建成后,预计将拥有近42万平方米的多用途空间,并提供1.5万个技术型就业岗位。科尔泰克斯社区与附近圣路易斯公立学区内的大学医学院(Collegiate Medical)和生物科学高中(Bioscience High School)紧密合作,为未来潜在的科尔泰克斯雇员与企业家的职业生涯铺路。[21]

布鲁金斯学会的布鲁斯·卡茨将科尔泰克斯视为美国"创新区"的样本。正如他所描述的那样,该社区"不仅将前沿的核心机构和企业集群与初创企业、企业孵化器和企业加速器联系在一起,而且整个园区占地紧凑,交通条件便利,能够加强企业间在技术上的联系,还可以提供多功能的住房、办公和零售服务"。卡茨强调,创新区不仅仅是简单的空间,它还展示出"足以改变人们和公司地点偏好的重大趋势,在这个过程中,它将重新定义经济运行、场所营造和社会网络之间的联系"。[22]

也有许多项目陷入了困境,建于 20 世纪 80 年代的耶鲁大学科学园就一直没什么起色,最近几年才有了实质性的发展。此外,我们不禁发问:它们是否有可能助长美国老工业城市中令人忧心的两极分化和不平等的趋势?尽管我们面临着这样的困惑,但基于教育和医疗产业的新型城市经济已经逐渐发展起来,在相关城市的经济结构中占据着愈发重要的地位。

随着教育和医疗产业对城市经济的重塑,老工业城市正在经历第二次转型,它将再一次成为消费的中心。用社会学家特里·尼科尔斯·克拉克的话来说,城市正日益成为"娱乐机器"。迈克尔·索尔金(Michael Sorkin)的话则更为贬损,他说城市就是个"主题公园"。[23] 对于想要体验夜生活的游客来说,巴尔的摩内港或圣路易斯的华盛顿大道是后工业城市中最吸引人的地方。正如克拉克所说,"娱乐、消费和便利设施"开始成为城市政策的内驱力,并开始吸引移民。[24]

这与经济学家、规划师和其他美国人对城市的看法大相径庭。传统的观点认为城市经济,以及经济和便利设施之间的关系,大致如图 3-5 所示,而且今天的很多人都持有这样的观点:

```
生产  →  财富  →  便利设施
```

图 3-5　经济和便利设施的关系

富人们通过工厂赚取金钱，他们把大部分赚来的钱花在城市里，而城市也间接地用这些财富建造便利设施，比如公园、音乐厅或博物馆等。城市居民享受着这些设施，但这些设施对城市经济的发展几乎没有作用。没有一家工厂搬到一个城市，是因为这个城市拥有伟大的艺术博物馆。在百年前，虽然这种说法过于简略，但事实的确如此。

今天的情况则大不相同，并且更加复杂。美国仍然以许多不同的方式创造财富，但老工业城市创造的财富比过去少得多。今天的城市，不再是生产性城市而是消费性城市。这些消费中有很大一部分通常被视为固定项目，如教育和医疗保健，这些消费支撑着核心的教育和医疗行业。当然，也有很多人会把钱花在大众眼中的奢侈品上，比如星巴克拿铁和篮球比赛门票等。人们花的钱可能直接来自他们的资产，也有可能像大多数医疗支出一样，由税收或保险支付，而这类医疗收入实际上是其他地方所创造财富的副产品。不管怎么说，这座城市更像是一个"消费机器"，而不是克拉克所说的"娱乐机器"。于是，为了使人们的消费能力最大化，为他们提供所需的便利设施变得至关重要。哈佛大学经济学家爱德华·格莱泽（Edward Glaeser）和他的合著者在 2000 年发表的一篇论文很有先见之明，文中总结道："有吸引力的城市将繁荣发展，而令人不悦的城市将会衰落。"[25]

实际情况甚至更为复杂，因为财富、消费和便利设施之间存在一个反馈系统。便利设施可以是一个风景优美的海滨剧院，也可以是餐馆，比如克利夫兰剧场广场（Cleveland's Playhouse Square）。这些设施不仅是满足消费需求的产品，更是消费需求的生产者与放大器，也就是说，这些设施可以驱使人群进行消费，并吸引有潜在创造财富能力的人来到城市。于是，城市内出现了和图3-6相似的情况：

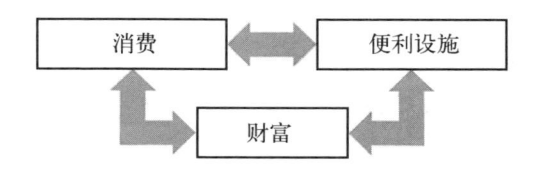

图3-6 财富、消费和便利设施的关系

其中一个关键部分就是克拉克所说的"场景"（scene）。当足够多的设施聚集在一个区域，它们就创造出了一个场景。此场景将人们聚集在一起分享活动，参与到一种独特的共享氛围中，通过与其他志同道合的人共享场景，以定义自己。这个地方还为单身的年轻人提供了结交朋友、寻找潜在伴侣的绝佳机会。就像我们在第一章中遇到的年轻的技术奇才，他就是因为被奥斯汀的生活环境所吸引，才离开了匹兹堡，正如他总结的那样："我可以在奥斯汀拥有自己的生活，而不仅仅是一份工作。"[26]

这似乎就是理查德·佛罗里达所提出的顿悟时刻。人们不再像经典经济学理论所说的那样为了工作而搬迁。现在，人们的决定更多与地点有关,对于有才华、有创造力的人们,他们会更看重城市能给他们提供什么。虽然工作机会依然很重要,但是,正如佛罗里达所写:"我遇到过许多人,他们为了生活环境搬到某个地方,然后(他强调道),才开始在那里寻找工作。"[27] 得克萨斯州的奥斯汀仍然是一个娱乐之都,但同类型城市间的竞争也正变得越来越激烈。匹兹堡、费城、巴尔的摩和圣路易斯也都拥有发达的娱乐产业。克利夫兰、底特律和布法罗正朝着这个方向前进。今天,和那名技术奇才一样的年轻人可能会选择留在匹兹堡了。

有些城市拥有最符合千禧一代兴趣和生活方式的各类设施,这吸引了引领城市复兴步伐的千禧一代聚集在此处。这里不仅有餐厅、咖啡馆和音乐表演场所,而且在同一街区甚至同一栋楼里,有趣的各类活动层出不穷,这些活动间形成了有机的联系。大多数年轻人聚集的地区往往还具备独特的视觉或美学特质:这种特质可能源自独特的老建筑,比如圣路易斯华盛顿大道的老旧仓库,或者巴尔的摩费尔斯角的19世纪联排住宅;也可能源自河岸和湖边。不过,后者对于那些更具艺术细胞的人来说,反而是一种反向美学,就像肮脏破败的工业区总能和艺术家联系在一起那样。

由消费和便利设施驱动的良性循环可能不足以完全反映复杂的现实,但它和实际情况的差别并不大。从另外一个重要的维度上讲,当消费和便利设施的关系足够紧密时,它开始促进生产,而不只是产生更多的消费。一个城市通过其便利设施吸引的人才(和资金)越多,就越有可能将更多的人才和资金用于生产,而不仅仅是用于消费。研究型大学或医疗中心不仅吸纳学生或病人,还开始申请发明专利,并制造各类附加产品。年轻人因为城市的便利设施选择这里,他们开始创办自己的企业,并雇佣员工为他们工作。综上所述,我们可以将其总结为两个反馈的循环,如图 3-7 所示:

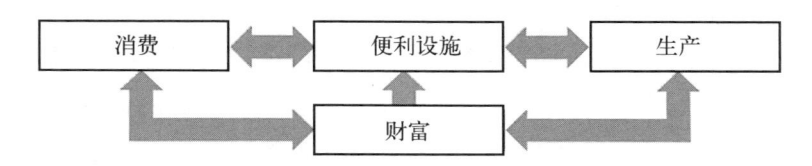

消费 ↔ 便利设施 ↔ 生产
便利设施 ↔ 财富

图 3-7 消费和便利设施的反馈循环

奥托马提卡公司选择留在匹兹堡而不是搬到硅谷,就是第二种反馈循环的体现。奥托马提卡公司不是因自身需求留在卡内基梅隆大学附近的,它也不需要借助匹兹堡的任何资源。它选择留在匹兹堡,不仅因为那里是他们创业伊始的地方,在搬迁上存在困难,更多是因为匹兹堡提供的便利设施正是公司的所有者和员工们所追求的。这使他们更有可能吸引拥有高级技术的新人。如果没有这样的条件,它们就有可能去往奥斯汀或旧金山。便利设施不仅帮助城市留住了在那里起步的新企业,还在新企业发展起来之后,开始吸引其他企业。

当然,如果不是教育与医疗机构提供了经济发展的基础,这一切都是不可能的,而许多评论家都忽视了它们的重要性。与此同时,这些机构的领导人知道,他们所在城市的设施质量与他们能否继续招收优秀的学生、教师和研究人员密切相关。

为了保持他们在国内或全球市场上的竞争地位,他们需要不断提高城市中各类设施的质量。

在过去十年里,耶鲁大学花费了数百万美元购置房产。经过精心策划后,在校园周边地区招引了一批餐馆和商店,还将两个略显破旧但人流密集的城市购物街区改造为耶鲁商圈,成为高档购物街区和餐饮胜地。耶鲁大学还有条不紊地聚集了近一百家零售商户,旨在增加便利设施。这不仅是大学社区所需要的,也是纽黑文当前与未来富裕阶层的居民所需要的。此外,这一举措也是为了进一步扩大耶鲁大学的品牌效应。耶鲁大学副校长布鲁斯·亚历山大(Bruce Alexander)说,引进苹果零售店"是一项重大尝试。我们花了3年时间才和苹果公司达成协议"。在接受当地记者艾德·斯坦纳德的采访时,亚历山大描述了他们是如何招募到KIKO这样时髦的意大利化妆品公司的。"当KIKO的代表待在纽黑文时,"他说,"我们发现了耶鲁大学的3名意大利女学生——她们不是意大利裔美国人,而是意大利人。双方开始用意大利语交谈……(我们)至今仍确信是那3名意大利学生促成了这笔交易。"[28]

耶鲁大学以及其他类似的例子层出不穷,但其中又显现出一个复杂而引人深思的问题。在一个便利设施驱动经济发展的时代,耶鲁大学正在做它认为有必要的事情,以保持其作为全球精英机构的地位。这所大学保持其竞争优势的能力,以及学生、教师和游客每天在耶鲁商圈的花费,对纽黑文目前和未来的经济活力至关重要。然而,当我们重新审视这个后工业化的美国城市时,我们总会不禁疑惑道:这份活力究竟属于谁？

值得注意的是，纽黑文市中心商业改善区的负责人温·戴维斯对记者斯坦纳德说："尽管人口普查的数据显示纽黑文并不是一个令人向往的城市，但是耶鲁大学的确帮助我们吸引了很多零售商入驻。"[29] 正如戴维斯所说，纽黑文仍然是一个贫穷的城市。我对教堂街（Chapel Street）和百老汇的印象还停留在我在耶鲁大学读本科时的记忆。这两条购物街有些破旧，但很热闹，两旁都是物美价廉的商店，偶尔也有一些很时髦的店铺，耶鲁大学的学生和附近低收入社区的居民都会光顾。尽管两个群体并没有过多的交集，但他们有时是同时存在的。现在，这些地区不仅属于大学，还属于社会和经济意义上的特权阶层。这里被重新定义为一种专属的地盘，就像有人在这些地区的周围建了一堵墙，并设置了哨所。从微观上看，耶鲁商圈的例子反映出新城市经济中社会和经济的两极分化现象。然而，我们必须思考一件事：这种两极分化是由城市经济转型驱动的，还是仅仅反映了全国范围内经济和社会方面日益严重的两极分化？同时，城市的改善在多大程度上是由那些有能力、有资源去塑造城市经济的人根据自己的偏好和需求所做的选择？

耶鲁商圈是个消费场所，但同样需要说明的是，一个城市的便利设施可能有助于恢复至少一部分的生产力，尽管从许多方面来看，这些城市的产能都远不及工业鼎盛期。大多数新兴的公司都是小公司，他们雇佣的大多数是工程师、程序员，以及其他拥有高级学位和专业技能的人，其中许多人住在城市的郊区。正如我即将在第九章所讨论的,虽然这些企业和工作对激发城市经济活力很重要,但这些活力并未惠及城市中的其他大部分人。与此同时,这种情况并非不可避免。在第九章中,我还将探讨人们正在进行的努力,希望使得新经济不仅仅为少数幸运儿服务。

最后,对后工业时代的城市来说,便利设施还影响着另一类重要的经济贡献者:参观者、游客和各类集会者。像超级碗周末和全国党派大会这样的大型活动,往往被大肆炒作,它们好像可以为城市经济带来巨大的价值,而事实却远远不及。另外,旅游业的潜力和需求不应被低估。游客或访客都需要便利设施,以及一些特定的设施,比如酒店、机场和停车场等。

在某种程度上说,旅游业带动各类设施发展,也促进了城市经济。城市中吸引千禧一代的餐厅、夜生活和艺术场所,也吸引着八方来客。然而,若想要在城市内发展旅游业,增加其经济贡献,那就要付出高昂的成本。近年来,各城市对游客资源的争夺堪比日益昂贵的军备竞赛。其中最出名的"军备"就是会展中心,数亿美金的成本往往由纳税人提供,融资通常是在私下进行,如果选民有选择的话,他们很可能会拒绝这样的设施。从1989年至2011年间,全美会展中心的面积增加了超过300万平方米,和之前相比翻了一番,而会展业务几乎没有增长。难怪,为数不多的研究该行业的学者之一,海伍德·桑德斯(Heywood Sanders)在2014年写道:"政府许诺了新的投资,也承诺了增强城市的经济影响力、增加就业机会、让城市得以发展,但最后往往会出现一个相当割裂的现实。一个又一个的城市建起了大型的会展中心,但新增的会展活动却屈指可数,这根本不可能创造真正的就业机会……那是显而易见的失败……人们总是需要更多的空间,用于建设位置优越的酒店,或者一个新的'娱乐区',这些都会让这个城市再次陷入与会展中心一样的陷阱。"[30]

但这并不意味着旅游业对经济没有重大贡献。目前尚不清楚耗资15亿美元的宾夕法尼亚会展中心对费城旅游业的贡献,但费城的旅游业似乎正在蓬勃发展。为推动费城旅游业发展,市政府委托了两家组织进行相关工作,其中之一是"费城观光"(Visit Philadelphia)。根据其进行的一项关于经济影响的研究显示,在量化计算后,2015年旅游业为区域带来的经济总收益超过100亿美元,其中60亿美元的收益在费城产生[31]。即使其中存在一定的水分,这也是一个巨额数字。自2010年以来,费城平均每年增加近500间酒店客房。尽管酒店业能提供的大部分工作薪水微薄,但这是当地工作岗位的主要增长点。"费城观光"在报告中计算区域经济的各成分占比时,尽管"休闲和接待"产业在总量上仍远低于教育和医疗产业,但它是所有经济部门中增长最快的。

费城旅游业发展的成本极为高昂。各城市之间对游客的争夺非常激烈,对会议举办地的争夺更是如此,像克利夫兰或费城这样谈不上有什么国际化品牌效应的城市,其间的竞争尤其激烈。"费城观光"每年花费1 100万美元来宣传这座城市,与它同城的竞争对手费城会展旅游促进局(Philadelphia Convention & Visitors Bureau)每年花费1 700万美元做同样的事情。虽然会展中心的建造花销巨大，但幸好它未被私有化，州、市、县政府都会为其提供建设补贴。同时，各级政府也会对附近私人酒店的建设提供补贴。2010年，为了在华盛顿的会展中心建造万豪侯爵酒店，该市的会展中心管理局通过所谓的税收增额融资①发行了1.75亿美元的债券，而酒店未来缴纳的房产税将用于偿还债券，而不是交给哥伦比亚特区的财政部。因此，在偿清债券之前，该市将不会从该项目中获得房产税收入。

为了获得更多的会展业务，堪萨斯城政府同意承担市区万豪酒店装修费用的一半。在1 650万美元的账单中，约60％将来自城市各类会展和游客的消费税，约40％将由改善区中未来每年的产品销售额中抽取1％的附加税支付，后者主要源自酒店的销售和客房的租赁。[32]这种高昂的酒店税已变得司空见惯，因为各个城市发现，外地游客不在当地选举中投票，也不出席本地的市议会，对他们征收较高的税相对容易：圣路易斯对游客的酒店账单征收18％的税，而印第安纳波利斯则征收17％的税。

从劳斯在巴尔的摩内港开发项目开始，人们发现其作为便利设施的一种，具有吸引居民和游客的价值。此后，各个城市纷纷投入数十亿美元以资助类似的项目。以圣路易斯华盛

---

① 税收增额融资（Tax Increment Financing，TIF），美国特有的公共投资溢价回收模式，为了解决在某一地区公共设施投资的资金问题，先划定该设施周边区域为增额融资区，然后以一定比例预支该地区未来由于设施建设而将获得的增额不动产税，将其用于向社会发行债券。——译者注

顿大道的改造项目为例，它一开始由私人企业家资助，城市公共部门很快加入进来，并为一些开拓性的开发商提供资金。1998年，密苏里州颁布了一项历史保护税收抵免政策，鼓励大量开发商将旧厂房改造成公寓。两年后，纽约市投入了1700万美元，在市中心安装了"定制灯具、独特的垃圾桶、扩展的人行道，人行道有着拉链和针脚状的铺砌图案，还有LED的跑道灯"。其中拉链和针脚状的铺路图案，隐晦地致敬了这条街作为城市服装中心的历史。遗憾的是，到2015年，这些精心设计的改造开始逐步损坏，证明了一个残酷的现实：后期的持续维护，往往比筹措资金进行改造要难得多。[33]

在设施方面的支出，显然是为了吸引经济学家爱德华·格莱泽所说的拥有"较高人力资本"的居民，但这些城市的大部分地区仍在继续衰退，而且对于个别设施的投入将引发难以解决的社会公平问题。然而，格莱泽认为："只有为高人力资本居民提供具有吸引力的设施，老工业城市才能实现复兴目标。"[34]从某种程度上说，这可能是正确的，但问题在于，这种支出是否给城市的低收入居民带来足够多的好处，无论是提供更多的就业机会、更高的工资，还是改善生活质量，以抵消迁入的富余人群所产生的高昂生活成本。在研究会展中心和足球场这样的大型项目时，我们会发现成本和收益之间的关系似乎严重失衡。

也有些证据表明，吸引高人力资本居民是一个大趋势。加州大学伯克利分校的经济学家恩里科·莫雷蒂发现，高中毕业生的工资与该地区大学学位拥有者的比例高度相关，拥有大学学历的人数是该地区经济实力的良好指标，正如他所说："迈阿密有 30% 的人口是大学毕业生，而丹佛有 40%，一个拥有高中学历的工人如果从迈阿密这样的城市搬到丹佛这样的城市，那么就可以增加 8 250 美元的收入。"[35] 当然，这个工人可能会发现自己的收入增加了多少，自己的住房成本就会增加多少，甚至会超过增加的收入。

然而，对许多城市中的居民来说，目前城市的做法没能带来足够的好处。公共或私人行为所引发的经济增长中，只有很少一部分会惠及最需要它的人，包括贫困和中下阶层的家庭和个人。在本书涉及的城市中，这类人群通常占人口的三分之一甚至一半以上。在第九章，我会更详细地探讨这个问题，我会尝试分析为什么情况会变成这样，为什么在经济增长和日益繁荣的过程中，贫困和中下阶层的人口往往会变多，而不是减少。

第四章
种族、贫困和房地产

在美国，白人和黑人之间的各类冲突和紧张关系已是不争的事实，但美国社会往往对此避而不谈，在美国的老工业城市中尤其如此。50多年前，查尔斯·西尔贝曼（Charles Silberman）在他的著作《黑白危机》（Crisis in Black and White）中写道："在当今美国面临的公共问题中，种族问题最为紧迫且十分棘手。"[1] 此后不久的20世纪60年代，美国城市动乱频发，约翰逊总统任命的全国民事骚乱咨询委员会出具了一份长达600页的报告。报告开头就警告说："我们的国家正在分裂成两个社会，一个白人社会，一个黑人社会——两者相互隔离且不平等。"[2] 委员会的结论是，目前的政策"将永久导致两个相互独立的社会形成，一个是位于郊区、小城市和边远地区的以白人为主的社会，另一个是位于城市中心的以黑人为主的社会"。[3] 他们曾预言这条分界线将恰好是城市和郊区的分界线。虽然这一理论没有经受住时间的考验，但他们50年前对种族问题的判断仍适用于今天。

要理解种族、房地产和复兴是怎样如此紧密地联系在一起的,我们就必须追溯到更久前的历史。19世纪末20世纪初,当少数非裔美国人逐渐移居到北方工业城市的时候,他们并不受欢迎。许多人试图通过非官方且暴力的方式阻止黑人进入大部分城市地区,还不想让他们竞争高薪的制造业工作。在1910年的巴尔的摩,一位黑人律师乔治·麦克梅肯(George McMechen)和他的妻子搬进了当时的白人社区,一处位于麦卡洛街(McCulloh Street)1834号的联排住宅。不久后,地方政府认为,是时候赋予种族隔离以法律效力了。该市颁布了一项法令,规定"黑人不得在半数以上居民为白人的街区中居住。"[4]除了禁止富人或穷人睡在桥下的"伟大"传统,该法令还禁止白人住在以黑人为主的街区。

巴尔的摩市长为这个举措进行了辩护,称"黑人应该被隔离在孤立的贫民窟中,以减少暴乱事件,防止传染病蔓延到附近的白人社区,还能保护占人口多数的白人的房产价值。"[5]但在1917年,最高法院却做出了一项在当时不同寻常的判决,它推翻了巴尔的摩的法令。从第一次世界大战期间起,城市里的黑人人口快速增长,寻求更好住房的黑人家庭越来越多,然而白人对他们的敌意与日俱增。

20世纪20年代,包括底特律在内的许多城市都爆发了冲突。法学学者道格拉斯·林德(Douglas Linder)这样描述在1925年发生的那场暴乱:

"那年4月,5 000人聚集在诺斯菲尔德大道(Northfield

Avenue)的一所房子前,向房子扔石头,并威胁要烧毁房子。人群中有人向到达现场的警察解释说:'这所房子是黑人租的。'接下来的一个月,约翰·弗莱彻(John Fletcher)和他的家人成了暴徒施暴的目标。弗莱彻一家刚在斯托佩尔大道(Stoepel Avenue)的新家坐下来吃饭,一个路过的白人妇女就从窗口看见了他们。那女人开始大喊:'那儿住着黑鬼!那儿住着黑鬼!'很快,就聚集了4 000人。人群中有人喊道:'处死他们!'大块的煤渣砸碎了窗户。"[6]

弗莱彻一家第二天就搬走了。同年秋天,一位名叫奥西恩·斯威特(Ossian Sweet)的黑人医生和家人搬到了位于加兰街(Garland Street)的新家,当时那里还在白人社区的范围内。第一晚无事发生,但到了第二天晚上,一群暴徒聚集在房子周围,喊着:"黑鬼,黑鬼,抓住该死的黑鬼!"一连串的石头砸在房子上,打碎了窗户。由于担心暴徒会很快闯进来并对他们使用私刑,屋内有人从二楼的窗户向人群开枪,打死一人,打伤另一人。斯威特和他的家人在枪击事件发生后全部被捕,多亏克拉伦斯·达罗(Clarence Darrow)出色的辩护,他们被判无罪释放。如今,房子旁边还矗立着为纪念这场历史事件而设立的标志物(图4-1)。

尽管斯威特医生在判决后不久就搬回了加兰街的房子,并一直住到1948年,但包括他在内的黑人们并没有和白人社区达成和解,北方城市也变本加厉地维持种族隔离。由于当地法令不再允许公开的种族隔离,带种族条款的契约成为维

图 4-1 奥西恩·斯威特医生在加兰街的家
(注意左边的历史纪念碑)

资料来源:谷歌地图

持隔离的首选工具,而契约中的条款均得到了法律的允许,其中有关房产销售的条款通常规定,禁止卖方出售或出租房子给"任何白人或高加索人以外的单位或个人",通常也禁止卖给犹太人或其他民族。在 20 世纪二三十年代,诸如此类的契约越来越多,直到 1948 年被最高法院推翻。在 1921 年至 1935 年间,俄亥俄州哥伦布市的 101 处新建住宅地块中,有 67 个都使用了类似的种族契约。[7] 就连当时芝加哥大学著名的自由派校长罗伯特·梅纳德·哈钦斯(Robert Maynard Hutchins),也为当地使用种族契约的做法进行辩护,称其"是为了打造师生均满意的稳定社区"。[8]

20 世纪 30 年代的"住宅安全"地图展现出每个城市中各个社区的受欢迎程度,地图中的红线使种族契约的效应进一步扩大。这份地图出名的原因在于,联邦政府的房主贷款公司(Home Owner's Loan Corporation,HOLC)会根据地图划定区域,而且只给划定区域内的房主提供应对止赎所需的贷款。尽管这份地图对该公司的影响仍存在争议,一些人认为这只不过是当时通行的做法,但这份地图将大多数黑人社区评为 D 级,即不适合放贷区,这种行为给联邦政府打上了种族歧视的烙印。

联邦住房管理局成立于罗斯福新政时期,旨在为美国工薪阶层和中产阶级家庭拓宽购房渠道。该机构是否真的使用了房主贷款公司的地图尚未可知,但可以明确的是,在最高法院宣布种族契约无效之后的很长一段时间里,联邦住房管理局的房贷政策一直在事实上鼓励种族隔离。甚至在 1962 年肯尼迪总统发出行政命令,要求"放弃联邦财政援助对住宅地产和相关设施采取歧视性做法"之后,仍是如此。

与第二次世界大战后相比,1920—1930 年间,大多数城市的黑人数量非常少,但是白人对种族间界线的保护极为严格。1925 年,当奥西恩·斯威特一家受审时,非裔美国人只占底特律人口的 6%;1940 年,克利夫兰市只有不到 10% 的居民是非裔美国人。在 1910—1920 年的第一次大迁徙运动中,这些城市的黑人人口增长迅速。底特律的黑人人口从 1910 年的 6 000 人增加到 1920 年的 4.1 万人,并在经济大萧条前夕增加到 12 万人。底特律的白人人口在同一时期也经历了快速增长,从 1910 年的不到 50 万增长到 1930 年的近 150 万。

非裔美国人为了寻求更好的生活条件和更多的机会而移

居到城市,但他们在实现目标时遇到了许多障碍。寻求制造业工作岗位的黑人遭到了白人工人的强烈抵制;即便是在第二次世界大战的关键时期,底特律帕卡德工厂正紧锣密鼓地为巡逻艇和轰炸机制造发动机,只因管理层提拔了三名非裔工人,数千名白人工人举行了罢工。在底特律市中心最大的百货公司——哈德逊百货,公司刚开始雇佣黑人女性与白人一起工作,白人职员便进行了罢工。[9]由于几乎没有社区向他们开放,搬到底特律的黑人大多挤在市中心以东的底层黑人聚集区以及城市的其他小块区域。

早在第一批非裔美国人到来之前,这片地区就因其肥沃的黑土而得名"黑色底部"(Black Bottom)。自19世纪中期以来,这里一直是一个移民社区,德国人、波兰人、犹太人和意大利人都曾在这里短暂生活过。当然,他们后来都搬走了。然而,在20世纪初,种族歧视使得非裔美国人无法像其他族裔一样入住这里。到20世纪中叶,这个小地方居住着超过14万人,整个社区逐渐变得破旧、危险而拥挤,社区内充斥着老旧的、摇摇欲坠的木结构建筑,其中大多数建于1900年以前。许多建筑都缺乏室内排水管道,居民们依靠遍布社区的3 500个厕所解决卫生问题。[10]除了少数几栋社区的房子和公寓属于自有外,房东们几乎拥有所有的房子,大多数人都仰赖房东们的善心讨生活。

与此同时,底层黑人聚集区也是一个朝气蓬勃的社区,其商业核心区沿着黑斯廷斯街(Hastings Street)延伸。此外,这里还极富音乐气息,其中,被称为天堂谷(Paradise Valley)的北部地区尤为显著。底特律居民伊莱恩·穆恩(Elaine Moon)写道:"那是黑人的市中心、百老汇和拉斯维加斯,是一个充满欢乐、兄弟情谊和机会的地方,本地人乃至欧洲人都知道那里。20世纪30年代到40年代初,在底特律,无论黑人还是白人,如果不去天堂谷一游,夜生活是不完整的。"[11]

第二次世界大战结束时,美国的种族问题已经很糟糕,但在许多方面,战后美国的种族问题变得更糟糕。在1950—1960年,数以百万计的非裔美国人涌入工业城市的同时,城市更新和州际高速公路计划如火如荼,各类社区和大量城市的中心区被拆毁。相比之下,黑人社区遭受的影响更大。尤其是那些靠近市中心的黑人社区,其绝佳的地理区位使之成为各方眼中的香饽饽。生活在那里的黑人居民在推土机的威胁下被迫搬走。因克莱斯勒高速公路(Chrysler Freeway,I-75)项目建设,底特律市的底层黑人聚集区被彻底铲平,其中包括黑斯廷斯街的大部分区域,其余的地方也大多被夷为平地,用于建设高档的拉斐特公园(Lafayette Park)住宅项目。该项目由著名的包豪斯建筑师密斯·范·德·罗厄(Mies van der Rohe)规划,在这个近7.7公顷的独立景观"超级街区"中,包含了3栋公寓大楼和186栋联排别墅。拉斐特公园现在被列入美国国家历史遗迹名录,其建设工程却导致约7 000名非裔美国人被迫迁居,不过他们中的大多数人搬进了居住条件稍好一些的住宅中。[12]

许多城市中都发生了类似的事情。在匹兹堡,下山区(Lower Hill)的大部分地区被夷为平地,用于修建国民竞技场(Civic Arena),而这里曾是奥古斯特·威尔逊①的戏剧中不可或缺的故事发生地。这座竞技场建于1967年,于2011年被拆除。在国民竞技场的建设过程中,多达8 000名居民被转移和疏散,一些人搬进了公共住房,另一些人搬到了下山区的其他地方,还有一些人搬到了匹兹堡的其他地区或是附近的工业城镇。米尔克里克山谷(Mill Creek Valley)位于圣路易斯市中心旁,是一个破败的非裔美国人社区,它于1959年被拆除,2万居民被迫离开。一篇报道写道:"推土机迅速地将这座城市的'头号眼中钉'变为极具'幽默感'的'广岛平原'(Hiroshima Flats)。"[13]到1960年,只有20个家庭仍留在米尔克里克山谷。由于州际高速公路项目和城市的重建,几百万或更多的美国家庭流离失所,其中可能有一半都是黑人。

上述现象的背后,是一种不合常理的逻辑,这种逻辑也同样适用于解释工程师们乐于让新建高速公路穿越公园或紧邻河岸线的原因。因为购置穷人所持有土地的成本非常低,同时穷人的反击能力也更弱。简·雅各布斯(Jane Jacobs)和格林威治村(Greenwich Village)的邻居们曾成功团结起来,阻止了罗伯特·摩西(Robert Moses)在该地区修建高速公路的计划。但与他们不同的是,很少有黑人社区有这样的政治影响力或组织能力来阻止高速公路的修建计划。规划者的想法也有阴暗的一面,他们将贫民窟与疾病普遍联系在一起,从狭

---

① 奥古斯特·威尔逊(August Wilson),1945年生于美国,是著名的黑人编剧和制作人,代表作品有《钢琴课程》《藩篱》。——译者注

义上讲，他们把贫民窟视为结核病或伤寒等疾病的滋生地。此外，他们认为贫穷本身就是一种疾病。著名的芬兰裔美国建筑师埃列尔·萨里宁（Eliel Saarinen）在他1943年的著作《城市》中写道："城市中心的大片区域已经成为一个传染病的中心，威胁着整个有机体。"在详细描述了这一点之后，他提出自己的观点，并在书中用粗体字加以强调："**城市状况无法用表面的方式来整治。规划师必须找出邪恶的根源。他必须进行一次彻底的手术来切除贫民窟这个隐患。**"[14] 在接下来的几十年里，slum 这个词逐渐被 ghetto① 所取代，疾病这个比喻也越来越带有种族色彩。种族歧视成了整个社会风气的一部分，这种风气允许地方政府、企业和机构抹杀历史悠久的黑人社区；至于这种风气对当地居民和商业的影响，他们似乎并不关心。

与此同时，在第二次世界大战期间，第二次非裔美国人大迁徙正在进行中，他们从美国南部迁往北部和西部。相比于这次大迁徙，早期的移民规模可谓小巫见大巫。1941年至1970年间，有500万非裔美国人离开南方前往美国其他地区，其中很大一部分迁往北方工业城市。从1940年到1970年，芝加哥的黑人人口从27.7万激增到110万，底特律的黑人人口从14.9万增加到66万。到1980年，这两个城市有半数的黑人居民出生在南方。

与第一批移民相比，新移民的遭遇并没有变得更好，但至

---

① slum 和 ghetto 均意为贫民窟，但 ghetto 原指犹太人聚居区，相比 slum 具有更多的种族意味。——译者注

少没有朝斯威特医生的房子扔石头的恶棍了。如果说20世纪20年代白人的应对方式是战斗,那么20世纪五六十年代则是逃跑。数百万人逃离了城市,仅芝加哥就有150多万人,逃往新兴的郊区或阳光地带中蓬勃发展的城市。当地房地产经纪人和投机者的房产欺诈行为和其他不光彩的策略加速了他们的逃离。

第二次世界大战后,有许多不同的因素导致了白人的外逃,包括郊区保障性住房和廉价抵押贷款的诱惑,以及新建高速公路的影响。此外,由于投资的持续缩减,战后许多城市变得破败不堪。不过,种族问题仍是最具影响力的因素。加州大学洛杉矶分校经济学家利娅·布斯坦(Leah Boustan)计算出:"在城市中,每一个黑人到来,就有2.3—2.7个白人离开。"[15]计算结果如图4-2所示。渐渐地,减少的白人数量远超增加的黑人数量,美国的老城市开始逐渐收缩。

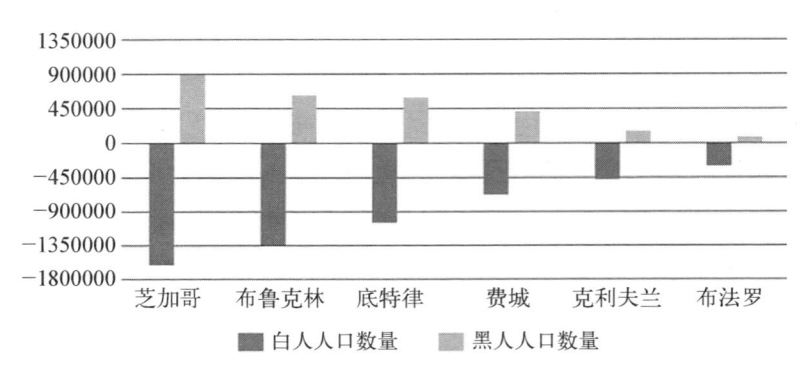

图4-2 1940—1980年美国部分城市白人和黑人人口数量对比

资料来源:美国人口普查

在白人逃离、民权运动和《公平住房法》的共同影响下,成千上万的被限制在拥挤地区的非裔美国人得以离开。从1960年到1980年,美国城市的大部分地区一直不受白人居民的青睐,黑人们搬进了这些地区。

这为许多非裔美国人创造了新的机会,但也意味着传统黑人社区的终结。种族隔离使得过去的黑人社区十分拥挤,里面充斥着贫困居民和糟糕的住房,但那里也充满活力,商店、诊所和律所一应俱全。富人、穷人和中产阶级住在一起,每天走在同样的街道上,去同样的商店和教堂。2010年,一位黑人专栏作家尤金·鲁滨逊写道,回顾20世纪60年代,"当时完全没有人意识到,非裔美国人正在分裂"。

那些有能力的人搬离了,没能力搬走的人则留了下来。鲁滨逊对此总结道:

"一些人搬到了没有受到动乱影响的社区,或者直接搬到了郊区……并利用新的机会往上爬。他们在工作中步步高升,购买住房,积累资产,送孩子读大学,获得美国发展红利中他们应得的那部分。这些人成了社会的主流。另外一些人却没有成功。他们眼睁睁看着自己居住的联排房屋和公寓大楼由于无人管理而破败;他们也不愿选择大型公共住房项目……因为那里变得愈发危险和失常。他们孩子就读的学校培养不出什么人才,这些学校已经被最聪明的学生和最勤奋的家长抛弃。当工作、资本、抱负和公共秩序都与这个社区无关时,他们被留下了。他们成了弃儿。"[16]

总的来看，1970年时的非裔美国人社区不同于大多数白人社区，其中富人、中产阶级和穷人住在一起，社区成员的经济组成更加混合。仅仅十年后，情况就不一样了。比肖夫和里尔登写道："在黑人家庭中，收入造成的隔离……在1970至2009年间，是（白人家庭）的四倍。"[17]他们还说，"黑人之间的收入隔离现象在20世纪七八十年代大幅加剧，但2000—2009年期间的收入差距增长速度甚至比之前更快。"我们将在本章的后面讨论这种变化的成因。

鲁滨逊所描述的转变可以总结为"ghetto的形成"。这不仅是一个现实，而且是20世纪六七十年代时被普遍使用的术语。"ghetto"用于描述不良且贫穷的非裔美国人社区，这些社区如今似乎成了每一座美国老城市的固定组成部分。"ghetto"这个词在16世纪的威尼斯被创造出来，过去的故事同样很能说明问题，它在成为某类社区代名词的同时，也变得种族化。[18]

1516年，威尼斯当局强迫该市的犹太人搬到卡纳雷焦（Cannaregio）一个有围墙的地区，这个地区后来被称为"ghetto"——这个名字的具体来源至今仍不明确。此后，这个词逐渐流行起来，并出现在1562年创建罗马贫民窟的教皇诏书中。16—17世纪时，在西欧各个城市，犹太人都被限制在ghetto中。最有名的ghetto可能位于罗马。在那里，除了被隔离，犹太人经常被赶进教堂，被迫接受那些劝诫他们皈依基督教的布道，为了支付牧师布道的费用，他们还会被征税。

随着18世纪启蒙运动的到来，ghetto逐渐被废除。1870年教皇统治结束后，罗马最后一个ghetto被拆除。但在20世纪，纳粹德国以更为可怕的方式恢复了ghetto。他们将犹太人赶进东欧城市的封闭区域，或是剥削他们的劳动力，或是将他们监禁在临时集中营，等待纳粹杀人机器的屠杀。

20世纪上半叶，"ghetto"一词还未与大屠杀联系起来，它在美国被广泛地用于指代各个种族、各个民族的聚居地，尤其是犹太移民社区。哈钦斯·哈普古德（Hutchins Hapgood）1902年出版的畅销书《犹太区精神》中讲述了曼哈顿下东区的犹太人生活，描述了"俄罗斯和加利西亚犹太人聚居区内忙碌而丰富的生活，他们住在城市东端，在那里构筑起世界上最大的犹太城市"。[19] 在第二次世界大战期间，尽管东欧发生的悲剧也刺激了美国人，但他们还是区别对待黑人社区，或者说"尼格罗（Negro）"社区。也就是说，白人贫民区的居民在搬家时畅通无阻，而当黑人试图搬离城市时，就会"被限制性条款组成的无形铁丝网阻挡"。[20]

1945年，黑人社会学家圣克莱尔·德雷克（St.Clair Drake）和霍勒斯·凯顿（Horace Clayton）在他们的权威著作《黑人都市》中写道，虽然不能确定美国的这些规则是否在故意模仿纳粹集中营的铁丝网，但很难想象他们心中不存在丝毫类似的想法。20年后，肯尼斯·克拉克（Kenneth Clark）在《黑暗贫民窟》一书中准确地描绘了现实：主要是非裔美国人学者及其拥护者在使用"ghetto"这个词，他们试图以此让人们注意到，黑人一直被外部的白人世界所围困，而大多数曾依靠共同文化报团取暖的白人在融入美国社会并发家后走上了自己的人生道路。

1960—1970年，随着鲁滨逊所说的"主流人群"开始搬出传统的黑人社区，"ghetto"一词的定义再次发生了改变。现在，"ghetto"之间的差异不仅有种族的不同，还包括了阶级的差异。明确而正式的分界线不复存在，社会压力和贫困变成了新的分界线，它们更加微妙，也更加强大。正如荷兰学者泰尔加·布洛克兰（Talja Blokland）所说，"ghetto"的边界线成了"社会进程的空间表达"。[21]"内城"（inner city）这个词在20世纪六七十年代开始使用，后来几乎成了"ghetto"的同义词。尽管它的字面意思是城市的内城，但它不是一个地理术语。正如布鲁克林博主贾斯廷·查雷蒂（Justin Charity）所写，它可以是任何地方，"内城是一个独特的美国术语。在通常的用法中，它表示低收入的黑人城市社区。无论这些社区是否位于闹市区或城市网格的中心，这个术语都适用"。[22]

这两个词往往带有憎恶的意味，通常是社会中的大多数人以此污名化那些被他们抛弃的少部分人，但它们也成为许多年轻非裔美国人的标志，他们使用"ghetto"和"内城"来代表一种独特的、对立的、挑战白人主流文化的非裔文化。撇开文化不谈，这些术语反映了一个客观的现实情况：在美国，几乎每一个老城市都存在着大面积的贫困区，这些区域具有集中性、长期性，并且绝大多数贫困人群为黑人。这些地区特殊且重要,就像我们将在接下来的章节中探讨的绅士化社区或中产阶级社区一样。不管人们对"ghetto"或"内城"这些词看法如何,不管使用者是白人政客还是黑人说唱歌手,当人们说到它们时,他们想到的都是某一处真实存在的地方。

把"集中贫困"和"非裔美国人"放在同一个句子中并非偶然。虽然美国有许多低收入白人家庭,他们中也有相当一部分生活在城市地区,但他们很少生活在城市的集中贫困地区。在巴尔的摩,半数低收入非裔美国人居住在集中贫困地区,而生活在那里的低收入白人只占五分之一。在密尔沃基,超过70%的低收入黑人居住在高度贫困地区。

在众多作家的笔下,20世纪中叶的非裔美国人社区往往拥有热闹而充满活力的街道。然而,在今天,当人们行走在许多历史悠久的贫民窟中时,第一印象往往是一种空旷感。如图4-3所示,在圣路易斯北部的市场街(Market Street),道路两侧基本上都是废弃的房屋和空置的土地,夹杂着零星几个仍然有人使用的房屋和教堂,偶尔还穿插着一两处为低收入人群建设的保障性住房。因此,不难猜到该地区的人口出现了大幅下降。据统计,1970年时,这个地区有近3.7万居民,如今仅有6 000多人居住。[23]

圣路易斯市城北的情况可能比较极端,但这种情况并非个例。底特律东部的凯特琳区在1970年有4.5万人居住,但如今仅剩9 000人。如此一来,接下来这份数据也就不足为奇了。一份2013年的调查显示:截至2013年,凯特琳区超过一

图 4-3　圣路易斯北部的市场街

资料来源：谷歌地球

半的房子已经被拆毁，却并未原址重建。另外，该地区超过四分之一的现存房屋处于空置或废弃的状态。

相比其他城市中的贫困地区，底特律东部和圣路易斯北部地区的废弃情况可能更为严重，但原因都是相同的——这些地区都经历了长达几十年的衰败过程。正如前文所述，逃离这些地方的白人远多于迁到这些地方的非裔美国人。在一些美国城市，如圣路易斯和匹兹堡，人口流失始于20世纪50年代，并在1960—1970年间达到顶峰。大多数人沿着鲁滨逊河的主河道搬离了贫民窟，而穷人只能被留下。

渐渐地，恶性循环出现了。随着这些地区变得愈发贫穷和破败，越来越多有能力在其他地区生活的白人选择离开。随着越来越多的地区向非裔美国人家庭敞开大门，那些在工作上获得晋升、在学业上获得大学学位或找到更好工作的黑人们逐渐从原来的贫民窟搬离。正如供求法则所预测的那样，需要房子的人变少了，房子的价值也就越来越低，一栋房子的价格甚至比一辆优质二手车还便宜。业主对房屋的维修也越来越少。他们认为：既然没有办法靠卖赚钱，为什么还要费心维护房子呢？因此，房屋开始变得破败。同时，大量业主停止向政府缴纳房产税，他们的房产被收归到地方政府手中。然而，政府实际上并不需要这些房屋，而且也不知道如何处理它们。曾经有一家开发商，或者说是一个非营利性组织，拿到了联邦政府的资金，在某处为低收入家庭新建了一个保障性住房项目，试图让一些穷人拥有更好的住房，但这并不能改变该地区迅速衰败的大趋势。

很快，这些地区唯一的购房人群变成了那些只购买不居住的人，我们通常称之为短期投机者。他们常常把房子出租给那些买不起好房子的租客。然而，这些短期投机者最终也因房子的维护成本过高而选择离开。渐渐地，再也没有人想拥有这些房子了。在圣路易斯北部的市场街地区的人口普查区中，我发现 2015 年仅有一栋房子出售，售价为 9 900 美元。

当一个地区的很多家庭搬离或是年老的房东去世后，他们的房屋被空置，由于金属管道生锈等问题，房子会迅速老化，强占者或黑帮也会来破坏这些房屋，甚至直接把它们烧掉。最终，政府开始考虑将这些房屋集体拆除，这让剩下的居民松了一口气。克利夫兰活动家弗兰克·福特曾经告诉我，一个年老的房东曾为隔壁空房子的情况对他大吐苦水："我根本不在乎它到底最终是被整修了还是拆除了,但总要有人来做些什么吧!"

尽管美国城市复兴的势头强劲,但集中贫困地区仍然在美国城市和大都市区蔓延。城市观察网(Urban Observatory)的乔·科特赖特(Joe Cortright)一直在研究美国城市和大都市区的长期发展趋势。他总结道:"虽然部分地方已经完成了绅士化,贫困情况有所缓解,人口有所增长,但是那些人口没有回升的地区甚至无法维持现状,它们的情况越来越糟,人口会继续流失,这些社区基本上只会处在高度贫困的状态中。与此同时,我们在继续创造新的高度贫困社区。"[24] 肯尼斯·克拉克在多年的调查研究后,在《黑暗贫民窟》一书中也提到,贫困本身已是对身体和意志的一种摧残,而当人口集中的地区出现了持续且集中的贫困现象时,贫困的破坏性会变得更加强大。

科特赖特曾在 1970 年调查研究了 51 个城市中的 1 100 多个高度贫困社区。他发现其中只有不到十分之一的社区出现了复苏迹象。这些复苏社区的贫困率由超过 30% 下降至不到 15%。然而,15% 的贫困率不过是全国城市的平均水平,甚至很多地方都低于这个水平。另外,仍然有超过三分之二的地区在 2010 年时的贫困率超过 30%。同时,有超过 1 200 个社区在 1970 年时还不算非常贫困,但到 2010 年时就变成了高度贫困社区。总之,截至 2010 年,调查研究涉及的 51 个城市中,高度贫困地区的数量是 1970 年的近 3 倍。

科特赖特在他的研究中没有考虑种族的因素。通过研究

2000年和2015年既是高度贫困地区,又是主要黑人聚集区的地方,我们发现,在不同的城市中出现了相同的模式:仅有少数地区不同时是黑人聚居区以及高度贫困地区,但在别处增加了很多两者皆有的社区。比如,在过去,只有少数几个密尔沃基社区同时是黑人聚居区与高度贫困地区,但现在城北的许多区域都成了这样的地区。据统计,在2000到2015年间,生活在密尔沃基集中贫困地区的黑人增加了3.6万人,住在上述地区的黑人占比从2000年的46%上升至2015年的58%。底特律的情况如图4-4所示。描黑线的区域表示2000年时贫民窟所在地,而填涂灰色的区域为2015年的贫民窟所在地。底特律的贫民窟范围从城市的东部和西部扩展到了整个城市,现在还包括了很多曾一度是中产阶级社区的西北部和东部地区。

我将分析图4-4中用黑色圆圈标记的那一小片区域,以揭示过去近50年间城市社区的变化。克拉里-玛丽亚社区(Crary-St.Mary)始建于20世纪30年代,这个小型社区是以当地的公立学校和天主教堂命名的。20世纪50年代,它一度是底特律发展最快也最繁荣的地区。这是一个中产阶级社区,砖房排列在街道两侧,虽有些小,但很坚固,每座房屋都有宽敞的前院。事实上,这个社区可以看作是附近帕默公园(Palmer Park)的简化版,后者是三大汽车制造商(通用、福特、克莱斯特)的高管豪宅所在地。许多已婚夫妇和业主住在克拉里-玛丽亚社区。20世纪70年代末期,这里还都是白人,但没过几年,情况一夜间发生了变化:底特律的白人中产阶

图 4-4　2000—2015 年底特律贫民窟的分布情况
资料来源：政策地图

级逃离了这座城市，前往正在蓬勃发展的郊区；1980 年，这里的居民中有 84% 为黑人。

虽然住户的肤色可能改变了，但其他情况并没有发生变化。绝大多数新来的黑人本就属于中产阶级，他们的收入与原来的住户大致相同，他们也拥有房子的产权，也在这里养育自己的孩子。从 1970 年到 1980 年，这片土地上的育儿夫妇的实际数量有所增长。20 世纪 80 年代的情况基本保持不变。然而，20 世纪 90 年代时，这里的情况发生了微妙的变化。居住在这里的业主数量略有降低，收入也开始减少。最终，该地区在千禧年时结束了它相对良好的状态：有几户居民变得很穷，而且也有几处房子空置了。

此后，克拉里-玛丽亚所在地的经济呈断崖式下滑。截至

2015年，该社区的人口下降了四分之一，贫困居民的数量却增加至之前的两倍多。2015年的克拉里-玛丽亚已被定义为集中贫困地区，当地有近五分之二的居民收入在贫困线之下。同时，社区内的"中产阶级"，也就是家庭收入超过贫困线两倍的人，其数量降了一半以上。这个所谓的中产阶级的标准并不高，一个四口之家的年收入不到5万美元就可称"中产"。该社区业主的数量减少了300多人，超过原来业主数量的四分之一。截止到2009年，该社区的住宅售价很少超过1万美元，空置住房的数量却是原来的3倍，人们开始习惯于住在被木板封起门窗的房屋旁边，就像图4-5所示的那样。再往后，市政府愈发积极地拆除这些空房，越来越多的空地开始出现。

图4-5 底特律的克拉里-玛丽亚社区，比尔的摩街道上的空房子
资料来源：谷歌地球

至于克拉里-玛丽亚能否恢复其曾经的活力,以及需要通过什么方式才能恢复,这是一个很复杂的问题。现在我们想讨论的是它为什么会以这种方式衰败。这同样是一个复杂而重要的问题。为了回答这个问题,我们得看看 1970 年到 2015 年左右的美国发生了什么,以及同一时段的底特律发生了什么。另外,我们还需分析在国家发生经济政治危机之时,底特律是如何受其影响的。当然,种族也是一个必须考虑的因素。

在 2000 年前后,美国的购房潮引发了灾难性的后果。这段历史已被讨论过太多次,我们无须深究那些肮脏的细节,只需要了解其中的大概:次贷和高利贷的捆绑出现;贷款人因贪婪、无知而受骗;艾伦·格林斯潘(Alan Greenspan)等自由市场主义者,以及对不断攀升的住房自有率志得意满的专家们主导的政府部门,引发了房地产建造和购买的投机狂潮,导致美国大部分地区的房价飙升。

次贷危机刚出现的时候,至少对于贷方而言,这还是笔不错的生意。传统意义上的借贷关系如下:贷方为"优质"的借方提供一套金融产品。借贷关系的建立取决于信贷机构工作人员对借方的信用积分、工作经历等情况的审查。审查通过后,借方就能贷款成功,否则就会失败。如果贷款成功,这意味着借方身上多出了一笔债务;相反如果贷款失败,借方就没有这笔债务。20 世纪 90 年代,自动核销系统取代了信贷员的人工审查环节,业内人士对借贷有了新的想法:如果我们可以预测哪些行为会对信用积分构成威胁,与其粗暴地取消次级借贷人群的贷款资格,何不通过调高贷款利率来警示借贷的更高风险呢？这样一来，我们就可以贷款给信用较差的人。

进行这项研究的"专家"们高估了自己预测未来风险的能力，但这在一定程度上是合理的。正如经济学家兰德尔·多德（Randall Dodd）和保罗·米尔斯（Paul Mills）所说的那样，要使这种贷款方式起作用，"贷方必须更加仔细地评估借方，为抵押资产设立更高的标准，并制定与风险相符的高利率，以控制贷款的风险"。[25]然而，实际上的借贷并没有朝着这个方向发展。相反，由于全球的巨额资金正寻找投资标的，加之美国的金融环境允许人们轻易地将抵押贷款转化为证券卖给投资者，一场投机狂潮随之而来。21世纪初，一位来自美国国家金融服务公司的贷方人员，作为次贷狂潮的主要参与者，是这么讲述疯狂的贷款的："只要你有脉搏，我们就可以给你贷款；只要你还能呼吸，我们就可以给你贷款。"[26]很快，越来越多奇异的、站不住脚的金融产品开始出现，在之后的两三年间，原本低得诱人的利率大幅上涨，还出现了"忍者贷款"①的概念。

这和种族又有什么关系呢？答案是，它和每一个环节都息息相关。当时的佣金奖励机制鼓励销售人员去完成看似最不可能的借贷交易，所以，房地产经纪人和次级抵押贷款机构，将黑人和拉丁裔这些住房自有率处于历史低位的人群，视为巨大的获利机会。正如艾米莉·巴杰（Emily Badger）写的

---

① 忍者贷款（"NINJA" loans），宣传语为"没有收入，没有工作，没有固定资产——没有问题（no income, no job, no assets—no problem）"。——作者注

那样:"现在银行正瞄准曾经被忽视的少数族裔社区,利用他们赚钱。这种做法被称为'逆向红线'①。"²⁷ 一位曾经在富国银行工作的借贷人员向我们证实,他们"当时设置了针对黑人教会的新兴市场部门,因为集团认为教会的领袖影响力很大,他们能游说教徒进行贷款"。²⁸ 黑人教会以及其他社区组织乐于接受贷方机构的付费,并为其提供场地举办由该机构组织的"抵押贷款交易会"和"房地产研讨会"。

底特律也陷入了这场次贷狂潮。抵押贷款的审批极其容易,房价在 2000 年至 2006 年间缓慢且稳定地上升,房屋的成交量也在急剧上升:从 2000 年的 5 000 单增加到 2006 年的接近 3 万单。但底特律仍旧存在潜在的社会衰败现象,如失业率的上升和人口流失等。尽管 2000 年被民主党评为"十大最值得关注的年轻民主党派人士"²⁹ 之一的"嘻哈市长"夸梅·基尔帕特里克(Kwame Kilpatrick)不停对外夸耀底特律的魅力,但这并未阻止该市在财政和经济上的迅速衰败。抵押贷款泡沫破灭,随之而来的是大萧条,底特律的房价一落千丈。图 4-6 中可以清晰地看到这种断崖式的下降。

房价暴跌的同时,房屋止赎率暴涨。同时,当地的税务评估机构拒绝减少房产税,无视房屋价值缩水 80%—90% 的现实情况。业主每年需要支付 3 000—4 000 美元的高额房产税,而如果把房子放到市场售卖,幸运的话,可以卖得 1.5 万

---

① 逆向红线(reverse-redlining):次贷狂潮之前的几十年,许多相同条件的社区在获得抵押贷款之时要面临种族歧视的限制,当时银行划定了红线以禁止向黑人社区提供住房贷款,如今这个限制反了过来。——译者注

图 4-6　底特律的兴衰：1998 年至 2016 年间
房屋售价的中位数变化

资料来源：美国 Zillow 房地产信息咨询网

美元。2011 年，当抵押贷款的止赎率开始下跌时，因房产税等税务问题导致房屋进入止赎的比率还在上升。

由于房屋被止赎出售或滞纳税款而被拍卖，数以千计的业主永远地失去了他们的房屋。同时，一种新型的掠夺性投资开始出现。这些投资者打着自己的如意算盘。他们知道，在当地政府收走房子之前，你至少有 3 年的时间可以不用缴纳房产税。如果你买了一套价值 1.5 万美元的房子并将其租出去，你收到的房租保底是每个月 750 美元，这么算下来，一年就是到手 9 000 美元，且不用上缴税款。再假设你只对房子进行最低限度的维护，3 年下来，你至少能获得 1.2 万美元的利润，相当于每年的回报率超过 25%。到那时，即使房屋被完全损坏，你可以毫不犹豫地离开那所房子，因为你已经赚到了钱。那些在底特律克拉里-玛丽亚社区买房的人都打着这样的主意。

底特律陷入了恶性循环。随着不动产价值的暴跌以及全美范围内的经济大萧条,底特律的地方财政收入锐减。财政收入的骤减以及对政府工作人员的遣散,导致底特律的政府服务水平一落千丈。2001年时,底特律还有1 500多人从事公共服务工作,665人从事文体服务工作,244人从事青少年相关工作;到2012年时,从事公共服务事业的仅剩下近500人,从事文体服务事业的只有200人左右——这里的文体工作还包含了几个由政府主办的青少年相关项目。[30]城市里到处都是破败的公园、废弃的露天活动场、报废的路灯以及凹凸不平的路面。更糟糕的是,警察的数量也从2001年的4 330人减少到2012年的近2 700人。2012年,底特律紧急事务管理署负责人凯文·奥尔(Kevin Orr)引用的联邦调查局数据显示:底特律警方前一年仅破获了当地发生的11.3%的谋杀案、8.1%的抢劫案以及12.8%的强奸案。[31]

和白人中产家庭一样,一些黑人中产家庭早早搬离城市,前往郊区生活,但也有一些坚守城市阵地的人。他们出于对社区的自豪感以及对城市的忠诚而留了下来,这一点在底特律最为突出。然而,随着城市社会环境每况愈下,这些情感纽带还是断裂了。底特律有一位社会活动家劳伦·胡德(Lauren Hood),2013年,他的父母在底特律西北部的家中被人持枪威胁,他们因此搬离了这个生活了45年的地方。他写道:"这个城市正在失去一直以来共患难的那些人,不到被人用枪指着脑门的最后一刻,坚决不离开社区的那群人!当我听到有人认为改善城市社会环境的办法是增加纳税者的时候,我感到很愤怒……每当有一个像我们一样的家庭或者是像(我)父亲的新朋友那样的家庭,因为身心受创而逃往'更加安全'的近郊之时,底特律才更进一步地失去了它的纳税者。"32

2005年,底特律有超过6.8万户中产阶级黑人业主,其家庭年收入都在5万美元及以上。到2015年,中产阶级黑人业主的数量下降至35 500户(考虑到通货膨胀,中产阶级年收入的标准下限调整至60 680美元),几乎是2005年的一半左右。如果说一半的中产阶级黑人家庭在这十年期间搬离了城市,那未免过于简化了,因为可能有一部分黑人家庭掉出了中产阶级队伍,或是一部分人去世了。但可以肯定的是,大部分业主搬到了那些他们负担得起的郊区,如密歇根州的南菲尔德(Southfield)或者法明顿希尔斯(Farmington Hills)。

底特律是一个极端的例子,但在其他一些城市也能发现同样的发展模式。正如《经济学人》杂志在2011年的某篇报道中所写:"从奥克兰到芝加哥再到华盛顿特区,黑人正从中心城市涌向郊区。"33关于"出逃"的原因,美国黑人统计学网站的阿基姆·德谢伊(Akiim deShay)推测道:"犯罪率肯定是重要原因之一,学校肯定也是一个重要原因……如果你身处一个不断要求上进,有能力在可负担范围内获得更好生活的移动群体,那你也会因为不断追求更好的生活而出逃。"德谢伊一家在约15年前从罗切斯特市搬到了附近的郊区,他对此补充道:"当我们离开的时候,我感到愧疚,因为我感觉自己的离开加重了这座城市的社会问题。"他接着说:"从某种程度上

说,我的离开确实造成了这样的结果。"³⁴

"出逃"的结果是:美国老城市的黑人人口越来越少,且留在城市的黑人变得更加贫穷。从 2000 到 2015 年,每个美国城市的非裔美国人都在减少,只是有些城市减少的数量并不明显,有些城市则流失了数十万人口之多,如底特律和芝加哥。

黑人中产阶级的外逃现象与大部分白人青年毕业生的迁入现象并存,这造成了一种局面,即城市中的黑人和白人间的收入差距从 2000 年开始稳步扩大。正如图 4-7 所示:12 个城市的白人家庭收入均超过了同城的黑人家庭。此外,以通货膨胀调整后的实际美元收入(图中的水平虚线)进行衡量,每个城市的黑人家庭收入都在逐年减少,只有匹兹堡的收入差距不怎么明显。另一方面,在图 4-7 中的 12 个城市中,有 8 个城市的白人家庭在通货膨胀的情况下依然维持着他们的收入水准。

种族收入差距的增大已经影响到了这些城市的经济发展,还加剧了城市里的种族对立。在 2000 年的巴尔的摩,黑人中产阶级家庭年收入仅为白人中产阶级家庭年收入的 61%。但截止到 2015 年,该数字已经降至 48%。巴尔的摩、芝加哥、圣路易斯、匹兹堡、堪萨斯城这些城市的典型白人家庭①收入是当地非裔美国人的两倍多,在芝加哥和辛辛那提,这个数字甚至攀升至接近三倍。另外,由于这些城市中剩余

---

① 典型白人家庭,指所有的家庭成员均为白种人。——译者注

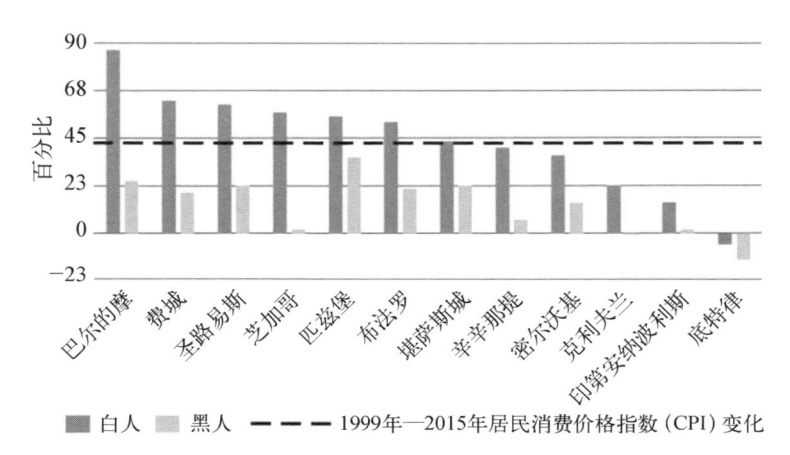

图 4-7 扩大的种族收入差距：1999—2015 年间，
不同种族家庭收入中位数的变化

资料来源：美国普查局

的黑人变得越来越穷，越来越多的人被困居于原地。就像帕特里克·夏基（Patrick Sharkey）说的那样：在集中贫困的贫民窟地区，区域内种族两极分化的加剧总是和收入息息相关。如今的巴尔的摩虽然已经不再像乔治·麦克梅肯时期一样，有法律支持种族隔离，城市的每个地方都至少有一小部分非裔美国人居住，但实际上黑人和白人的居住分布情况和之前没什么差异。

黑人中产阶级外逃，留下的非裔美国人越来越多地聚集到集中贫困的贫民区，这些现象对于这个复兴中的老工业城市来说，不仅体现在人口统计和经济构成等数据上，还可能对城市中的权力、影响力和身份的分配有着同样重要的作用——这些作用才刚刚开始显现。

第五章
绅士化及其不满[1]

匹兹堡的劳伦斯维尔（Lawrenceville）是一个名副其实的绅士化社区。"每周一你都可以在古斯咖啡馆的开放式唱机转盘上展示你的 DJ 实力，"克洛艾·德特里克（Chloe Detrick）在《下一站匹兹堡》（NEXT pittsburgh）杂志——该杂志自称是匹兹堡各类时髦事物的信息来源——写道，"周三，你可以前往布瑞洛酒吧，在酒吧问答之夜测试一下你的知识储备量。如果你喜欢即兴表演，那一定要留意一下无彩排喜剧团的日程安排。"[2] 劳伦斯维尔有一个供狗玩耍的公园，还有个地方可以让人们把皮艇开到 40 街大桥下面的阿勒格尼河（Allegheny River）。在街区的主要街道巴特勒街（Butler Street），时尚的新店铺还有餐馆正在取代熟食店和五金店。

在一个街区里，一家瑜伽馆和一家自行车专卖店并排而立，对应我们在第二章中提到的青年毕业生的两种主要爱好。

街对面的街区坐落着杰佩托咖啡馆、格布玻璃[①]和比尔波特（Bierport）——这家店自称是"匹兹堡最大的啤酒收藏地"，店内有19种桶装啤酒和800多种瓶装及罐装啤酒可供顾客选择。除了喝啤酒，顾客还可以参与课程、拜访酿酒师或是学习食物搭配。8年前，比尔波特的位置是斯塔尔折扣店（Starr Discount），它曾是"劳伦斯维尔最大的便利店"；格布玻璃之前是一家美发店；杰佩托咖啡馆之前是一家射击啤酒联营店。

在2000年，尽管城市各处都有新住民的身影，但劳伦斯维尔总体还是一个老龄化的白人工薪阶层社区，其中36%的居民年龄在65岁以上。数据最能体现这里发生的变化，让我们把目光放在劳伦斯维尔的核心地区[3]：从2000年到2014年，家庭年收入的中位数从1.9万美元增至4.9万美元，翻了一番多。全市范围内，家庭收入的中位数只是从2.9万美元增至4万美元。大学毕业生在该地区人口中占比从14%上升到36%，千禧一代人口占比从11%上升到23%。也就是说，在短短十多年的时间里，劳伦斯维尔发生了翻天覆地的变化，整个社区愈发年轻，而且有越来越多的富人入住。换句话说，这个地方变得绅士化了。

如果用一个词概括21世纪城市复兴带来的所有冲突、争议以及严重的生存焦虑，那就是绅士化。虽然绅士化的根源可能是经济，但它远不只是一种经济现象。它触及了敏感的

[①] 格布玻璃（Gerbe Glass），一家玻璃艺术家工作室。——作者注

社会、政治和文化问题,引发了关于城市变化背后权力关系的复杂问题、城市或社区的真正归属问题,以及这些问题是否值得讨论。要理解绅士化,以及它在美国工业城市当前发生的变化中所扮演的角色,我们需要分析"绅士化"一词的丰富内涵和潜台词。

"绅士化"一词是由英国社会学家露丝·格拉斯(Ruth Glass)在 1964 年率先提出的。她此前观察到"伦敦许多工薪阶层居住区被中产阶级占领……"[4],为了给这种现象命名,格拉斯选择了绅士化一词。从这里开始,"绅士化"就不是对中立现象的客观描述,而是一个带有政治意味的,甚至包含贬义的术语。乔治敦大学的法学教授 J. 彼得·伯恩(J. Peter Byrne)写道:"绅士化这个词本身就暗含着厌恶的口吻。"[5] 记者贾斯汀·戴维森(Justin Davidson)描述得更加露骨:"这是一个丑陋的词,带有让人愤怒的意味。"[6] 因此,很多人,包括我自己在内,在谈论某个城市或社区可能发生的事情时,都会尽量避免使用这个词。然而,今天它已成为人们谈论城市的基础,变得难以回避。

与此同时,绅士化一词的使用往往会造成危险的误导。它往往被视为一种独立于社区变化潮流之外的现象,当人们发现美国城市中存在社会不公正和不平等现象时,它总会成为人们发泄情绪的目标。绅士化这个词语并非不可避免。只要还有城市存在,只要城市中的社区还存在,它们就一直处于变化的过程中。有社区处在上升期,当然也就有社区处于下行期。然而,在美国的大多数老工业城市,随着社区的衰落,越来越多辛勤工作的家庭发现,自己的生活质量下降、房屋价值贬值,而那些有富人迁入、房价上涨的地方却没有变得那么糟。与此同时,还有一些社区正在被掏空,除了最贫穷的居民外,所有人都逃走了,整个街区的房屋和店面都被遗弃了。我们若要理解城市里正在发生的事情,就需要把绅士化放在更大的背景里讨论。

绅士化的核心是经济利益。人们往往会先注意到劳伦斯维尔这样的社区,这里原本的收入较低,但通过绅士化过程吸引了越来越多的富裕居民,并在某个时间达到临界点,从根本上改变了该社区的特征。商业大全网站(Businessdictionary.com)对绅士化一词的定义直指问题的核心:"较富裕的居民搬到一个地区的过程,以及由于财富的涌入而产生的变化。"[7]虽然这个词有时也用在其他语境中,但从根本上讲,绅士化是指,高收入家庭的财富涌入城市社区时发生的现象。

在美国,各个城市富裕家庭数量的增长情况不尽相同。有几个热门城市,我愿将其比作"磁铁",比如说西雅图和华盛顿。大量以高收入年轻人为主的人群涌入这里,深刻地改变着这些城市的社会和经济状况。图5-1将这两个城市与四个老工业城市进行了比较,展示了高收入家庭和中低收入家庭在2000年至2015年间的收入变化。其中高收入家庭的年收入比全国年收入中位数高出25%,两者收入的差距约为7万美元。

大量涌入的富裕人群正在重塑西雅图和华盛顿。自2000年以来,华盛顿的高收入家庭每年增长4 000户,西雅图每年

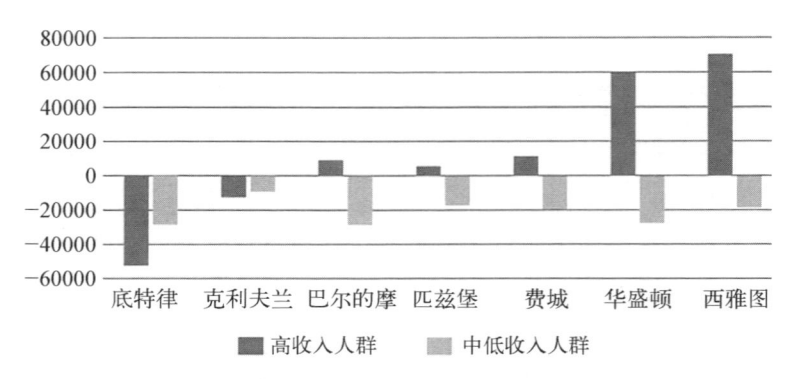

```
80000
60000
40000
20000
    0
-20000
-40000
-60000
```
底特律　克利夫兰　巴尔的摩　匹兹堡　费城　华盛顿　西雅图

■ 高收入人群　　■ 中低收入人群

图 5-1　财富的不均衡流入：2000—2015 年不同收入家庭的数量对比

资料来源：美国人口普查局

增长近 5 000 户。在经历了几十年的衰退之后，巴尔的摩和匹兹堡才迎来了这种重大转变，一些勉强称得上富裕的人口流入城市。但这种趋势还很小，远不敌不太富裕家庭的持续流出。最后，底特律和克利夫兰的各类家庭都在离开城市，无论富裕与否。

基于前文的内容，绅士化很有可能正在发生，而图 5-1 可以帮助我们快速掌握大致的情况。华盛顿和西雅图的社区几乎在一夜之间发生了变化。在这些城市的大部分地区，绅士化已经发生，或正在进行，成千上万的新住宅和公寓正在建设中。在华盛顿，像阿纳科斯蒂亚（Anacostia）这样最贫穷的社区，它的人口结构至今几乎没有变化，大量居民仍然贫困或接近贫困，但是巨大的经济增长压力仍然推高了房价。当我在 2016 年 12 月写这本书的时候，在阿纳科斯蒂亚的一个地区，一家开发商正以 60 万美元的价格出售一套简陋的框架结

构的房屋,而这个房子所在社区的家庭平均年收入只有 2 万美元:

> "现有的结构将被完全推平,我们将迎来一个前所未有的全新顶级豪宅。房子将由褐沙石打造,并于 2017 年 2 月完工。您将坐拥华盛顿的傲人景观。宅内将配有 4 个豪华卧房,4.5 个奢华浴室以及巨大的厨房,建筑的总面积将达到 250 平方米以上,室内装修精致。若您选择安装家用电梯,这栋房子将实现您对住宅的一切梦想。"[8]

华盛顿和西雅图是美国城市中的异类。在巴尔的摩和匹兹堡,情况截然不同。这两座城市都在经历绅士化,但仅限于城市的小部分地区,主要是靠近市中心、重点大学和医疗机构的地方,而且没有像阿纳科斯蒂亚那样向其他社区蔓延。在巴尔的摩,从繁荣的博尔顿山(Bolton Hill)到沙镇-温切斯特(Sandtown-Winchester)或蒙道明(Mondawmin)只有很短一段路。在博尔顿山,一套联排别墅能卖到 50 万美元甚至更高的价格;而在蒙道明,几乎每个街区都能看到被木板封死的废弃房屋,一套这样的房子基本上能卖到 2 万美元就已经很走运。

沙镇-温切斯特或蒙道明会经历绅士化吗?这很难肯定,一般来说这个过程都会很长。尽管现在有些人认为每座空房子都代表了绅士化的潜力,但至少在可预见的未来,这种可能性是微乎其微的。巴尔的摩的财富在增长,但增长缓慢。对于中等收入的年轻人来说,有很多其他地方可供选择,他们几乎不需要为了巴尔的摩来一次信仰之跃。在我看来,在其他地方,绅士化的征兆或者说希望仍遥不可及。

匹兹堡也是如此。为了衡量匹兹堡的绅士化程度,我研究了全部数据,关注出现以下两个指标变化的人口普查区:一是 2000 年至 2015 年期间,家庭收入中位数增幅比全市平均增幅至少高 25％ 的地方;二是这段时间房屋价值中位数增幅比全市平均增幅至少高 25％ 的地方。我的研究涉及那些2000 年时是低收入或中等收入的地区。如图 5-2 所示,匹兹堡 100 多个人口普查区中只有 8 个符合以上标准。它们可能不是匹兹堡仅有的房屋价值和收入都在上涨的地区,但它们是为数不多的在 2000 年经济状况不佳时两项数据仍在上涨的地区。

对巴尔的摩或匹兹堡的贫困地区来说,绅士化是一个遥远的愿景,对克利夫兰或底特律来说更是如此。在这两个城市,流出的富裕人口数量仍超过流入的富裕人口。虽然这两个城市都有一些区域出现了复兴,比如克利夫兰的特里蒙特(Tremont)和底特律的科克镇(Corktown),但它们规模很小,数量也很少。衰退是一个更普遍的现实,不仅包括那些长期陷入困境和缺乏投资的地区,甚至包括那些最近还是稳定的地区,这些内容我将在下一章中详述。富裕人群大量涌入时,只有很少一部分流向了住宅区。几乎所有富裕人群都涌入了底特律市中心或大学城等以前很少有人居住的地方。在一座又一座城市里,市中心正在成为新的高档社区。

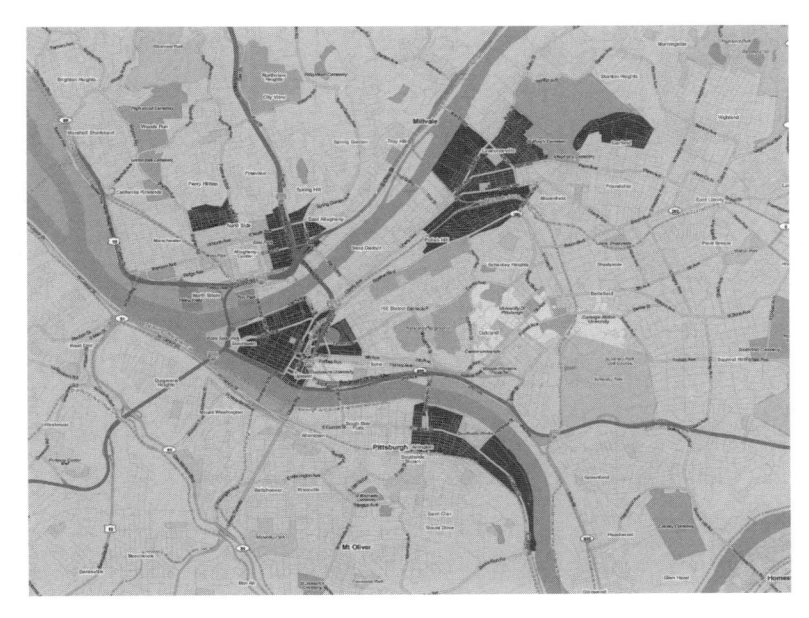

图 5-2　2000—2015 年匹兹堡的绅士化
资料来源：政策地图

在美国的老工业城市中，底特律市中心的复兴趋势可能是最显著的。要理解其中的原因，我们需要简要回顾一下美国市中心的历史。20 世纪初期的美国市中心是一个繁华、拥挤、充满活力的地方，研究市中心的历史学家罗伯特·福格尔森（Robert Fogelson）将其描述为"一个空间极其紧凑、人口高度集中却几乎无人居住的商业中心，几乎所有居民，即使是那些住得比较远的人，会每天来上班、购物、做些正事或是找找乐子。"[9]

虽然在美国早期的小城市中，市中心与住宅区之间并没有明确的分界线,但19世纪后期发生了翻天覆地的变化。随着经济增长,商业活动变得越来越多,住宅区逐渐搬出了市中心。当时大多数城市思想家(urban thinker)都认为这是一件好事。1871年,中央公园的设计者弗雷德里克·劳·奥姆斯特德将商业与住宅分离的"强烈而稳步增长的趋势"视为"社会进步"的一部分,并将其视为"文明人的态度"[10]。20世纪早期的市中心只在白天时很拥挤,到了晚上就像被遗弃了一样。除了少数门卫和贫民区的居民会偶尔出现在市中心边缘,大多数人都住在别处。他们住在市中心周围正在建设的居民区,利用蓬勃发展的地铁、有轨电车、街道和高架铁路网络,方便地进出市中心。

20世纪20年代可能是美国传统大城市商业中心的鼎盛时期。数百座富丽堂皇的,拥有尖顶、角楼和豪华大厅的摩天大楼拔地而起。市中心的百货公司处于辉煌时刻。1874年,约翰·沃纳梅克(John Wanamaker)在费城市中心开设商店。1911年,该商店完全重建,重新开业后占地近2万平方米,可以覆盖整个城市街区,其中设有一个约46米高的大厅,里面有世界第二大管风琴和一只从1903年圣路易斯世界博览会上收购的大鹰。然而,随着经济大萧条的到来,在20世纪20年代的建筑热潮中过度建造的市中心彻底崩溃了。建筑工地停工,房价暴跌,空置率飙升。在大多数城市,1929年的最高建筑在30年后仍然是最高的。[11]

尽管市中心经历了一段时间的动荡,但直到20世纪60年代,它仍然是城市生活的核心。当我在1967年搬到特伦顿时，特伦顿的市中心早已物是人非，但它仍然是值得一去的地方。那里有3家电影院、5家百货商店，不过，在我到达后不久，其中一家就关门了。本地人仍然习惯周六晚上开车到市中心到处兜风，就像是一种对西班牙式散步的滑稽模仿。然而，十年内，一切都消失了。图5-3所示的繁华城市已不复存在。电影院关门了，百货公司也关门了，或是搬到了郊区的新购物中心，再也没有人在周六晚上开车去市中心了。

图 5-3　20 世纪 40 年代的特伦顿市中心
资料来源：艾伦·马拉赫收藏

政治家、规划者、开发商和市中心的商人提出了解决方案，即城市更新，尽管它很难称得上真正的解决方案。市中心的大片商业区和附近低收入者及黑人的居民区，被清理出来，建造新的办公楼、购物中心和高速公路。人们对此期望很高，正如城市更新编年史家乔恩·蒂福德所写:"在每个项目开始时,规划者们展示了在飞速发展的时代中重建城市的蓝图,在喷泉装饰的广场边上将建造闪闪发光的高层塔楼。都市报纸如实转载了这些图片,为那些似乎有望点石成金的提议争取支持。"[12] 在一座座城市的市中心,大部分战前的城市肌理在促进城市发展的名义下被摧毁了,结果却很少符合预期。许多项目从未建成,还有很多建成的项目以失败告终,要么是经济上的失败,要么是美学上的失败,或者两者兼而有之。高速公路看起来对扭转市中心的颓势没什么作用,毕竟更多的企业仍在向郊区迁移。

吸引高收入家庭入住市中心常常是规划中的一部分。然而,市中心的住房通常是乏味的盒子大楼,在一片停车场的海洋中,除了一家熟食店和一家干洗店,几乎没有什么其他设施。也有像底特律的拉斐特公园这样的少数社区,大到足以自给自足,但大多数仍以失败告终。蒂福德总结道:"在一个个城市中,中高收入的美国人会刻意避开那些声名狼藉、需要复兴的地区。在 20 世纪五六十年代,市场上有数百万套新房,人们没有令人信服的理由选择在曾经满目疮痍、被推土机夷为平地的废墟中生活。"[13]

在接下来的几十年里,情况一直如此。1980—1990 年间更多办公楼被建造起来,时不时出现一个富有想象力的项目,比如詹姆斯·劳斯在巴尔的摩设计的内港项目。这个项目在当时引起了人们的关注,但对大多数人来说,除非住在工作场所附近,否则他们一定会避开市中心。即使在新办公楼建成后,那些在20世纪二三十年代曾经熠熠生辉的空置摩天大楼越来越多,数十万平方米的土地被租户和业主遗弃。"到20世纪80年代初,"建筑历史学家迈克尔·施瓦泽(Michael Schwarzer)写道,"市中心似乎注定要衰败下去。那些老化并空置的办公楼、苦苦挣扎的折扣零售商和逐渐消失的娱乐中心,成为它的沉重负担。"[14]

很难确定情况是何时以及如何开始改变的,这与我们在第二章中提到的20世纪90年代的青年毕业生第一次搬到城市和2000年后更多人搬到市中心有关。他们在圣路易斯华盛顿大道的复兴故事中扮演着重要角色,但其他的许多参与者也同样重要。我在第二章简要提到了华盛顿大道,图5-4展示的是华盛顿大道全盛时期的制衣厂和制鞋厂。20世纪80年代初,所有的工厂都搬走了,留下了一片片20世纪早期五六层高的宏伟的厂房。

华盛顿大道从来没有被彻底清空。在最后几家工厂关门时,有一两个业主开始对其中几栋建筑进行改造,合法地把居住或工作空间廉价出租给艺术家。20世纪90年代初,这条大街上除了艺术家别无他人,到处散落着画廊和时髦的商店,这使它成为圣路易斯反主流文化活动的一个小型中心。那时,有一些人因为便宜的价格开始在这条大街挑选房子。其中有一位名为鲍勃·卡西利(Bob Cassilly)的雕塑家,以每平方米7.4美元的价格买下了一座约2.3万平方米的建筑。这座建筑被打造为城市博物馆,并于1997年开业,其展品包罗万象,是一个折中主义艺术大杂烩。《心理牙线》杂志(*Mental*

图 5-4 20 世纪初圣路易斯华盛顿大道
资料来源：圣路易斯密苏里历史博物馆

Floss）的专栏作家埃琳·麦卡锡（Erin McCarthy）将其称为"地球上最酷、最好玩儿的地方"。[15] 与此同时，在 1996 年，另一家开发商利用联邦住房补贴，将位于 16 号大街拐角处的弗朗西斯大厦改造成了艺术 LOFT，为 60 位低收入艺术家提供生活-工作空间。

开发商意识到，有相当多的人对华盛顿大道上的旧公寓感兴趣。然而，他们发现收取的租金不足以修复这些宏伟的老建筑。购置它们可能很便宜，但修复费用高昂。不过，在1997年，密苏里州颁布了"历史税收抵免计划"，为翻修和出租历史建筑的开发商提供了巨额税收减免。之后，联邦为保护历史古迹确立了税收抵免政策。运气好的话，开发商可以通过减免的税款收回三分之一或更多的成本，这意味着开发商在满足市场低租金需求的同时，仍获得可观的利润。

自此，重建的闸门打开了。1999年底前，华盛顿大道沿线出现了8个不同的重建项目。到2000年底，已有近500套公寓在建，另有800套正在规划中。从1999年到2004年底，有1 400套公寓完工，另有1 000套正在建设中。[16]随着建筑的修复，商店和餐馆纷纷开门营业，仅在10号大街到14号大街上就新开了18家酒吧和餐馆。到2007年，虽然这里还有很多建筑没装修完，但华盛顿大道的改造实际上已经完成。这只花了12年时间，对于房地产领域来说，这几乎是一夜之间的事情。

华盛顿大道的改变也在其他大大小小的老工业城市中心上演。比如说俄亥俄州的扬斯敦，城市的处境仍然艰难，但当地的开发商多米尼克·马尔基翁达（Dominic Marchionda）已将市中心的五栋办公楼改造成了公寓，租给扬斯敦州立大学的学生、青年毕业生和一些退休教职工。这背后的逻辑在于，美国传统大城市商业中心的形态和布局，已经成为青年毕业生们梦寐以求的地方。那里有高密度的人口，有丰富多彩的活动，建筑底层是商店和餐馆，抬眼便是公寓或LOFT，还能步行或者使用公共交通，所有这些都使第三章中"场景"的创建变得更加容易,最终让城市经济成为一个可以实现自我循环的产业链。

吸引人们回来的地区并不是那些在20世纪五六十年代通过城市更新得到"改善"的地区。恰恰相反,华盛顿大道是圣路易斯市中心为数不多的几个躲过了城市重建破坏的地区之一,在克利夫兰、费城和其他地方的中心区,也是同样的情况。那些指导城市更新的理论,比如城市为了繁荣必须围绕汽车进行自我重建,就好像中世纪时太阳围绕地球旋转的观点一样,是站不住脚的。现实状况完全和那些理论背道而驰。城市只有保持其特性方能繁荣,城市是密度、建筑和人口多样性,以及实用性和趣味性的混合。城市更新计划是一场代价高昂的惨痛教训。

自2010年以来,圣路易斯的青年毕业生人数每年增长1 500至2 000人;在2000年到2005年期间,这里每年仅增长500人。华盛顿大道不是唯一的人口增长点,但它在圣路易斯诸多人口增长点中非常重要。自2000年以来,圣路易斯市中心三个人口普查区的人口从3 400人增至12 600人,增长了两倍多。与此同时,克利夫兰市中心的人口增加了一倍多,从5 000人增加到了11 300人。[17]

每个城市都有自己的故事,与华盛顿大道类似的故事也在别处发生。在底特律,快速贷款公司(Quicken Loans)的创始人,亿万富翁丹·吉尔伯特推动了市中心的复兴,以至于一些评论者称底特律市中心为"吉尔伯特城"。按照《底特律新闻报》(*Detroit News*)的计算,截止到2016年春天,与吉尔伯特相关联的单位或个人已经花费 4.51 亿美元来购买市中心的房产，还有至少 11 笔交易正在进行中。另外，他们还花费了数亿美元用于修复房产，将办公空间改造为居住公寓，花费的资产总计可能超过 20 亿美元。[18] 除了公寓，吉尔伯特旗下的建筑还吸引了许多受青年毕业生欢迎的零售商入驻，如耐克、安德玛、穆斯乔①和瓦尔比帕克眼镜等。

那么，吉尔伯特和他的投资者们能否收回成本呢？如果能的话，什么时候能收回？这些都是未知数。毫无疑问的是，他的房产渐渐住满了人，因为底特律在吸引青年毕业生方面已经开始赶上圣路易斯和匹兹堡等城市。2016 年一个温暖的秋夜，我走在底特律市中心的主街伍德沃德大道上。那天是工作日，将近夜里十点半，餐馆还在营业，年轻人坐在室外的桌子旁，另一小群年轻人聚在宽阔崭新的人行道上聊天，不时有慢跑者经过。对于我这辈人来说，五六年前的底特律市中心空无一人的场景好像是上辈子的事。

这就是绅士化吗？还是有点别的什么东西？显然，市中心不是露丝·格拉斯写的"工人阶级区"。如果这种直接或间接的人口迁移是绅士化的标准，那么这种可能被称为市中心"住宅化"的过程很难被证明绅士化正在发生。与此同时，市中心的转变不仅体现在物质上，还体现在社会和经济方面，和任何以"绅士化"为特征的社区变化一样，由内而外且影响深远。

---

① 穆斯乔（Moosejaw），美国知名户外服装与装备用品店。——译者注

事实上，市中心复兴的意义可能更为深远。其部分原因在于，在历史上，市中心并非居住区或是某个人的地盘，那是一处对所有城市居民开放的地方，在许多曾因民族和种族问题被分割成碎片的城市中，市中心很可能是仅存的共享空间。这个共享空间的重要性在几十年的城市衰落中逐渐减弱，但从未完全丧失。然而，在市中心变得越来越宜居的同时，市中心也被重新定义为高档社区，这种共享的属性很容易消失，从而助长美国城市中愈发严重的空间分化现象。基于以上原因，中心区的改造需要与绅士化一起讨论，因为它是复兴与不平等共同存在的另一种表现。

另一个需要讨论的问题是附加效应。市中心的住宅化可能不会赶走任何人，市中心的复兴过程可能带来巨大的附加效应，以及周边更多比例的绅士化社区。市中心复兴的情况可以让我们判断一个社区绅士化的可能性。

复兴的社区与其他社区相比，有一系列特殊的属性。其中第一个特征，也是最重要的一点，就是社区的区位。复兴现象不会从一个地区突然跳转到另一个地区，它往往是从一个已经很繁荣或是活跃度较高的地区开始，例如市中心或大学校园，然后向周边逐步扩展。很少出现不符合这个规律的反例。

在巴尔的摩，绅士化逐渐从内港的费尔斯角向东、向南扩散到坎顿和帕特森公园；另一支则从市中心向北扩散到约翰斯·霍普金斯大学，校园周围越来越多的社区也受到影响。图 5-5 显示了巴尔的摩绅士化的扩散位置和方向，粗箭头表示中高等收入地区，其中一些区域是20世纪七八十年代早期绅士化浪潮的产物，而细箭头表示正在经历复兴的社区，源头都来自约翰斯·霍普金斯大学、市中心和内港。

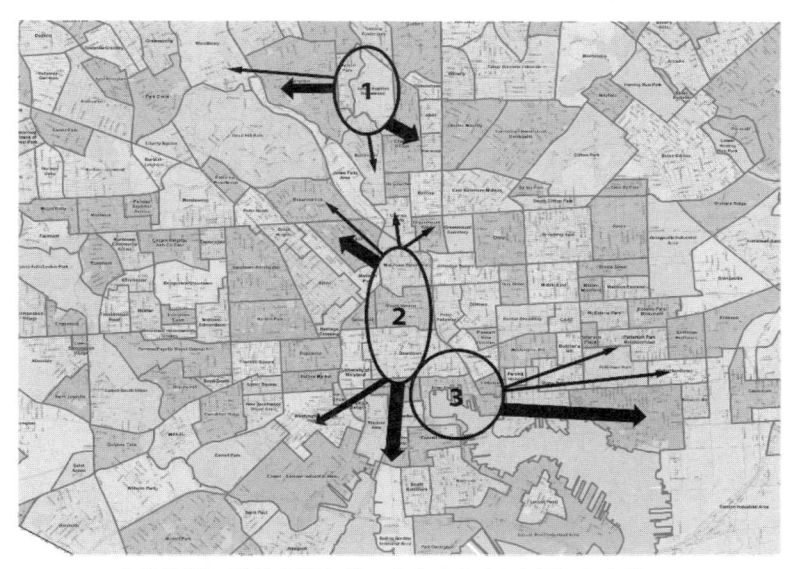

1 约翰斯·霍普金斯大学　2 市中心/中心区　3 内港

图 5-5　巴尔的摩的绅士化矢量图

资料来源：巴尔的摩市规划地图，作者改绘

第二个特征是设计行业人士所说的社区"肌理"。换句话说，就是住宅、小型公寓楼和店面交织在一起，共同营造的老工业城市社区的建筑景观。在绅士化区域，社区肌理大部分仍是完好无损的，而且房屋拆除后留下的空地很少。这些房屋本身可能不是建筑瑰宝，但是，其破败而拥挤的外表之下仍然藏有别样的吸引力。绅士化社区里，就像汽车时代之前的大多数地方一样,通常有一条商业街贯穿其中,一般是步行街,而不是车行道。这些商业街几乎都是第二次世界大战前的产物,在我们为汽车而不是为人类规划社区之前,就已被设计出来。

绅士化社区很少是城市中最贫困的地区,尤其是那些拆除了过多的空置建筑,破坏了社区原本结构的地区,就像上一章中的圣路易斯北城那样。事实上,以拆除空屋作为未来绅士化的基础,只是不切实际的想象。在现实生活中,它往往会形成一片月球表面般的空地,人们设想的绅士化是不会在这里出现的。

第三个特征是,相比以白人为主的工薪阶层的社区,以黑人为主的社区经历绅士化的可能性更小,而非更大。这可能会让那些从博客和社交媒体上了解绅士化的人感到惊讶。社会学家杰奎琳·黄(Jackelyn Hwang)和罗伯特·桑普森(Robert Sampson)在2014年对芝加哥的一项研究中发现:"逐渐变好的社区往往避开了黑人社区和西班牙裔社区。"[19]在黑人或西班牙裔人口比例超过40%的社区,绅士化的可能性明显低于附近其他地区。

这种情况不仅发生在芝加哥,托德·斯旺斯特罗姆和他的同事发现,1970年在圣路易斯的35个复兴社区中,只有5个社区的黑人人口比例超过40%。[20]巴尔的摩人口的三分之二是黑人,绅士化的现象几乎没有扩散到那些非裔美国人占多数的地区。巴尔的摩学者劳伦斯·布朗(Lawrence Brown)所说,事实上的绅士化主要集中在城市的"白色L形区域",即图5-5中明显的L形地区。该地区以白人为主,这与构成城市大部分社区的"黑蝴蝶"形成了鲜明的对比。[21] 匹兹堡与巴尔的摩的情况大致相同,在之前的人口普查显示的8个绅士化社区中,2000年只有2个社区的黑人人口比例达到或超过30%。其中一个勉强达到了绅士化的最低标准:尽管该社区的经济在增长,但它仍属于贫困地区,其2015年的居民收入和房屋价值都远低于城市平均水平。

在美国的城市中心,种族问题从未消失。在20世纪下半叶,许多城市社区变成了以黑人为主的社区。在刚开始时,绅士化不是一件百分之百确定的事情,第一批城市开拓者进入城市时,也不确定会不会有人跟随他们。除此以外,种族因素给绅士化增添了更多的不确定性,尤其是对于把全部资源都押上的大多数白人家庭和个人。

社区发生变化后,受到供求规律的影响,市场的运作几乎不可阻挡。如果很多人都想住在同一地区,那么该地区对住房的需求就会上升。当住房供应不能同步增加的时候,人们会争先购买同一批住房和公寓。如果想住在该地区的人,比原先住在该地区的人有更多钱购买住房,他们便会哄抬住房的售价和租金。随着房屋价格的上涨,一些原先住在该地区的人因负担不起高昂的价格而搬走,和他们经济状况相似的人通常也很难迁入。

这种描述很直白,也很残酷。它体现了绅士化背后潜在的经济过程,但没有反映出复杂的现实情况。绅士化的过程可能是平缓的、悄无声息的,受到的阻力很小,鲜有冲突;它也可能是较快的，伴随着显性或隐性的冲突，人们的关系因截然不同的生活方式和价值观而变得紧张，甚至出现投机、欺骗和恐吓的现象。在匹兹堡或圣路易斯等城市，绅士化可能会慢一些；而在华盛顿或旧金山，绅士化则会快一些，冲突也更明显。

绅士化在初始阶段往往进行得相当缓慢。在这个阶段，人们在一个传统的低收入社区自行选择买房或租房。卡利马·罗斯（Kalima Rose）在政策链接网站（*PolicyLink*）上写道："一开始，绅士化几乎不会使人被迫迁居，也不会造成怨恨情绪。其整个过程可能会持续数年，对于那些长期没有资金流入的社区来说，它们在初始阶段可能不会发生什么变化。"[22] 当公共投资流入住房修缮、城市美化或交通设施方面时，绅士化发展会进一步加速，但很少有城市制定了绅士化的整体设计方案或规划。尽管对于生活在布鲁克林或华盛顿特区的绅士化社区的居民来说，情况似乎并非如此。绅士化大概率是非正式的、自发的过程，令当地的规划者和民选官员措手不及。在更多情况下，一旦有社区开始出现明显的绅士化迹象，市政府可能就会开始考虑如何推进绅士化的发展，比如改善公园环境或新建路灯，或把市政府拥有的土地出售给开发商。

无论一个家庭搬进这个社区的初衷是什么，绅士化在初始阶段缓慢、非正式的性质最终都会消失。如果官方推动绅士化的行动失败了，那么城市先驱们就会逐渐离开，社区又回到以前的状态；如果人们从该地区房屋的出租或出售中获得足够多的利润，成了2014年公共电台报道中所说的"中产阶级-产业综合体"的一员,那么最终就会出现"由房地产租赁代理、上市代理、房东和投资者组成的网络,他们从社区的变化中获取利润,并在此基础上建立起商业模式"[23]。然而,其中的参与者往往是销售和倒卖房屋的小运营商,或购买和维护私人房产的开发商和承包商。

起初,小型开发商创造了良好的房产环境,贷款机构愿意给它们提供启动大型项目所需的资金,大型开发商通常在最后出现。在纽约或旧金山等热门城市,这样的情况可能不会发生,因为这些城市社区承受着巨大的房地产市场压力。但在其他城市,这种情况更为普遍。在匹兹堡的劳伦斯维尔社区,它的第一个大型开发项目是一个混合用途项目,包括243套公寓、零售商铺和一条通往占地4000多平方米新公园的步行道。该项目直到2016年才公示,当时该地区的绅士化特征已经十分明显。

在费城北自由区(Northern Liberties)的转型中,当地开发商巴特·布劳斯坦(Bart Blatstein)扮演的角色和其他人相比有很大不同。北自由区位于特拉华河沿岸、中心城区北侧,在过去几十年里一直是费城的"下一个热门社区"。20世纪70年代末,我和妻子找房子的时候,一些嬉皮士朋友建议我们去北自由区找找。一个周六的早晨,我们开车过去转悠,看到的只是一大片荒地,一排排房屋、空地和废弃工业建筑散落其间。很快,我们就断定这里不适合我们,尽管步行就能到达老城区的餐馆,但在当时,步行过去还需要一些胆量。也许它正在崛起,但还有很长的路要走。我们还没那么有嬉皮士精神。

20世纪90年代的北自由区几乎没有什么变化,只有零星几位与常人想法不一样的艺术家迁入此地,地区的经济活动也因20世纪80年代末的房地产衰退而变得格外短暂。布劳斯坦因建造传统购物中心而发家致富,这使他看到了该地区的潜力。20世纪90年代,他开始在那里购置房产,并于2000年收购了地标性的施密特啤酒厂(Schmidt's Brewery)。自此,他拥有了足够的资本,不再需要依赖银行贷款,开始在该地区开发房地产。

布劳斯坦最初只计划在这里再建一个购物中心,但他说:"后来的中年危机让我思考,我以后该怎么办?我能买到那辆亮红色的法拉利吗?然后我决定要做一些更具创造性的事情,我也有机会做一些很酷的事情。"[24]于是,他创造了施密特广场,也就是后来的施密特公共广场(Schmidt's Common)。该广场于2009年开业。布劳斯坦说,受罗马纳沃纳广场的启示,施密特公共广场包含办公场所、商店和400多套公寓,围绕着一个面积达8 000多平方米的广场。开业后,这里成为费城青年毕业生们的热门聚会场所。

各种推手在多大程度上影响了绅士化进程,这一点无法考证,但毫无疑问的是,它确实发生了。正如纽约法律援助律师斯科特·斯坦珀(Scott Stamper)所说:"我们看到越来越多的房东跟踪、威胁、纠缠租客,要求提前结束租约,这并不是谈判,这是骚扰。"[25]房客们会收到房地产经纪人的来信,描述附近的房子卖了多少钱,还会收到从前门塞进去的纸条。

布鲁克林的杰罗姆·克莱斯(Jerome Krase)和朱迪思·德塞纳(Judith DeSena)描述了一张这样的纸条:"我有兴趣买你的房子,我现在就可以付现金,或者也可以之后付给你。如果你准备出售,请给我打电话。"[26]有人会给房主打电话表达自己的购买意愿,潜在的买家也可能会直接上门。骚扰的现象一直都在,低收入、没有其他资产和有债务的老年房主可能很容易被说服,并以低于房屋真实价值的价格出售。与此同时,绅士化也为苦苦挣扎的低收入房主提供了一个难得的机会,让他们看到自己唯一资产的价值上升到一个真正有意义的程度——如果他们能意识到它的价值。

一个社区的绅士化通常会带来好处,但并不是所有人都从中受益。一旦一个社区发生变化,人们很容易戴着滤镜回顾过去,重现一个理想化的情景。街那头的杂货铺已经被一家咖啡店所取代,那里之前卖的牛奶价格过高,农产品也不太新鲜。聚集在街角的年轻人时常做一些坏事。人们只记得坏事,却不记得好事。此外,正如城市观察网的乔·科特赖特所指出的,"如果一个社区不走向绅士化,它就会在某种程度上保持不变"的想法是一个谬论。[27]现实状况是,今天大多数社区如果没有向绅士化发展,它们就会走下坡路。

当社区走上复苏的道路,它会变成一个更安全也更干净的地方。之前那些危害住户健康和安全的逐渐贬值的空置房屋,正逐渐恢复原状并重新投入使用。新的商店和公司开始营业,有些可能会取代原先的商店,但更多的商户入驻了长期空置的店面。老住户们可能不会光临瑜伽馆,但他们很可能会喜欢那些卖新鲜农产品的新杂货店。之前那些衰败的集中贫困社区，对儿童和成年人的生活都产生了破坏性的影响。今天，它们从衰败中恢复过来，分崩离析的社区重新聚合成为一个整体。

公共服务有改善的可能性，不仅是因为该地区变得更加富裕，还因为新来者往往能更有效地推动社区内的公共服务。圣路易斯的一个社区正经历着这种变化，新来者率先创办了"城市花园"学校。这所采用蒙氏教育法的特许学校坚持招收来自不同经济水平的家庭，以及不同种族的学生，后来它成了该地区公认最优秀的学校之一。除了直接给社区带来的好处，财政和经济压力较大的城市还受益于经济构成更多元的人口和更高的税收收入，这反过来帮助政府更好地维护城市环境并提供更好的公共服务。这些好处并非不值得一提。有证据表明，在老工业城市中，许多绅士化社区的原有居民也享受着这些好处。

问题不仅在于低收入家庭能否享有这些好处，还在于这些好处能否补偿他们在此过程中蒙受的其他损失。对绅士化的批判通常针对以下三个方面的不良后果：人被迫迁居、房价昂贵使人无力负担，以及所谓的文化流失。这三种变化都应当被关注，但将所有这些视作有害，就等于忽视了真实过程的复杂性，我们也就很难得出可能的解决方案。与华盛顿特区或旧金山周边刚好相反，在费城或圣路易斯等城市，社区之间的过渡往往更加平缓，不像热门城市那样割裂，即使是在绅士化社区，租金和房价也很少高得离谱。令人惊讶的是，人们熟知的关于绅士化的弊端大多来自纽约和旧金山这样屈指可数的热门城市,在数量更多的老工业城市中,类似的事情鲜有发生。

在某种程度上,常识会告诉我们,被迫迁居是绅士化的必然产物。如果房价上涨到当地许多居民无法承受的程度,他们便不得不背井离乡。事实远没有这么简单。从字面意义上区分"被迫迁居"和"长期丧失负担能力"是很重要的。"被迫迁居"指的是房客因绅士化而被迫搬迁,要么是房租的上涨令他无力负担,要么是来自房东的其他形式的压力。类似的恐怖故事大多发生在纽约。事实上,被迫迁居的情况比人们想象得更少见,也更难发生。

由于各种原因的影响,城市租户的流动率非常高,尤其是低收入租户。城市租户在同一套房子或公寓里的平均居住时间仅为两年,这种变动大部分是不由自主的,但原因与绅士化无关。马修·德斯蒙德(Matthew Desmond)在他的《被驱逐者》一书中生动展现了这种情况:贫穷的房客,尤其是有小孩的单亲妈妈,即使租住在最普通的房子里,每个月都有可能付不起租金。他们的生活是一场绝望的战斗,挣扎在被驱逐、合租和无家可归的边缘,他们往往会输掉这场战斗。这个现实与绅士化毫无关系。在这本书中,我们可以看到在美国贫穷意味着什么。本书中还谴责,作为一个国家,美国甚至没有意识到穷人的住房需求,更不用说解决了。

房主面临的问题则是不同的。传统观点认为,低收入的房主被迫退出绅士化社区,是由于房价的急剧上升及其导致的房产税的飞涨。事先申明,我不认为这种情况永远不会发生。然而,很少有研究探讨这个问题,这意味着,这个问题并没有那么普遍。一些城市试图阻止这种情况的发生,并因此付出了代价。费城设立了长期业主居住计划(Longtime Owner Occupant Program),为那些在自己的房子里居住了10年及以上且面临快速增长的房产税的业主提供税收减免。在前两年,1.7万人有资格参加该计划。[28]然而,这个计划过于粗糙。这个项目要求的收入上限很高,无论是年收入8.3万美元的个人,还是年收入11.9万美元的四口之家,几乎没有失去住房的风险,却得以减免税收。财政拮据的城市不再向民众征收大量的房产税,只会让少数人受益。

记者贾勒特·墨菲(Jarrett Murphy)很好地总结了真正的问题。他写道:"问题不在于穷人没有住处,而在于他们要被迫搬离原来的房子。"[29]在一个贫穷的社区,当一个低收入的租客离开她现在的房子时,不管是出于自己的选择、被迫驱逐还是其他原因,她通常会被另一个和她收入相似的租客所取代。在一个高收入人群不断增长的社区,低收入的租客更有可能被高收入的租客取代。如果房子不是公寓而是独户住宅,低收入租客会被购房者取代。从一个社区的整体来看,这个过程很可能是缓慢进行的,在数年内,许多租客会面临多次搬家。但问题是,在什么情况下这应该被视为与绅士化有关的问题?

在布鲁克林,处于绅士化道路上的社区几乎都面临着搬迁的问题,而在圣路易斯这样的城市,情况大不相同。在研究圣路易斯的社区时,斯旺斯特伦和他的同事发现:"高收入白人群体的涌入,并没有导致租金飙升到让穷人完全流离失所的地步……正在复兴的社区仍然是该地区最具经济多样性的社区。"我的发现与他们的一致。虽然2000年至2015年期间,圣路易斯一些绅士化社区的房价上涨速度快于全市范围内的房价上涨速度,但相对于整个城市而言,其租金实际上呈小幅下降之势。不过,在那时,这些社区的房屋售价在15万美元到20万美元之间,仍然远远超出大多数人的承受能力范围。斯旺斯特伦还指出:"从1970年到2010年的40年间,只有5 816人所在的人口普查区从高度贫困改善至轻度贫困,而有98 953人所在的人口普查区变成了新的贫困地区。"[30]

　　量化被迫迁居的危害程度取决于两个不同的问题:第一个问题是,该地区提供的住房是否和租客以前住的地方一样便宜。第二个问题是,被迫搬迁对社区的改变,及其对人们的影响。在第一个问题上,我们必须再次区分热门城市和老工业城市。在像华盛顿这样的城市,整个城市的房价和租金都在上涨,在城市中找到可负担住房的难度越来越高。很多家庭选择合住在一起,要么忍受过度拥挤,要么干脆搬离这座城市,搬到乔治王子郡或者更远的地方。在巴尔的摩或圣路易斯,租客可能只需要搬到几个街区外,就能找到比原来住处更便宜的房子。

　　这并不意味贫困或接近贫困的家庭能在其可负担的价格区间内的高质量住房,除非他们是少数抽到住房券的幸运儿,能获得住房代金券或入住保障性住房项目中的高质量公寓。

但是，这不是绅士化的结果，而是由贫困和住房成本整体过高所导致的。可以确定的是，即使是摇摇欲坠、蟑螂出没的住房，对一个贫困家庭来说也过于昂贵，他们根本负担不起。这也是美国未能制定出住房政策或提供资源的结果，即使是国会在1949年做出的承诺，"为每个美国家庭提供一个拥有良好环境的体面住房"，都可能比空洞的言辞更有意义。

绅士化引发的搬迁不仅改变了人们的生活，也改变了社区，它创造了一个异质群体越来越多的社区，包含黑人和白人、年轻人和老年人、富人和穷人，不同价值观、品位和标准的人。更重要的是，这意味着，原来人们所认为的属于自己的社区，将不再属于他们。这同样也意味着更多的事情。曾住在波特兰社区的黑人居民米歇尔·刘易斯（Michelle Lewis）对记者说："当你回到自己长大的社区，而那里的人看着你，好像你不属于这里，这种感觉很可怕。"记者补充说，刘易斯"回忆道……曾经埋葬她祖父的墓地，现在是一个名为小教堂钟声的手工啤酒酒吧"。[31]

2014年，电影导演斯派克·李（Spike Lee）在一篇批评绅士化的文章中有不同的表述："你就是不能来这个社区。我支持民主，也希望所有人都能有各自的生活，但你最好放尊重点。这里的文化已经传承了好几代，难道就因为你住到了这里，一切就要改变？"[32]新居民带来了不同的规范和偏好，几乎任何事情都可能引发冲突，包括噪声和垃圾。面对改变中的圣路易斯，一位居民哀怨地说道："我们为什么要改变我们的习惯？为什么我们不能把椅子放在房子外面呢？"[33]它也可以是一些无形的事情，比如态度。费城的鱼镇（Fishtown）也在经历绅士化，对此，社区的老居民比尔·弗朗西斯科（Bill Francisco）说："一般来说，生活中有太多的真正问题，我们无暇对酒吧或餐馆感到奇怪。尊重它们就好，仅此而已。"[34]

我们很难不与这些评论中所反映的失落感产生共鸣。美国社区的变化从未停歇，但我们也应当尊重斯派克·李言论中的激情和痛苦。我们不得不接受现实：社区就是在不断变化。对于那些生活在衰退社区中的人们来说，痛苦和损失是真实的，甚至可能更糟，因为他们记忆中温暖的社区荡然无存，由于犯罪率上升，家长们不再允许他们的孩子在外面玩耍。但是人们对衰落社区的关注比对绅士化的关注少得多，具体原因我将在下一章探讨。

为什么人们会对绅士化有这样的反应？这个问题由一个独立但与之紧密相关的议题所驱动，而这个议题又是种族相关问题的重要组成部分，它在种族问题的语境中扮演了相当重要的角色。我的朋友保罗·布罗菲（Paul Brophy）是这个领域最好的学者之一。几年前他在圣路易斯的华盛顿大学举办了一个研究生研讨会。他在研讨会上给我讲了一个故事，这个故事比我能想到的任何故事都更能说明这一点。当时班上有一个年轻的非裔学生对他的演讲相当不满意，并直截了当地表达了自己的观点。"听着，教授，"他说，"当你谈论绅士化时，你谈论的是数字、收入和房价等；而当我们谈论绅士化时，它代表的是无力感。"

无论一个人的意识形态如何，对于城市变革的讨论总是与权力的问题脱不开关系。如果你很贫穷,你肯定会认为这个制度是在欺骗你。如果你是贫穷的黑人,那就更是如此。最名不副实的"绅士化"发生在底特律,这一点也不奇怪。该市超过80%的人口是黑人,然而几乎每一个对底特律未来有重大影响的决定都是由一小群白人男性做出的。那些视底特律为一张白纸,等待着新来者赋予它生机的极具冒犯性的观点,已成为媒体上反复出现的主题。

在这种情况下,绅士化成了一个极具影响力的代名词。正如记者杰克·弗拉纳金(Jake Flanagin)所说:"然而,绅士化最令人不安的是,它反映出穷人和非白人无法保证付清房费的事实。大量中产阶级重返底特律就是一个对比强烈、特征鲜明的例子。"[35] 与此类似,一名妇女抗议该市因欠费而关闭供水服务的政策,她声称"底特律的停水事件是一种过度的绅士化"。[36] 对那个抗议者来说,绅士化所指代的东西只是真正由绅士化带来的社区变化。对她来说,绅士化所指代的是任何一个使穷困潦倒和被边缘化的社会成员进一步陷入贫困和边缘化的政策。现实是,从底特律迁出的中产家庭和个人远远多于迁入底特律的人。不过从这个角度来看,现实情况无关紧要。

归根结底,绅士化是关于社区的,但它不仅仅关乎社区。首先,在本质上,它讲述的是,当更富裕的人搬进来,房价上涨、咖啡馆和精酿啤酒酒吧开张时,低收入社区发生的变化。这是一件非常复杂的事情,对有些人来说可能是好事,对于另外一些人可能是坏事。其次,社区的变化反映了城市层面上更大的转变,即更大的经济转型的一部分。这些城市的经济在起步阶段依靠重体力劳动者的力量和意志,而现在,城市的经济愈发依赖专业技能和高等教育,这种变化使得这些城市成千上万的居民和曾经的工人越来越边缘化。虽然不断变化的城市确实给许多社区带来了绅士化,但也加速了更多社区的衰落。最后,绅士化关乎权力,关乎经济两极分化如何滋生政治两极分化,还关乎经济、政治的两极分化如何变得越来越种族化、如何改变权力在城市中的分配方式。这是成千上万人的呐喊,他们有理由感到自己被城市的转型边缘化。

也就是说,绅士化与社区密不可分。就像我在本章开头说,当我们观察美国老工业城市的社区时,从受影响的人口、住宅和城市街区的绝对数量来看,社区衰落的情况要比绅士化带来的问题严重得多。在下一章,我将首先着眼于数据,对比个别城市的衰落状况和绅士化情况。尽管有人可能会说,这些城市的繁荣程度远超执政者的设想,但接下来,我将深入探究为什么社区衰落不仅依然存在,而且危机还在加剧。

第六章

衰退：社区转型的另一面

2016年夏天，我与一些在印第安纳波利斯从事社区发展工作的人聊了聊。他们说，当地在绅士化方面存在较多争议，他们很担心这些争议背后还可能存在诸多未知的问题。他们邀请我过去进行相关研究，并分享研究成果。我答应了，并着手分析数据。

一开始，我主要关注家庭收入和房屋价值两个要素。印第安纳波利斯约有200个人口普查区，我查阅了每个区域的相关数据，研究这两个指标在2000—2014年期间发生的变化。我首先筛选出2000年时的低收入人口普查区（即居民收入中位数为全市收入中位数的80%或更少的地区）。若其上述两个指标的增长速度明显快于全市平均水平，则将其归为出现绅士化现象的地区。据统计，总共有五个人口普查区呈现绅士化的趋势。其中有四个紧邻市中心，另一个则是市中心稍往北的福尔克里克（Fall Creek Place）。从20世纪90年代末开始，这里出现了巨大的转变（图6-1）。

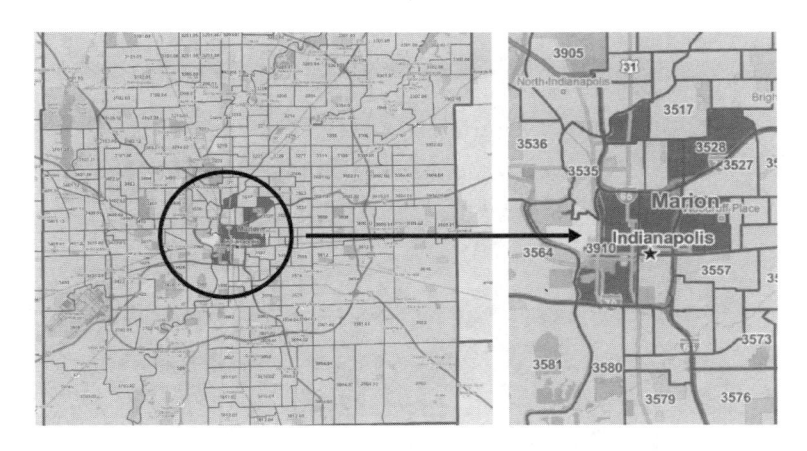

图 6-1　2000—2015 年间印第安纳波利斯发生绅士化的人口普查区
资料来源：政策地图，作者改绘

随后我调整了研究策略，不再关注收入和房价显著增长的地区，转而关注同一时段内收入和房价呈现下降趋势且目前属于中低收入地区（即居民收入小于全市收入中位数 120% 的区域）。在 2000 至 2014 年间只有五个人口普查区域出现了绅士化，但超过 60% 的区域呈现出衰退之态。如图 6-2 所示，后者分布在城市的各处，在城市的东西两侧，衰退的区域呈现出聚集的形态。

印第安纳波利斯常被认为是美国铁锈地带上较为繁华的城市。在过去的十五年里，这座城市的人口和岗位数量迅速增长。在贫困人数、房价、本科生占比等相关指标上，这里比大多数中西部大型工业城市要强很多。虽然靠近市中心的小部分区域出现了绅士化的趋势，但同时，该市近三分之一的社区正走向衰退，居民生活变得日益艰难，房屋也日渐贬值。

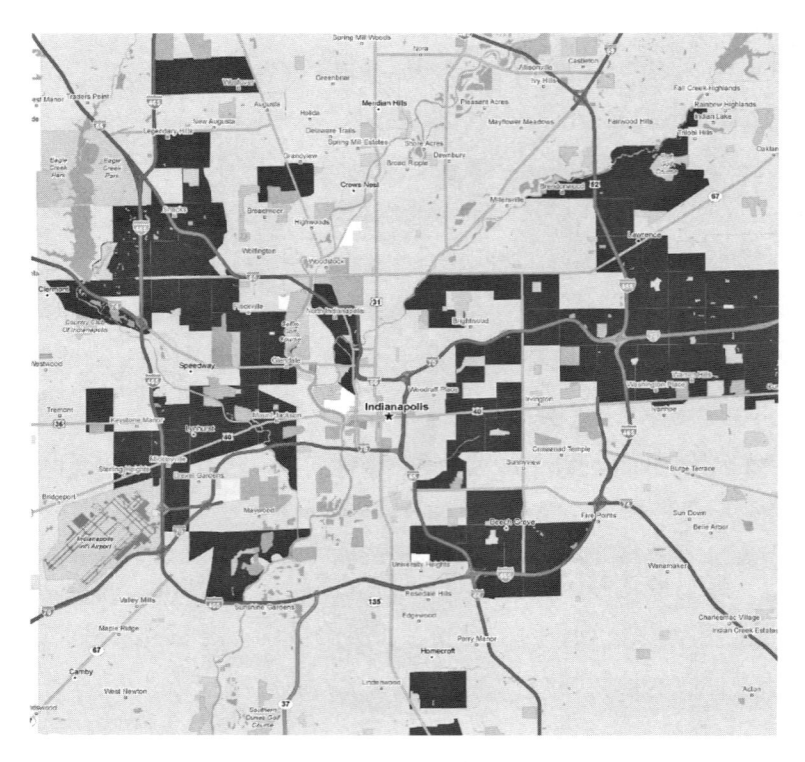

图 6-2　2000—2015 年间印第安纳波利斯呈现
衰退趋势的人口普查区分布

资料来源：政策地图底图，作者改绘

印第安纳波利斯并不是一个特例。即使是在巴尔的摩，这个广为人知的城市复兴典范，居住在衰败社区的人口与居住在复苏社区或绅士化社区的人口比也达到了 4∶1。上一章中也提到过，研究发现，在圣路易斯该比例趋近于 17∶1。许多衰退的社区，在不久前还很健康。

在巴尔的摩市中心北部的潘露西（Pen Lucy）和它隔壁的

威尔逊公园(Wilson Park),就属于非常典型的衰退社区。2000年时,两个社区内看起来还很健康,社区内的砖房和联排公寓维护得较好,住宅前院虽小但打理得不错,居民收入和房价均高于全市平均水平。自那以后,这两个社区的居民收入水平和房价都渐渐落后于城市内其他地区。在这两个社区的部分地方,你只需花3万美元便能买下一套房子。

潘露西和威尔逊公园至少还维持着社区的形态,不至于像巴尔的摩东、西部地区那样,到处都是破败的木板房、空地和集中贫民区。潘露西和威尔逊花园的大多数宅院都保存完好,但掩盖不了衰退的迹象。有些房子闲置了好几个月甚至超过一年,院子里长满了杂草;其他的一些房屋,前院脏兮兮的,布满灰尘,好像房主和租客都不太关心房子的花园和整体形象。在这些地区,越来越多的家庭用链条或栅栏把前院与街道隔开,以保护自己的私有房产。社区内不时会出现一处空地一栋废弃房屋被拆除。这最终导致了住房自有率①的下降与贫困率的上升。在2000—2014年期间,潘露西地区的贫困家庭比例从19%上升到了29%,增幅超过了50%。在同一时期,威尔逊公园的住户数量下降了近200人,超过了总数的三分之一。[1]

我们还不能彻底放弃这两个社区,这里还有很多家庭在努力维护自己的房产,关注自己的社区福利。潘露西社区协

---

① 住房自有率(Homeownership Rate),一个社区中房主自住房屋的数量除以所有住房的比率。——译者注

会和威尔逊公园社区发展协会都致力于稳定和改善社区。自 2010 年以来，一项旨在促进空置房产重新投入使用的积极发展战略出台，吸引了新的业主和开发商，已有近 60 套空置房屋得到修复并重新投入使用。这些措施可能会减缓社区的衰退，但是衰退明显仍在继续，居民们还是在不断逃离社区。尽管城市政策成功地让很多空置房屋重新投入使用，但目前空置、废弃房屋数量仍多于 2010 年时。

在巴尔的摩，潘露西和威尔逊花园这样的社区要比费尔斯角或汉普登（Hampden）这样的社区多。华盛顿特区或西雅图的情况并非如此，但在美国中西部和东北部的传统城市中，衰退社区比比皆是。一位来自底特律的激进分子朋友跟我说："如此重要的事情却无人在意。"为什么情况会演变成这样呢？

正如前文中所讨论的，许多正在发生的事情都与美国社会中的大趋势息息相关，它不仅影响个人，还会对城市产生深远的影响。其中比较重要的包括全美中产阶级空心化和基于经济水平的人口分类聚居现象。20 世纪 50 年代的工业化城市虽然没有实现更加平等的共同富裕，但起码比现在的很多城市更接近这个目标。

匹兹堡就是一个典型的例子。1960 年是匹兹堡制造业的鼎盛时期，近一半的家庭属于中等收入家庭，这意味着这些家庭的收入处在全市收入中位数的 80％ 至 120％ 之间。其他则属于低收入家庭或高收入家庭。到 2015 年，中等收入家庭的占比下降到原来的四分之一，低收入和高收入家庭占比同时增长。这些年,匹兹堡约有 3.7 万个中等收入家庭的收入状况发生了改变(图 6-3)。

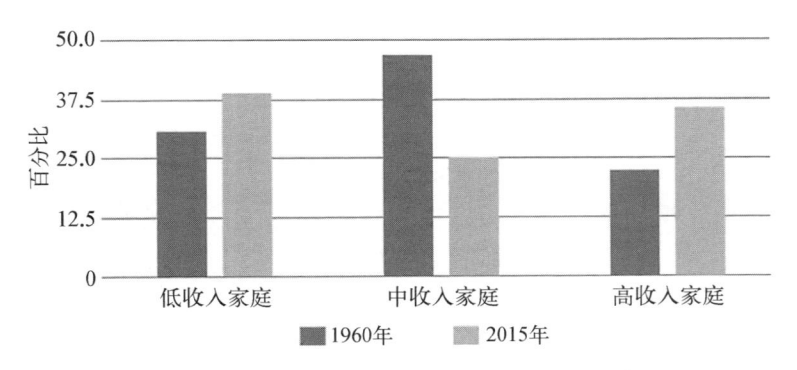

图 6-3 1960 年和 2015 年匹兹堡各类收入家庭占比

资料来源:美国人口普查局

50 年前,不仅仅是中等收入家庭,大多数人都倾向于居住在中等收入社区。其中许多是少数族裔社区,因为共同的种族身份,收入和社会阶层不同的人生活在一起。丹尼尔·凯·赫兹(Daniel Kay Hertz)是一名才华横溢的年轻研究员,他研究了芝加哥历年来社区的发展情况。在 1970 年,芝加哥中等收入地区占主导地位,富裕地区主要分布于环线区域[①]以北的湖边地区和芝加哥北部边界地区附近。贫困地区主要集中于南部和西部。中等收入地区占城市大部分区域。

到 2012 年,情况有所转变。除了芝加哥北部和西南部的一些地区,中等收入地区几乎不存在。北部和西部的经济水

---

① 芝加哥环线区域(Chicago Loop)指芝加哥市的中央商务区,因芝加哥在 19 世纪末在市中心所修建的环线轻轨而得名。——译者注

平显著增长,且带动了附近区域的经济发展,这个势头还在向城市的中心扩散。然而,与贫困地区的蔓延相比,这种增长相形见绌。城市的大部分地区都沦为贫民窟。赫兹在2014年出版地图时,起了一个很恰当的标题:"眼睁睁看着芝加哥的中产阶级在我们眼前消失"。[2]

过去50年中统计数字最明显的变化之一,当数中产阶级的衰落和已婚已育夫妇数量的减少。上述两个现象密切相关。为了理解它们对城市衰退的影响,我们需要追溯历史,了解这些社区是如何诞生的,以及它们实际的样子,也就是第二章中涉及的内容。首先,关于20世纪早期的老工业城市社区多为出租公寓住宅的说法,其实是一种误解。这反映的不是现实,从一定程度上讲,这反映的是纽约的情况。我们对美国城市的看法普遍源自纽约,更确切地说是曼哈顿。

美国东北部以外的典型城市社区大多由独户住宅组成。纽瓦克、纽黑文和波士顿等东北部城市的社区则一度流行双层或三层的住宅,即一栋住宅住有两三户人家。在纽瓦克,人们有时将类似的住宅戏称为"贝约恩盒子"。房主通常只住在其中一套公寓内,并将其他公寓出租给家庭成员或移民同胞。由于种种原因,这种居住模式并未在费城和巴尔的摩等南部城市流行起来,直到19世纪,类似的居住模式才出现在底特律或匹兹堡等中西部城市。这些城市最终都形成了独户住宅的居住模式。

这些城市都有一个或两个城市核心区,位于重点大学或医疗中心附近,比如克利夫兰的大学城地带,或是匹兹堡的奥克兰等。然而,这些核心区的总面积甚至不到城市土地总面积的 5%。其余地区大多由独户住宅和曾经作为城市经济支柱的工厂、铁路厂和煤气厂共同组成。经过几十年的演变,在如今的巴尔的摩和费城,九成的住宅是独户住宅建筑,克利夫兰则达到了八成。

费城和巴尔的摩的首批居民仿照英国城市的房屋样式建造了砖砌的联排房屋。在城市发展的过程中,他们始终遵循这种建设模式。然而,随着 19 世纪西方城市的发展与建立,他们逐渐倾向于建造属于自己的独户住宅。起初,他们仍然使用砖块作为建造材料。随着时间的推移,木质结构住宅变得更受欢迎,这类房屋的施工更加便利,成本也更低。如果维护得当,它们住起来会相当舒适,也很耐用。

无论如何,美国在内战结束后的一个世纪内基本完成了城市社区的建设任务。这些高度同质化的住宅所构成的景象,就像一片种植相同作物的田地。图 6-4 是克利夫兰西区的一张鸟瞰图。这里到处都是独户住宅,其中穿插着便利店、林荫路,以及较宽的道路。较宽的道路旁还有一些大户人家的住宅,但更多的是小商店、小酒馆和商场,为附近的独户住宅居民提供便利服务。

住在这里的都是些什么人呢?社会各阶层的人都有。这里有最富裕的管理者和商人所居住的豪华别墅,也有为工厂工人提供的简陋板房。不管他们社会地位如何,住户们大多是已婚已育夫妇。这个社区经过精心设计,可为这些家庭提供较好的生活环境。每栋住宅都配有单独的住房和小后院,

图 6-4　克利夫兰西区独户住宅的单一景象

图片来源：谷歌地球

私密性很强。住宅之间离得很近，步行满足日常出行需求，且邻里关系和谐发展。在汽车时代到来之前，除了那些顶级的住宅区，商业街和普通住宅区的距离一般仅有几步之遥，人们可以在家附近找到一切售卖生活必需品的场所，包括杂货铺、生肉店、面包房和酒馆等。孩子们经常选择步行去附近的公立学校或教会学校上课。有些住宅区位于工厂附近，大多数男性居民就在附近的工厂工作。对于居住在较远地区的人来说，他们也只需乘坐电车上下班。尽管城市社区不算是田园诗般的地方，但总的来说，它很好地发挥了最初的设计功能。

重大的变革发生于 20 世纪 60 年代。如第二章所述，美国社会的人口和文化变革开始影响传统的家庭模式。与此同时，成千上万的白人家庭选择远离城市，落户郊区。1960 年至 1980 年间,克利夫兰的育儿已婚夫妇数量从 10.2 万减少到 4.5 万,圣路易斯的已婚已育夫妇数量从 7.6 万减少到不足 2.9 万。这些年,城市中首次出现大批房屋逐渐被遗弃的情况,北部城市圣路易斯和底特律东部地区的整片社区逐渐沦为一片杂草地,阻碍着城市的未来发展。

然而,这并不是唯一的诱因。白人向郊区的迁徙、城市更新与高速公路建设都导致部分社区被拆除。与此同时,也有一些社区被保留下来,甚至变得更为繁华。在底特律,中产阶级的非裔美国人家庭搬入原先的白人社区,开始了稳定的生活。在接下来的几十年里,圣路易斯南部城市的大多数白人社区都被保留了下来,社区内也开始了种族融合的进程。如今,尽管大多数种族融合社区不复存在,但也有一些白人选择留了下来。通过政府或非营利组织的倡议,抑或通过购房居民的不懈努力,任何一个社区都有可能复苏。尽管城市的未来发展是未知的,但城市中的大部分地区仍保留了完好无损、充满活力的社区。

然而,影响仍在蔓延。越来越多传统意义上可以支撑居民们养家糊口的工作岗位逐渐消失,而新工作所要求的技能和教育水平远远超出了工人们的能力范围。在 1960—1980 年间,克利夫兰一半以上的已育夫妇搬走了,在 1980—2000 年间又有一半的已育夫妇搬走了。与 2000 年相比,2015 年的同类家庭减少了一半。在连番递减之后,在 1960 年时的 10.2 万对已育夫妇,到今天只剩下了 1.2 万对。其他地区的情况也很类似,比如巴尔的摩的潘露西、圣路易斯的达奇敦

(Dutchtown)以及辛辛那提的普莱斯希尔(Price Hill)等。这些社区虽然在城市发展衰退最严重的几年里看似安然无恙,但现在却非常明显地展现出了衰退的迹象。

这些社区的核心问题是,现有的人口数量达不到规划的人口数量,同时也没有人愿意代替那些离开的人住进这些社区。大多数青年毕业生或富裕的空巢老人都倾向于选择设施便利、人口密集、功能多元的地区居住,比如靠近市中心或是大学的地方,就像巴尔的摩内港沿岸一带。虽然核心区附近有一些高密度人口社区,其中还有历史悠久的老住宅,很可能会吸引这些住户,比如圣路易斯的肖或拉斐特广场,但情况并不都是如此。某些地区可能会因移民的到来而实现复苏,如底特律的孟加拉镇。但美国老工业城市的移民人口流入量,不足以使衰退社区复苏。与此同时,在这些社区落户的工人阶级,几乎不可能得到购房贷款。就算他们拿到了贷款,也会优先选择城市周围房价更划算的地方,比如底特律或克利夫兰的郊区等。

在某种程度上,这些连片的独户住宅是基于家庭的需求而存在的,现在唯一可替代这一需求的就是1960年以来数量不断增长的单亲妈妈,她们成了独户住宅的主要消费者。但是,单亲家庭增长的数量远远不及已婚已育夫妇减少的数量。从全国范围来看,2000年至2015年间,单亲妈妈的数量增加了100万,但已婚已育夫妇的数量减少了300万。

还有一个原因是,单亲妈妈的出现很难推动社区复苏,这与数量无关,而更多与美国不同性别之间的经济地位不平等和漏洞百出的社会安全关系有关。单亲妈妈属于美国最贫穷的群体之一,大多数生活在克利夫兰或布法罗等地区的单亲妈妈们则是社会的底层。在大多数城市,单亲妈妈的收入只是已婚夫妇的四分之一左右。两份最低薪的工作足以保证生活无忧,因此双职工家庭能够基本摆脱贫困,但单亲妈妈则是另一回事。尽管她们大多数人有工作,但通常受到技能不足、教育水平有限和交通不便利等因素困扰,从而导致了低薪、恶劣且并不稳定的就业环境。2015年,布法罗和克利夫兰分别有60%和56%的单亲妈妈家庭的收入在贫困线以下。

在美国,穷人的生活充满了不稳定性和不确定性,他们的工作不稳定,交通设施和儿童保育设施都不可靠,医疗花销也不可预估。就像马修·德斯蒙德在《被驱逐者》中描述的那样,他们甚至承担不了条件最差的住宅的房租。德斯蒙德写道:"美国大多数贫困家庭将一半以上的收入花在了租房上,至少有四分之一的家庭将70%以上的收入用于支付房租和水电费。每年有数百万人因为付不起房租而被驱逐。在密尔沃基这样一个只有10.5万个租房家庭的城市,每年约有1.6万名成人和儿童被驱逐。"[3]这些数据甚至没有列入数以千计的"非正式驱逐"家庭。在止赎和违法的双重压力下,城市内出现了所谓的自愿搬迁,租客们会选择在房东查房前搬离。不出意料的是,在这些城市,租户在一个地方的租房时间平均不到两年。

极度贫困,生活不稳定和缺乏安全保障,大幅削弱了单亲妈妈在社区经济发展与安全稳定维护等方面的贡献。贫困意味着大部分人根本无法实现成为业主的梦想,有些人就算买得起房子,也住不起。购置住宅之后,她们往往缺乏资金和技能来定期维修或重建那些有年头的房屋。虽然她们也很想稳定下来,但短期的租房很大程度上意味着她们无法扎根于某个社区。长时间的经济压力也削弱了她们的精力,使其很少参与社区活动或孩子的校园活动。虽然偶有例外值得研究,但不足以从根本上改变整体情况。

住房自有率是维系独户住宅社区的一种重要黏合剂。近年来,有一种观点认为,我们"摆脱了住房自有率的困扰",我的一位同事也这么说,但这其实是一种错误的认知。有充足的证据表明,住房自有率仍然发挥着重要作用。几十年来,人们一直在研究住房自有率对房价、青少年犯罪等因素的影响。目前还没有针对性研究证明,住房自有率与社区活力之间存在必然联系,但是有大量证据表明住房自有率十分重要。

即使不考虑由家庭类型或收入等因素造成的社会和经济差异的影响,住房自有率仍以多种方式影响着社区的复苏和活力。更高的住房自有率意味着更贵的房价、更高的维护成本和物业费、更稳定的生活、更活跃的儿童成长环境,以及更强大的社会资本。后者意味着人们会更加积极地参与社区活动,更有精力随时解决社区问题,比如犯罪或治安混乱。充满活力的城市社区通常具备极高的住房自有率,也就是说,社区内过半的独户住宅里住着业主。虽然也有例外,但这样的情况并不多见。

然而,在过去的十年中,传统的住房自有模式土崩瓦解，严重破坏了原本完好的邻里关系。摧毁城市住房自有率的最大元凶，就是20世纪末开始的住房抵押贷款狂潮及其余波。

正如我在第四章中所讨论的，从20世纪90年代开始，住房抵押贷款领域发生了巨大的变化。低利率和未来再融资的承诺诱使人们成为购房者。与此同时，老年业主则被鼓动通过对现有抵押贷款进行再融资来套现。这些暗含风险的贷款被积极地推销给天真的低收入群体和少数族裔群体，他们迫不及待地抓住机会购房，抑或将抵押房子的钱用于退休后的生活或梦想的假期。由于人们获取资金的途径过于容易，投机者们乐得钻起了空子。

新泽西州的纽瓦克是次贷泡沫危机的重灾区之一。从2000年到2006年，纽瓦克的抵押贷款数量几乎增加了两倍，当时房价的中位数从2000年的11.8万美元飙升到2006年的30.7万美元。在20世纪七八十年代，这里的房屋被拆除，留下数百英亩的空地。相应地，新住宅的建筑许可证数量也增加了三倍。但这一切都毫无意义。由于社会上没有更多的就业机会，人们的收入没有增加，犯罪仍然猖獗，城市的生活质量也没有得到任何改善。唯一改变的是，放款人按要求发放资金。当然，发放贷款时的低标准意味着大多数借款人这辈子都无法偿还贷款。美梦一醒，泡沫就破裂了。人们停止抵押贷款，房价暴跌，建房项目接连取消。十年后，纽瓦克的房地产市场，除了少数几个小地方，仍然未能复苏。2014年，颁发的建筑许可证数量仅为2000年的一半，住房抵押贷款的总额仅为 2000 年的三分之一,销售价格回落至 2000 年的水平,经通胀调整的价格几乎比 2000 年低 40%(图 6-5)。

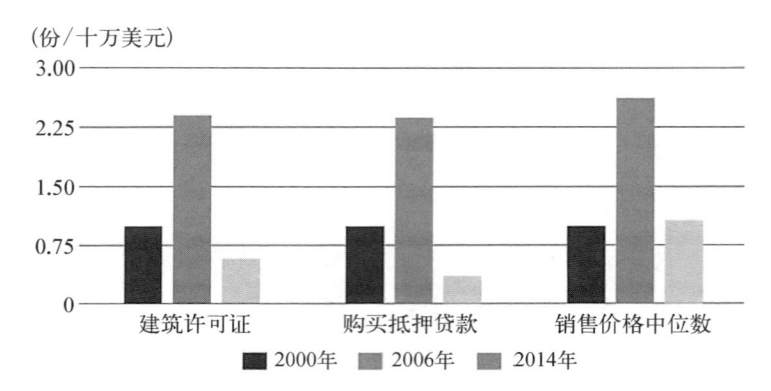

(份/十万美元)

图 6-5　纽瓦克的房地产繁荣与萧条(图中数据为相对于 2000 年的相对值,非绝对值)

资料来源:纽瓦克房价数据来自政策地图、抵押贷款数据来自住房抵押公开法、建筑许可数据来自美国人口普查局

次贷危机的爆发,甚至影响到努力挣扎于水平线之上的社区。在这样的背景下,止赎率迅速增长。纽瓦克有大约 5 万个独立的地产地块。2007 年,止赎的申请数量超过 2 000 户,之后的 4 年都维持在这个水平。[4] 2014 年,该市有三分之一的住房收到了止赎通知。纽瓦克从未有过较高水平的住房自有率,现在的业主甚至比十年前减少了 20%。成功拯救自家房产命运的业主们只是比其他人强上一点。他们的资产在历经风霜后已然沉入水底,也就是说,他们房产的价值远低于所欠的贷款金额。对于那些工人阶级家庭来说,只有房子是值钱的,不幸的是,由于房产不断贬值,他们为数不多的

财富也消失了。纽瓦克和其他地方一样,城市中受冲击最严重的社区并不是最糟糕的,而是工人阶级迁入的地方,是那些艰难求存但仍然保有活力的城市中等社区,以及房价相对合理的郊区。

经济崩溃后,银行收紧了贷款标准,普通工人阶级家庭获得抵押贷款的难度比以往任何时候都高。在这些中等社区尤其如此,其房价不仅远低于正在增长的沿海地区,而且也低于正在复苏的地区。住房金融专家埃伦·塞德曼(Ellen Seidman)说:"总额低于 5 万美元的贷款审批本来就不容易,现在变得难上加难。"[5] 这使得那些地区更难恢复。想在附近买房的年轻家庭最终选择租房或是去其他地方。当房屋上市时,唯一的买家往往是远在天边的投资者,他们把购买的房产作为一项投资,通过对外出租获益。他们或有能力全款买房,或有非正式、非常规的融资来源。少数买家可能的确住在这个社区,但大多数人住在其他地方,往往离他们所买房屋很远。随着纽约和加利福尼亚等地区房价的飙升,投资者开始将老工业城市的房产视为不错的投资产品。2016 年秋天,克利夫兰房地产经纪人安妮·卡拉汉(Anne Callahan)说:"我卖了 25 年的房子了,可在过去的 12 个月里,我遇到了许多来自加利福尼亚的现金购房者,甚至比我整个职业生涯中看到的都多。"[6]

自 2011 年以来,在另一个遭受止赎和房价暴跌重创的城市,即新泽西州特伦顿市,有四分之三的独户住宅购房者都是投资者,其中包括由经纪人和投资顾问组织的小型投资者团体,比如新泽西州的阿维·科恩(Avi Cohen)的公司,他称自己的公司为"域外来客"。在 2015 年的一次广播采访中,当被问及这个名称的由来时,他回答说:"我让那些不是投资者,或者不在特伦顿的人,成为特伦顿的投资者。只要 1.5 万美元,就可以成为特伦顿房地产的投资人。"[7] 他的生意每年能为投资者提供 12%—14% 的回报,有时高达 20%。与此同时,在 2007—2015 年,特伦顿的住房自有率从 48% 降至 38%。特伦顿作为一个人口不到 9 万的城市,在此期间失去了超过 2 200 名业主。

居民们眼睁睁看着一栋又一栋房子在一夕之间被外地人抢走,即使买家是负责任的长期投资者,如此突然的转变也会导致社区不稳定性的增加。况且,大多数投资者没那么负责。在特伦顿的一些城市社区,人们花 2 万美元就可以买下一栋房子,这吸引了不同类型的投资者,更严格地说,是投机者,而我把他们称为"挤奶者"①。其目标是在几年内尽可能多地从房产中套现,他们实际上什么也不投入,完事后转身就离开。"挤奶者"对一个社区来说是一场灾难,在许多情况下,一些随意的或并不存在的法规助长了他们的行为。正如研究生兼投资者达林·麦克莱斯基(Darin McLeskey)所言,底特律是

---

① 挤奶者(Milker)形象地形容了那些投机者,他们以低价购买住房,然后出租住房以获取利润,同时滞纳房产税等持有房产的必要开支,直到他们的房产在三年或更久之后被政府再次止赎,他们在这三年多的时间里,通过出租房屋所得的利润已经远高于购买房屋的成本。而在美国的老工业城市中,许多真正需要住房的人,却又因为缺少足够的资金,或者信用记录不良而被迫一直租房或者颠沛流离。——译者注

投机者的热门目的地:"没有现行法规的约束,它就是现实版的狂野西部。"[8] 底特律现在正试图让法律法规发挥作用,但进展缓慢。居民眼睁睁地看着自己的财产逐渐消失,这个过程造成的损害更甚于被放弃或任人摆布。这种做法往往于事无补。

所有这些只会增加城市社区的潜在弱点;也就是说,对于一个生活在老城中心地区的育儿家庭来说,无论他们的收入和教育水平如何,都需要应对老城带来的多方面不利因素。为了让孩子接受良好的教育,城市里的公立学校是万万不能去的,因为那里通常没有好学校。在某些情况下,家长们可以为孩子寻找一所好的特许学校,密歇根州的家长甚至会把孩子送到附近的郊区学校。但更难解决的是犯罪猖獗问题。一些社区充斥着枪支暴力和帮派活动。另一些社区可能没有发生过谋杀或枪击,但人们忍受着城市生活中不断发生的不文明事件——入室盗窃、汽车盗窃、小规模破坏和墙上的涂鸦。

次贷危机给社区带来的最大困难是,城市似乎无法给人们提供应有的、像样的服务,人们普遍感到被一个冷漠的大城市抛弃了。人们缴纳很高的房产税,但破损的道路和坏掉的路灯常年无人修理,而且在你拨打报警电话后,要过很久才会出警。如果你住在像潘露西这样的社区,远离巴尔的摩市中心或东海港的高新开发区,你会发现自己所处的社区在逐渐没落,并且容易感到没人真正关心你,也没人关心这个社区的命运。

一旦不利因素超过了有利因素,你不再喜欢自己的房子、不再联系邻居，也不觉得可以在这里安居乐业时，你就准备离开了。这与过去五十年来促使人们迁往郊区的原因有什么不同呢？在许多方面，两者所涉及的因素大致相同，但也存在一些重要的差异。一方面，尽管人们不断逃离城市，但现在并不存在大规模的城市衰退和投资减少，甚至出现了城市复兴和再投资的趋势。另一方面，这更像是一种机会均等的移民。

与1960—1970年代的白人出逃形成对比的是，如今的移民更多是黑人。黑人中产阶级正迅速逃离美国的老工业城市。2000年至2015年间，底特律的非裔美国人中，已育夫妇下降了60%，克利夫兰则下降了50%。虽然这与孩子们慢慢成长并脱离家庭有关，也存在离婚和分居的影响，但更多的原因在于大部分黑人夫妇的流失，成千上万的家庭离开城市，他们用行动展示了自己的态度。在2000年以前的艰难日子里，在维持这座城市生存方面，他们的贡献比任何其他族裔都要大。我在第四章中谈到了黑人的出逃现象，在这里我将更深入地探讨它。

离开一座老工业城市前往郊区是很容易的。在西雅图地区，即使在肖兰（Shoreline）这样的近郊地区，一座20世纪50年代的普通农场住宅，也能要价50万美元或更多。而在底特律、圣路易斯或费城，一些漂亮的近郊住宅的价格普遍在10万美元以下。我在Zillow地产网站上看到一栋房子，有四居室，面积近150平方米，小区的绿化也做得不错，位于俄亥俄州代顿市阿苏伯区的特罗特伍德（Trotwood），挂牌价只要70 900美元。一位买家在2016年底以现行利率获得联邦住房管理局的抵押贷款,最低首付3.5%,每月只需550美元用于支付利息和本金、房产税和保险费。特罗特伍德不是一个高档社区,但从声誉和现有数据来看,它比代顿安全得多,公立学校的教学质量稍微好一点。特罗特伍德是过去几十年中,在代顿、克利夫兰或圣路易斯等城市周围出现的数十个主要的非裔美国人郊区之一。这样的区域可能一共不到一百个。

最重要的是,随着人们的离开,无论是去世还是搬到郊区,其房产需要有比他们穷的人入住,尽管房子的所有权通常归外地投资者所有。然而,现实是,他们空出来的房子往往会一直空下去。为了研究这类搬迁的影响,我们可以看看巴尔的摩的另一个社区,即城市西北部加里森大道(Garrison Boulevard)附近的多切斯特(Dorchester)社区。2000年,该地区还很稳定,住户主要是中产阶级的非裔美国人,建有老式框架结构的大型独户住宅和庭院,这里看起来更像是一个典型的中西部城镇,而不是一个充满联排别墅的城市(图6-6)。

好景不长,随着房屋被废弃,或被投资者转手,该地区的业主下降了近400人,但几乎没有新的购房者。到2015年,空置住宅的数量从378套增加到647套,增幅超过70%。到2015年,该地区一半多的业主年龄超过65岁,35岁以下的不到1%。与常见的收入分配方式相比,这个地区诡异地呈现出完全相反的情况。老年居民的收入几乎是新来年轻人的两倍,而这些年轻人大多是住在出租房和公寓里的贫困单亲母亲,公寓通常是房东把旧房子分割改造出来的。这个社区的单亲妈妈的年收入中位数甚至不到15 000美元。[9]

图 6‑6　巴尔的摩加里森大道附近的住宅
资料来源：谷歌地球

这个街区的衰落已经造成了严重的后果。自 2006 年起，由于房价下跌了 30% 以上，大约 350 个老年非裔业主的总资产下降了 1 100 万美元，相当于每人损失了超过 3 万美元。至于那些以低于买入价格出售房屋的前业主，其损失就不得而知。除此之外，数百个其他老工业城市社区也或多或少地损失了财产价值，总计能达到数十亿美元。非裔业主们价值数百万的财富正在消失，社区的衰退并不是唯一原因。它还与次级贷款和止赎不可避免地交织在一起。

财富的大规模流失对非裔业主造成了巨大的影响，而这只是社区陷入螺旋式下降所引发的一连串问题中的一小部分。随着空置房产数量的增加，该地房产价值进一步下降，业主的信心也随之消失。混乱的迹象开始出现，水沟里布满垃垃,空置房屋和店面墙上满是涂鸦。衰退逐渐削弱了一个社区在面临问题时维持稳定的能力。

严格来说,没有所谓的"稳定"社区。没有一个社区能永远保持不变:人们来了又走,商店和餐馆开张又歇业;旧房屋倒塌,新住宅建成;问题出现时,有些被解决了,有些没有。当人们提到一个稳定的社区时,他们描述的是一种动态平衡的效果,社区就像人体一样,稳定意味着在变化中有一定程度的保持社会稳定的能力。正如简·雅各布斯在其开创性著作《美国大城市的死与生》中所说:"一个成功的城市社区如果可以充分了解自身问题,就不会被这些问题摧毁。"[10]

当人们对他们的社区失去信心时,内部的动态平衡就会崩溃。雅各布斯还说:"一个失败的社区往往会被其缺陷和问题淹没。在成堆的问题面前,人会变得越来越无助。"犯罪学家韦斯利·斯科甘(Wesley Skogan)描述了社区的衰落和混乱是如何形成反馈系统的:

"对居民来说,失序和犯罪是导致他们离开社区的首要原因。日常生活中的无序状态会让人产生焦虑,毫无希望的前景加剧了恐惧。当社区最终变得不适宜居住,人们感到焦虑和不安时,许多居民会试图离开。那些身不由己无法离开的人,心理上也会退缩……这种退缩会导致人们对年轻人监督的弱化,破坏该地区居民之间普遍的责任感,削弱非正式的社会控制。(它)破坏了居民对社区事务的参与……另外,它还导致了当地住房和商业环境的下降……渐渐地,很少有人愿意在明显混乱的地区购物或生活。"[11]

对于居住在类似社区的许多家庭来说,社区整体衰退的影响远远超出了房屋价值的损失和财富的消失。这关系到他们的生活质量,也关系到他们能否安全地生活并抚养孩子——这些都是富裕的郊区居民认为理所当然的事情。

社区衰退并非不可逆转。本章开头出现在地图上的印第安纳波利斯的一些地区可能正在走向稳定并恢复活力。一些地区可能通过热心居民和公民组织的不懈努力而稳定下来,另一些地区可能通过吸引精力充沛、尽心尽力的年轻人而复兴,或通过成为底特律孟加拉城之类的移民目的地而复兴。如果可以拥有精心设计且良好执行的公共投资,可能有更多的地区出现好转,就像印第安纳波利斯瀑布溪广场(Fall Creek Place)那样。诸多不利于老工业城市社区稳定的影响因素意味着,除非出现一些新的、不可预见的发展,否则许多社区在未来几十年将继续衰落。这不仅意味着数千个苦苦挣扎的工人和中产阶级家庭的财富减少、生活质量下降,还意味着数千套住房、公寓和商业建筑变得不可挽救,接着是城市本就不足的税收基础的进一步下降。那么,这就引出了另一个问题:如果中产阶级消失了,一个只有穷人、富人的城市还能继续生存下去吗?这不是一个简单的问题,但我认为答案是否定的。

尽管一些学者、规划师及其他专业人士在2016年发行的一期《城市地理》期刊中专门研究了社区衰退的问题,这个问题也与成千上万的工薪家庭和老年家庭息息相关,但在出现了相关问题的城市中,尤其与大量真假参半的绅士化问题相比,它似乎并没有激起大多数人的愤怒或紧迫感。

我不知道为什么会这样,但这反映出,在城市中,现实情况和相关言论之间存在令人担忧的脱节。这种脱节可能来自这样一个事实,即绅士化背后的力量和推动社区衰退的力量之间存在根本性的差异。绅士化被普遍认为是某个群体对另一个群体或者地方所做的事情。在集团意识日益强化的世界里,有钱的年轻白人和绅士化产业的从业者都属于"某个群体",是一个显眼的敌人,可以对之发泄沮丧和愤怒情绪。此外,如果一个人发现了绅士化群体,那么他就有可能找到一个着力点进行攻击,从而以某种方式处理这个问题。

相比之下,社区衰退是一个悲哀的且与个体关系不大的客观事实。它是各种要素经过复杂的相互作用后的产物,其中许多要素所带来的问题都难以解决,甚至在某些情况下难以准确界定究竟是哪些要素在起作用。这些因素包括全球和全美经济不平等的加剧、人口结构的变化、就业的变化、城市存量住房的老化、中产阶级黑人家庭向郊区迁居,以及 21 世纪初期止赎危机和住房市场崩溃的持续影响。有些人看清了问题,比如底特律活动家劳伦·胡德。她写道:"我开始相信绅士化不是重点。"她补充道:"我们拥有最优秀的头脑,能够思考、写作、研究、剖析、探索和反对绅士化。这些思想领袖可以将他们的智慧运用到一些不那么吸引人但更复杂、更广泛的问题上,那些会对我们自身或邻居产生负面影响的问题。"[12]

与此同时,如果没有认识到绅士化和社区衰退之间的复杂关系,以及权力对这些问题的影响,那就只是在纸上谈兵。这不仅是建筑物和社区的问题,就像底特律市民杰里·曼戈纳(Jerry Mangona)所说:"底特律有360多平方千米。即使是乐观估计,也有90%的人口在十到二十年内不会受到绅士化的影响。但重要的不是对绅士化进行'口头'上的关注,而是一个社区将如何解决、应对并适应权力流失这样的'还未被言说的'问题。"[13]在这种情况下,如此多社区的持续衰退就像是绅士化这枚硬币的反面。社区衰退背后的力量与个体无关,但是由于缺乏权力控制衰落背后的影响因素,受到影响的人感到失望而又无助。

第七章
后工业时代美国的另一面：小城市、工业城镇和处境艰难的郊区

莫农加希拉河发源于弗吉尼亚州西部的丘陵地带，而后向北流入宾夕法尼亚州，在马里恩角以南与切特河汇合后，继续向北流入匹兹堡，在陡峭的崖壁与青翠的山岭中蜿蜒而行。在匹兹堡，它与阿勒格尼河汇合成为俄亥俄河，继续向北延伸一段，然后向左急转朝西进入俄亥俄州，向西延绵数百英里，在伊利诺伊州的开罗（Cairo）与密西西比河汇合。对不熟悉该地区的人来说，很少有人知道在莫农加希拉河沿岸或者说俄亥俄河上游的几个城镇，比如多诺拉（Donora）、克莱尔顿（Clairton）、麦基斯波特（McKeesport）、霍姆斯特德（Homestead）、布拉多克（Braddock）、安布里奇（Ambridge）、阿利基帕和米德兰（Midland）。

莫农加希拉河和俄亥俄河在宾夕法尼亚州西南部穿过的峡谷被称为"钢铁谷"，和德国的鲁尔河谷齐名。前面提到的所有城镇都坐落在山丘和河流之间的狭长平坦地带，它们都

是工业城镇，其建设都围绕本地的工厂开展。在这些城镇中，布拉多克近年受到的关注最多。这要归功于该市身高2米多的市长约翰·富特曼（John Futterman）的高调性格。自2008年上任以来，他先后出现在美国有线电视新闻网（Cable News Network, CNN）、福克斯新闻、美国消费者新闻与商业频道和"科尔伯特报告"（Colbert Report）①上，还在《纽约时报》上发表过文章。尽管美国钢铁公司那座位于小镇边缘的埃德加·汤普森工厂的高炉仍在燃烧，但小镇本身不复存在。布拉多克现在仅有居民2 000人，为1920年高峰期2.1万人的10%。现在，小镇里荒凉得只剩空置建筑和空地。2015年全年，布拉多克仅售出14套房屋，平均价格约为1.7万美元。

钢铁谷的每个城镇都有一段关于煤炭、钢铁与河流的历史。阿利基帕实际上就是一个公司小镇，它创建于1909年，当时琼斯-劳克林公司建造了世界上最大的综合钢铁厂，沿河延伸了超过11千米。为了安置来工厂工作的移民，该公司在工厂旁边的山上规划了一个示范社区，并把各个社区命名为第一规划区、第二规划区，依此类推，直到第十二规划区。琼斯-劳克林公司是否有意引导不同种族的人入住不同的"规划区"尚不清楚，但结果是这样的。塞尔维亚人和克罗地亚人生活在一区、四区和九区中，德国人和爱尔兰人生活在三区和十二区，意大利人、波兰人和非裔美国人生活在十一区中。即使

---

① 科尔伯特报告，又名"扣扣熊报告"，是美国深夜档脱口秀节目，于2005年首播，2014年停播，节目以幽默讽刺政治时事为特色。——译者注

在今天,当你问阿利基帕人住在哪里时,他们会告诉你,"四区"或"十二区"。[1]

这家工厂于 1984 年关闭,导致 8 000 人失业。1930 年的阿利基帕有 2.7 万人口,现在只有那时的三分之一。曾经熙熙攘攘的富兰克林大道(Franklin Avenue)是从住宅区通往工厂区的重要街道,如今已不见昔日的繁华,空置的地块、商店、日托中心和服务机构的数量远超正常运作的商店和企业。尽管如此,阿利基帕仍以某种方式幸存,因为从匹兹堡国际机场往南到这里只需 20 分钟车程,从繁华的蔓越莓镇(Cranberry Township)的购物中心和商业园区向东到这里只需半小时车程,阿利基帕的大部分居民都在购物中心或商业园区工作。阿利基帕仍在喘息,正如匹兹堡大学经济学家克里斯·布里姆(Chris Briem)所说:"阿利基帕位置特殊,它不是地区的中心,不是城市,也不是乡村。过去有理由存在,但现在,它的竞争力是什么?还是说压根就没有竞争力?"[2] 在过去的 40 年里,阿利基帕饱受犯罪、种族冲突、失业和毒品泛滥的折磨。如果不是因为人们还对他们散漫的高中橄榄球队抱有希望,如果不是因为这支球队不断地超常发挥,并从中诞生了迈克·迪特卡(Mike Ditka)和托尼·多塞特(Tony Dorsett)等美国职业橄榄球大联盟超级明星,这个城市可能只不过是给周围城镇的低工资工人提供廉价宿舍的地方。

虽然布拉多克和阿利基帕发生的事情可能比较极端,但是在后工业时代的美国,它们展示出与匹兹堡、巴尔的摩或底特律等大城市不同的一面。19 世纪下半叶开始的工业繁荣导致了一些大工业城市的崛起，同时催生了更多的小城市，如新泽西州的特伦顿、俄亥俄州的坎顿、印第安纳州的加里、密歇根州的巴特克里克（Battle Creek），还有更多更小的工业区，不仅分布在莫农加希拉河谷地区，还分布在纽约州北部、俄亥俄州以及美国其他的工业中心地带。这些小城市、小城镇和在大城市周边艰难求存的郊区，往往得不到中心城市的辐射。与来自匹兹堡、巴尔的摩或底特律等城市的激动人心、前景乐观的故事相比，它们受到的关注要少得多。

大城市和小城市之间的界限在哪里很难确定，但过去几十年的经验表明，这个界限可能在 10 万到 20 万人之间。人口本身很重要，但由人口影响的其他因素，往往更加重要。像宾夕法尼亚州的伊利（Erie）或俄亥俄州的坎顿这样的小城市，看起来与同一时代的大城市没什么不同。二十世纪五六十年代的城市更新为中心，城区带来了高楼大厦和停车场，城里有迷人的维多利亚式社区，也有处境艰难的萧条社区，空置的废弃房屋随处可见。坎顿是一个历史悠久的小城市，在其巅峰时期人口不到 12 万人，如今也只有 7 万人，但它看起来与大城市中心没有什么不同。

事实上，与匹兹堡或巴尔的摩等大城市相比，坎顿在保护制造业岗位方面做得更好。该市仍然有 9 000 个制造业岗位，比匹兹堡还多，然而这个数字还不到 20 世纪 60 年代的一半。坎顿近年来遭受了一些打击，但该市最大的公司蒂姆肯钢铁（Timken Steel）仍然是该市经济的重要组成部分。不过，像匹兹堡和巴尔的摩一样，如今坎顿的大部分经济都依赖于教育和医疗保健。虽然这种对比的结果有事实数据的支撑，但也具有误导性。

在匹兹堡这样的城市，教育和医疗保健行业的影响力是世界级的，对于城市而言，它们是强大的经济引擎。世界各地的数万名学生来到大学学习，匹兹堡大学医学中心则通过医疗和科研创造了数十亿美元的收入。说白了，教育和医疗都是依赖出口的产业，它们从外部带来数十亿美元来推动当地的经济发展，尖端生物技术和IT业务被衍生出来，用于吸引其他外部企业，高校学生和高薪员工为商业、娱乐业和房地产业的振兴注入了全新的活力。

相比之下，坎顿的教育和医疗业只服务于本地。该市有两所社区医院和马龙大学（Malone University）。马龙大学是一所口碑很好的贵格会学校①，规模不大，学生不到2000人。坎顿的社区医院仅满足该市和附近地区的医疗需求，马龙大学的大部分学生也来自周边地区，只有一半住在校园里。和其他相似的小城市一样，这些机构为社会创造了价值，提供了少量的就业机会，但对城市经济的贡献微乎其微。从经济角度来看，如果匹兹堡大学相当于纽约的中央公园，马龙大学就相当于一个社区游乐场。

这一点值得详细阐述。是什么让一所大学成为主要的经济引擎？学生人数固然重要，但许多其他因素也起着重要作

---

① 贵格会（Quaker），或称公谊会，属于基督教派，以废除礼仪、反对暴力和战争为特征。——译者注

用。其中最重要的是,学生们来自多远的地方,以及学生们在多大程度上独立生活在校园或社区中,这影响到他们能将多少外部资金投入当地经济。如果一所学校的全部或大部分学生来自附近地区,那么其中大多数学生在学习期间住在家里,除了消费比萨和啤酒外,这些学生可支配收入较少,几乎没有溢出效应。虽然社区学校提供了宝贵的教育机会,但由于上述原因,他们对社区的直接经济影响却很小。[3]

此外,那些研究型重点大学是财政和经济的动力源泉。马龙大学拥有 250 名全职教工,而匹兹堡大学有超过 1.1 万名全职教工,每年的运营预算为 21 亿美元。研究型大学不仅拥有数量庞大的学生、教员和管理人员,教职工的收入要高得多,其花销也更可能高些。在每年九个月的工作时间内,耶鲁大学全职教授平均收入接近 20 万美元,而马龙大学全职教授的平均收入仅有 6.5 万美元,这意味着即使去掉度假和网购的花销,耶鲁大学的教职员工仍可能在自己居住的社区花费更多。

重点大学在研究和开发上的花费远超本地大学。2015 年,约翰斯·霍普金斯大学在研发上花费了 23 亿美元,而匹兹堡大学和卡内基梅隆大学共计花费了 11 亿美元。[4] 这笔资金除了用于更多的招聘和采购,还以初创企业的形式带来了有价值的衍生产品,比如匹兹堡的奥托马提卡公司等。较低层次的大学即使规模很大,也很少产生研究活动。扬斯敦州立大学的学生人数约为约翰斯·霍普金斯大学的一半,但在 2015 年,前者在研发上的花费为 330 万美元,仅比约翰斯·

霍普金斯大学的千分之一多一点。把所有这些因素加起来，我们就可以清楚地看到，不同机构对其所在社区的经济影响的差异有多大。

大城市和小城市之间还有另一项重要区别，大城市的区域级经济体首先会成为国家级的经济体，然后成为世界级的经济体，在这个过程中，大城市商业机构会发生不同于小城市商业机构的一些变化。20世纪初的市民资本主义，是建立在地方所有工厂、银行和其他机构的互锁体系基础上的，这些基础早就不复存在。当某一公司的业务逐渐扩展到全国，或是全球，城市规模这个要素变得至关重要。城市越大，企业越有可能留在国内，市内银行吞并其他银行，而不是被其他银行吞并。辛辛那提和圣路易斯各拥有7家《财富》500强企业，匹兹堡则有6家。

相比之下，市民资本主义的终结剥夺了大多数小城市曾经拥有的地方经济机构。尽管很多城市都有一些幸存者，如坎顿的蒂姆肯钢铁或仍位于宾夕法尼亚州雷丁市的鲍斯科夫百货连锁店（Boscov's），但大多数银行、百货公司和制造工厂都被国内或国际公司吞并。如图7-1所示，它展示出特伦顿的三家大型本地银行是如何被收购并被合并为地区性银行，而后被并入全球机构。类似的故事可以在几十个城市找到。

最后也是最重要的一点是，其中存在一个难以确定但不可避免的问题，即经济学家所谓的集聚效应。正如哈佛大学经济学家爱德华·格莱泽所定义的那样："集聚经济是指，当企业和人口在城市和产业集群中集中时所带来的好处。"[5]当

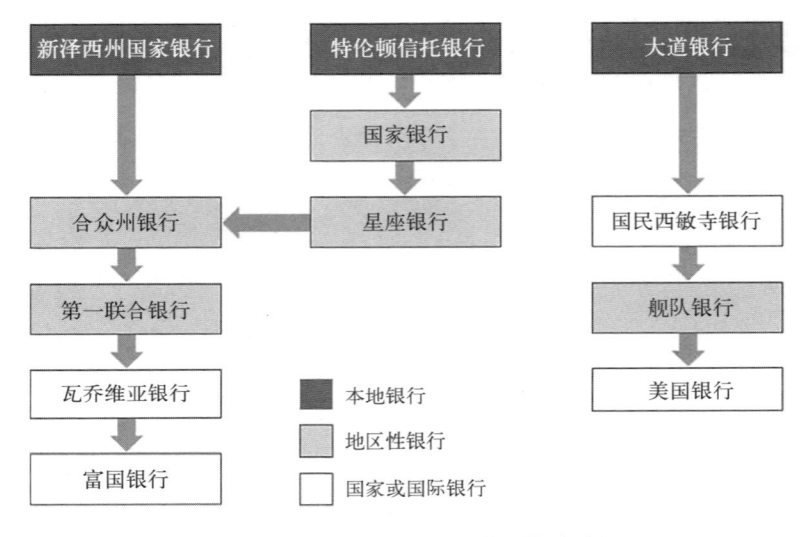

```
新泽西州国家银行 → 合众州银行 → 第一联合银行 → 瓦乔维亚银行 → 富国银行
特伦顿信托银行 → 国家银行 → 星座银行 → 合众州银行
大道银行 → 国民西敏寺银行 → 舰队银行 → 美国银行
```

图例：■ 本地银行　▨ 地区性银行　□ 国家或国际银行

图 7-1　特伦顿本地银行被兼并的过程

然，规模也很重要。从历史上看，经济学家一开始讨论集聚经济是由于发现了降低货物运输成本的优势，但如今这些成本无关紧要。由于集装箱运输和其他技术革新，从中国向美国运输制成品的成本在企业资产负债表中不过是一个可以忽略不计的数字。在现代知识经济时代，集聚带来的价值远比降低运输成本更多。

企业从集群中获益。一方面，更多同类企业在同一地点集聚，会使彼此的业务活动倍增，就像曼哈顿的钻石区或费城的珠宝大道中的情况那样。另一方面，在同一地区相似的企业越多，周围发展起来的基础设施越强大，生产效率就越高。某地的小企业越多，越能促进当地的经济增长。斯图尔特·罗森塔尔（Stuart Rosenthal）和威廉·斯特兰奇（William

Strange)写道:"拥有活跃的小微企业的城市往往会保持这个优势。那些没有太多小企业的城市将难以实现快速发展。"[6]

集群促进知识的溢出效应,也促进了相关领域人员之间的思想交流,从而提高人的生产力和活跃度。[7]那些期望互联网及其衍生工具的好处以减少面对面接触机会的人,发现事实并不是像他们想象的那样。事实证明,在创新经济的增长中,邻近性比以往任何时候都更加重要。虽然信息很容易长距离传播,但知识只有在近距离的碰撞中才能绽放出更绚丽的光彩。

伯克利大学经济学家恩里科·莫雷蒂讲述了丹麦企业家米克尔·斯瓦内(Mikkel Svane)的故事。他在哥本哈根创立了高科技公司 Zendesk①,"但很快就意识到哥本哈根过于偏远。两年后,他将公司迁往美国"。米克尔·斯瓦内曾尝试过将公司迁往波士顿,但最终选址在旧金山。莫雷蒂引用斯瓦内的话说:"这非常令人兴奋。来到旧金山,与当地人和我们的顾问一起工作,这使我们的思想更加强大也更加活跃,这真正推进了我们的工作。"[8]研究型大学和新兴技术之间的关联远不止大学衍生企业那么简单。公司受益于大学培养的人才,雇佣学校毕业生,并在激发其创造力的创新环境中茁壮成长。

集群对工人也是有益无害,他们受益于劳动力市场共享(labor-market pooling),或者说"稠密的"劳动力市场。正如

---

① Zendesk 公司,美国上市公司。该公司为客户提供基于互联网的 SaaS 客户服务/支持管理软件,使企业可以更加轻松地管理终端客户的服务和支持需求,主要客户包括 Groupon、Twitter、Yammer、索尼音乐等。——译者注

莫雷蒂所说:"拥有大量卖家和买家的稠密市场特别有吸引力,因为它们使供需更容易得到匹配。"[9]打比方说,莎拉是一名生物信息学专业的应届毕业生,她搬到了弗吉尼亚州的坎顿或丹维尔(Danville)这样的小城市。她在该市一家与她专业相关的公司工作,但不幸地发现公司文化具有性别歧视和压迫性。她别无选择,只能在别处扎根,重新开始。如果莎拉去了圣迭戈、奥斯汀或巴尔的摩,她会发现很多公司需要她的专业技能。在圣迭戈,她将面临更多的竞争,但如果她比其他人有更多优势,她就会拥有更多的选择。圣迭戈和巴尔的摩的生物技术公司比坎顿和丹维尔的生物技术公司更有竞争力,是因为他们可以选择最好的员工,而不必从那些愿意搬到小城市的少数人中挑选。莫雷蒂总结道:"稠密市场对工人和企业来说,是一个双赢的选择。"[10]丹维尔的公司如果真的想参于竞争,迟早也会搬家。

不过,莎拉很可能永远不会真的考虑搬到坎顿或丹维尔。作为理查德·弗罗里达所说的创意阶层中的一员,与其说就业形势决定了她的选择,不如说生活方式对她的影响更大。正如弗罗里达在谈到创意阶层时所说:"许多人说,他们拒绝了那些工作,或者决定不在那些无法提供他们所希望的各种'场景'的地区寻找工作。"[11]在这一点上,规模也很重要。一个场景需要一定数量的支持者和参与者来维持运作,可以是大联盟曲棍球队、交响乐团,也可以是成群的青年毕业生。如果没有足量的人口规模,构建场景的努力就会前功尽弃。

这并不意味着人们不在小城市定居了。小城市,特别是那些拥有普通大学的城市,也有一大批人期望拥有像芝加哥或费城那样的生活福利设施。几年前,我在俄亥俄州的扬斯敦——一座灰扑扑的小城,与扬斯敦社区发展公司(Youngstown Neighborhood Development Corporation,YNDC)的员工共度了几天。这是一个很优秀的组织,我稍后将谈到它。在市政厅的一次晨会后,我向活动主办方建议,回办公室之前喝杯咖啡会是不错的消遣。我非常期待能在咖啡店或小餐馆里结束活动,在那里我会用经典蓝色外卖咖啡杯喝咖啡,这种咖啡杯边缘带有希腊风格的装饰。然而,我们走进了一个看起来会在公园坡①或西雅图出现的店铺,那里有着新工业风的装修,扬声器里播放着爵士乐,文身的咖啡师正制作咖啡,还有一块黑板,上面写着他们在那周早些时候对烤咖啡的品尝笔记。我们拿了(非常好的)拿铁就离开了。几年后,当我再次寻找这家店时,它已经消失不见。

这个看似微不足道的故事有两个要点。首先,即使在像扬斯敦这样处境艰难的小城市,也有人会试图创造一个与大城市相似的时尚都市场景;其次,他们的努力很少能成功塑造出这种场景,这往往不是因为意愿或能力不足,而是因为缺乏维持生意所需的足量人口。

这并不意味着在这些小城市里什么都没有发生。一家咖啡店倒闭了,另一家咖啡店取而代之。扬斯敦市中心有一家新的咖啡店。这是一家有追求的连锁店的总部,已在佛罗里

---

① 公园坡(Park Slope),布鲁克林的高档住宅区。——译者注

达和拉斯维加斯开设了新店。此外还有一家咖啡馆,就在扬斯敦州立大学向北几个街区的地方。扬斯敦州立大学、少量的高等人才和年轻创业者,足以让两家咖啡馆和一两家融合菜餐厅在扬斯敦存活。然而,这还不足以形成像巴尔的摩或匹兹堡那样吸引数千名青年毕业生的吸引力,那种吸引力通常是由生活方式或经济活动产生的。对于那些制造业工人和他们的孩子来说,这种吸引力是毫无意义的。他们对未来几乎看不到希望,他们的生活在继续瓦解。

其他的小城市,比如宾夕法尼亚州约翰斯敦市(Johnstown),人们对它们的关注甚至更少。约翰斯敦坐落在匹兹堡以东约 96 千米的山中,它旁边的阿勒格尼河支流使其成为著名的约翰斯敦洪水的发生地。一个多世纪以来,它一直是一座繁荣的炼钢城市,庞大的坎布里亚钢铁厂(Cambria Mill)作为其核心企业。在 20 世纪 20 年代,这里的人口达到接近 7 万的高峰。和其他地方一样,这家工厂在 1970—1980 年代逐渐缩减规模,并于 1992 年永久关闭。但衰败仍在继续。2002 年至 2012 年间,约翰斯敦失去了超过三分之一的工作岗位,到 2014 年,剩下的工作岗位中有五分之二在医疗或教育领域。2015 年,该市人口降至 2 万以下,自 19 世纪 80 年代以来,这还是第一次。

约翰斯敦超过三分之一的居民生活在贫困中,令人惊讶的是,该市的婴儿和 5 岁以下的幼儿中有 70% 是如此。该市 16 岁及以上的居民中有一半以上根本没有工作,约翰斯敦居民收入的三分之一来自社会保障、社会保险、福利或养老金。事实上,我会将约翰斯敦称为城市转移支付经济的典型代表,我将在本章后半部分介绍。总之,约翰斯敦很难找到一条通往繁荣的道路。

并非所有的传统小城市都遵循同样的轨迹。我在前文描述过纽黑文近年来的变化,这主要归功于耶鲁大学的巨大影响力。其他一些小城市也是如此,尽管它们可能没有一所全球知名的大学,但它们能够利用其他资产重建经济。如果我们只看一个指标,即从2000年到2015年贫困率的变化,我们可以发现一些城市,尤其是宾夕法尼亚州的伯利恒和马萨诸塞州的洛厄尔,表现远远好于其他城市(图7-2)。

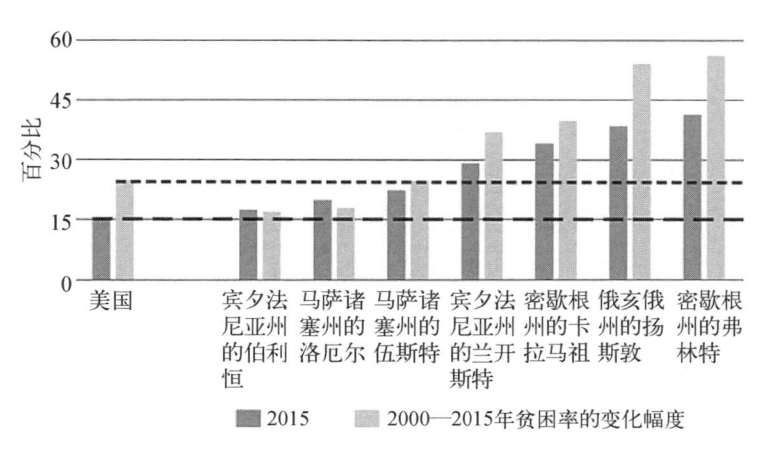

图 7-2 美国和部分的小城市 2015 年的贫困率和 2000—2015 年贫困率的变化

资料来源:美国人口普查局

这些城市大部分可能是密歇根州立大学研究人员劳拉·里斯(Laura Reese)和叶敏婷(Minting Ye)所说的"幸运之地"。[12]洛厄尔和伍斯特离波士顿很近,有良好服务的通勤铁路通往这座欣欣向荣的大都市。这两个城市都拥有不算全球知名但实力雄厚的大学。伯利恒也是如此,它离纽约市较远,但没有远到无法让纽约市这个强大的经济中心给它带来收益。

弗林特(Flint)离底特律比伯利恒离纽约更近,但底特律并不是一个经济发达的城市,它对弗林特的经济带动作用很小,甚至是没有。即使是地方经济远强于底特律的费城,也没有向卡姆登(Camden)、切斯特(Chester)或雷丁等周边城市释放出多少能量,这些城市都陷入了严重的困境。布拉多克离匹兹堡只有20分钟车程,但这两个地方完全是不同的世界。总的来说,东北部小城市的表现远远好于中西部,这主要是因为东北部整体更加繁荣,它们更接近像纽约或波士顿这样强大的、不断增长的经济中心。

其他的小城市则紧紧依附于主要的制造业雇主,比如印第安纳州哥伦布的康明斯机器公司,或者俄亥俄州坎顿的铁姆肯钢铁公司。当有些制造厂商苦苦挣扎时,另一些却在蓬勃发展。北卡罗来纳州的希科里(Hickory)位于夏洛特(Charlotte)北部阿巴拉契亚山麓间,这座拥有4万人口的小城拥有蓬勃发展的家具业。当地经济发展局局长斯科特·米勒(Scott Millar)告诉我,如果他们能找到4 000人,工厂明天就可以雇佣4 000人。

制造业、教育业和艺术产业的强大组合,加以安利公司(Amway)的健康投资,推动了密歇根州大急流城(Grand Rapids)的经济增长。宾夕法尼亚州兰开斯特市以历史、艺术为发展脉络,依靠附近的重要旅游目的地阿米什村①重建了经济。然而,更多的城市,如约翰斯敦和弗林特,似乎已经跟不上时代的脚步,它们越来越依赖城市转移支付经济。这些城市不会消失,但匹兹堡、巴尔的摩、底特律的复兴之路对大多数小城市来说似乎还很遥远。

洛厄尔和伯利恒都利用了他们可以支配的其他资产。伯利恒钢铁厂(Bethlehem Steel Works)对经济和城市景观的影响已有一百多年之久,该厂沿着城市中心的利哈伊河(Lehigh River)延伸。令人印象深刻的是,自从工厂关闭以来,伯利恒的经济和城市景观得到了相当的恢复。在强劲的区域经济、遗产旅游业以及位于前钢铁厂中心的金沙赌场(Sands Casino)的推动下,繁荣的景象再度出现,街道上有很多人,商店和餐馆里也很热闹。具体来说,该市的就业增长更稳定,贫困率仅仅略高于全国平均水平。金沙赌场是为数不多几家似乎真正能促进当地经济,而不是从中吸取活力的赌场之一。

伯利恒的经济还受益于利海大学(Lehigh University)。利海大学虽然比匹兹堡大学或约翰斯·霍普金斯大学小得多,但却是一所拥有一流工程课程的重要教育机构。利海大学正帮助运营一个由国家支持的技术孵化器,名为本杰明-富兰克林科技风险投资(Benjamin Franklin TechVentures)。它借由前伯利恒钢铁实验室的设施建立起来。自 1983 年成立

---

① 阿米什村(Amish country),阿米什人抵制现代文明,保持了 18 世纪的传统生活方式,生活体验和自然风光是其主要旅游卖点。——译者注

以来，该孵化器已经成功孵化了64家成功的公司，创造了6 400多个就业机会。

对于像弗林特、扬斯敦这样的中西部城市，或是遭受了更严重破坏的印第安纳州加里市来说，前景不那么乐观。这些城市失去了比大多数东部城市更多的人口，尤其是最近几年，西部城市的移民增量比东部城市的更少。尽管密歇根州的卡拉马祖（Kalamazoo）拥有多样化的经济，以及两所高等教育机构——卡拉马祖学院（Kalamazoo College）和西密歇根大学（Western Michigan University），但卡拉马祖仍是一个高度贫困的城市，这里的贫困率是全国平均水平的两倍多。

尽管如此，许多面临困境的城市都在努力解决问题，试图重建经济和城市肌理，而且有一些很厉害的人和组织在尽职工作。扬斯敦社区发展公司就是其中之一。它的目标是"将社区转变为人们投入时间、金钱和精力的地方，让社区变得更有意义；让居民有能力处理日常事务；让居民对社区的未来充满信心。"[13] 自2009年成立以来，扬斯敦社区发展公司非常幸运地遇到了两任富有远见的领袖，之前是普雷斯利·吉莱斯皮，现在是伊恩·贝尼斯顿，后者是扬斯敦钢铁公司工人的儿子。正如贝尼斯顿所说的那样，扬斯敦社区发展公司把大部分的努力放在"那些中等水平的社区，这些社区正面临许多困难，但它们还不至于成为空置率高达70%或80%的地方"。[14] 同时，在城市的其他地区，该公司通过修剪草坪、清理杂草、用木板封住空置房屋或拆除空房，以集中精力消除衰退现象。

通过坚持不懈的努力，扬斯敦社区发展公司每年可以筹

第七章　后工业时代美国的另一面：小城市、工业城镇和处境艰难的郊区

集约250万美元的资金，用以开展种类繁多的活动，使扬斯敦成为一个更好的地方，这些活动包括但不限于：动员数百名居民和志愿者清理和绿化空地；维护数百所空置房屋并为其封窗；修复其他空置房屋并将其出售给购房者；发放微型企业贷款；为低收入业主修缮房屋；修复破损的人行道；经营一个6 800多平方米的城市农场。扬斯敦社区发展公司具有坚定的创业精神。几年前，他们意识到，太多的潜在购房者无法获得抵押贷款，便筹集了资金，自己进行抵押贷款，并说服当地一家银行以较低的价格为他们提供服务。最重要的是，他们吸引居住在扬斯敦社区发展公司所在社区中的人，让他们参与自己的社区，思考自己社区的未来。

弗吉尼亚州的丹维尔曾是一座处境艰难的工业城镇，它远离华盛顿特区和繁华的弗吉尼亚郊区，是另一个显示出微弱的复苏迹象的地方。这在很大程度上要归功于已故的乔·金——一位富有远见且务实的城市管理者。丹维尔的市中心正显示出复苏的迹象，丹河（Dan River）沿岸的许多旧烟草仓库已被整修为公寓和初创公司的办公场所。

贝洛伊特（Beloit）是威斯康星州一个苦苦挣扎的小城市，总部位于贝洛伊特的ABC供应公司（ABC Supply）的联合创始人和所有者黛安娜·亨德里克斯（Diane Hendricks）投资了数百万美元推动城市的发展。据《福布斯》杂志报道，她是美国第二富有的白手起家女性，拥有近50亿美元的财富。亨德里克斯投资了5 000多万美元，建造了一座宏伟的市中心多用途综合体建筑——凤凰城，并将贝洛伊特公司（Beloit

Corporation)的老机械厂改造成综合钢铁厂。

尽管她做出了努力,但正如亚历山德拉·斯蒂芬森(Alexandra Stephenson)最近在《纽约时报》报道的那样:"失业率仍然居高不下,(而且)从凤凰城往南一小段车程,新建筑内的商店已经歇业。贝洛伊特仍然未能脱离危险。"[15]我们的重点不是说黛安娜·亨德里克斯的投资没有解决,甚至没有认真对待贝洛伊特的城市发展问题和居民问题,而是投资可能只是有助于创造一个环境,使解决这些问题的战略拥有稳定的根基。在适当的激励下,亨德里克斯也有可能将数百万美元中的一部分拿出来,为不那么富裕的当地居民解决一些长期性的根本问题。

并非每一个挣扎中的小城市都有一个亿万富翁愿意为它的复兴投入那么多钱,不过大多数城市都有一些能力来促进变革。有些地方除了继续依靠转移支付经济生存,几乎没有其他选择,但是像伊恩·贝尼斯顿、乔·金、黛安娜·亨德里克斯等人为扬斯敦、丹维尔和贝洛伊特努力的故事都表明,即使经济发展有局限,城市也还有改变的空间。同时,当地经济提供的有限支持,限制了这些变化的长远发展。对于这一矛盾,贝尼斯顿的想法很现实,他说:"这是资源缺乏导致的,毫无疑问,我们在这里需要更多的东西,其中一项就是就业。这是人们离开的现实原因。因此,除非我们能够吸引、开发、创造更多的当地就业机会,否则将很难达成我们的目标。"

如果说小型工业城市正面临着严峻的挑战,那么散布在莫农加希拉河两岸的美国中心地带的工业城镇更是如此。如

第七章 后工业时代美国的另一面：小城市、工业城镇和处境艰难的郊区

果我们把大城市和小城市的界限划在 10 万—20 万人口之间，那么小城市和工业城镇的界限可能就在 2 万—4 万人之间。不过，界限的划定不仅与人口有关，还与其他特征有关。城市，即使是小城市，通常也有社区大学和社区医院，人们可以围绕艺术中心、博物馆或音乐厅开展一些文化生活。小城市的中心也有许多商业和服务，可能之前还惠及城市边界外的地方。工业城镇几乎没有这些特征。它们只为工厂而存在，即使在全盛时期，除了满足工厂和工人需要的必要商铺，也没有什么多余的商店或公共场所。

在宾夕法尼亚州的布拉多克或俄亥俄州的韦尔斯维尔这样的工业城镇，不仅是原有的经济模式走向衰落，过去的生活方式也逐渐消亡。它们面临的不只是工厂的倒闭，还有那些支离破碎的社区。评论家 J.D.万斯（J.D.Vance）①在回忆录《白渣挽歌》（*Hillbilly Elegy*）中也描述了相应的场景。在俄亥俄州米德尔敦（Middletown）长大的万斯写道："这些地方不可能有好的工作。在那里，人们舍弃了他们的信仰，舍弃了父辈祖辈的教堂。在那里，贫困白人居民的死亡率上升，其他群体的死亡率却在下降。在那里，年轻人终日沉溺在毒品中，醉生梦死，把工作和学习抛诸脑后。"[16]

许多人说，这些地方是特朗普在 2016 年选举时的主要票仓，事实确实如此。俄亥俄河沿岸地区比其他地方更能体现这一点。一百年前，俄亥俄州的东利物浦被称为"陶器之城"，

---

① J.D.万斯：已当选 2024 年美国大选共和党副总统候选人。——译者注

可与特伦顿争一争美国陶都之称。该市的陶瓷博物馆保存着一份名册，上面记载着该市在全盛时期数百家独立陶器公司的名字。今天，东利物浦和它的"小邻居"韦尔斯维尔的处境都很艰难：几乎所有的陶器公司都消失了，只剩下少数几家陶器公司；它们的总人口已从3.5万人下降到1.4万人。2016年，东利物浦有62%的选票投给唐纳德·特朗普。

在古代，那些失去了港口、贸易中心或矿业城镇等经济目地的城市会消失。我最爱用的例子是拉文纳(Ravenna)。它位于意大利中部，在波河三角洲(Po Delta)的南部边缘地区。在它南边几千米外的田野和牧场中，矗立着一座神奇的6世纪拜占庭式大教堂。一代又一代的游客都不禁疑惑，为什么这样一座明显属于大城市的教堂会坐落在乡村？如图7-3所示。

图7-3 圣·阿波利纳雷教堂，位于已消失的罗马城市克拉斯，拥有巴西利卡式平面

资料来源：谷歌地球

当然，答案很简单。在它建造之时，那里曾是亚得里亚海（Adriatic Sea）边一座重要的罗马港口城市克拉斯（Classe）的市中心。在罗马帝国灭亡后，克拉斯经历了多年的入侵和掠夺并成功存活，但压死骆驼的最后一根稻草却是自然环境的改变。波河将淤泥从山上带下来，港口逐渐被填满，直到再也无法通航。到了8世纪，它已经无法使用，人口也渐渐流失。这座城市最终完全消失了，只有四座离海数千米的教堂尚存。

不过，即使美国的工业城市或工业城镇里所有的工厂都倒闭了，工业城镇也不会消失。在扬斯敦或弗林特这样的城市，社区医院会接收医疗补助（Medicaid）、医疗保险（Medicare）以及蓝十字会（Blue Cross）的资金，州立大学会收到州政府资金、佩尔助学金（Pell Grants）和联邦担保的学生贷款，城市的运转则全部依仗这些外部流入的资金。

即使在阿里基帕这样一个没有医院或大学的小镇，也是有资金流入当地经济的。州、地方和县的房产税、销售税和所得税仍支持着学校和公共服务，尽管这些服务往往很差或并不充分。社保（Social Security）、社会保障补助金（Supplemental Security Income，SSI）、"第八款"住房券项目（Section 8 Voucher）和以前被称为食品券的营养补充援助计划（Supplemental Nutrition Assistance Program，SNAP）为当地经济注入了额外的资源，使该地区的低收入居民以及向他们出售食品或出租房屋的人至少有钱进账。2015年，扬斯敦每五户人家中就有两户领取了食品券，覆盖了该市三分之二以上的育儿家庭。

针对医院、高等院校和地方政府的财政拨款创造了就业机会，也产生了相应的消费支出。来自社会保障补助金、社保、住房券和食品券的钱会用于社区、购买食品，或是用于支付房租。这种消费使一些零售企业和服务供应商得以生存，并创造了更多的工作，如银行出纳员、杂货店店员和家庭医生。并不是所有的资金都会用在社区里，但其中大部分是这样的。这就是我所说的城市转移支付经济，图7-4显示了它的运作方式。

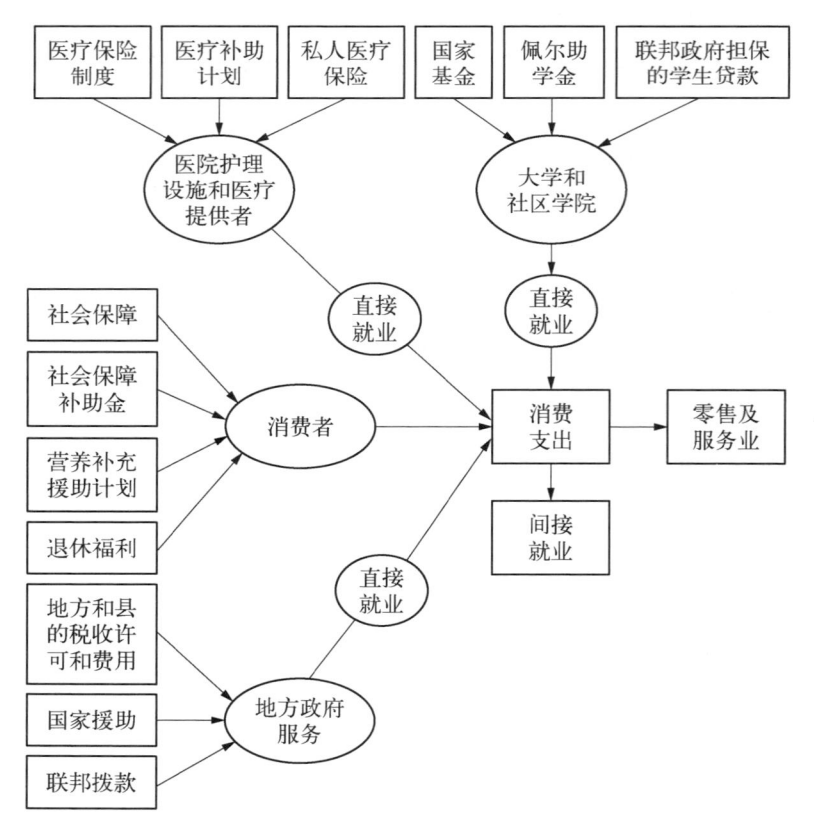

图 7-4　城市转移支付经济运作方式

转移支付为一个社区的生存创造了经济上的最低标准，提供了定期的、可预测的现金流。当然，这可不是在提供什么繁荣的机会。它们确保了在市县政府、医院和大学中拥有良好工作的这小部分人能拥有体面的生活，但也就比其他人好上一点儿，而且其中大多数人的生活和购物都在城市的郊区进行。超过80%在扬斯敦工作的人，以及近90%的年收入超过4万美元的人，都住在城市的郊区。不过，重点在于，即使在最困难的社区，也有一些资金流入，而且这些钱足以让核心居民继续住在那里，让社区生存下去，而不是像一千多年前的克拉斯那样消失。

伊利诺伊州的马卡姆（Markham）似乎与扬斯敦、布拉多克或东利物浦毫无共同之处。这是一个由绿树成荫的街道、农场庄园和错层式住宅组成的小镇。它看起来就像20世纪50年代的《奥兹和哈里特历险记》①中的郊区。在那里你会发现母亲们仍然在厨房里，为放学回家的孩子准备巧克力牛奶。不过，外表是骗人的。马卡姆位于芝加哥南部，最近几十年，居民手里的资产价值急剧下降。阿兰娜·塞缪尔斯（Alana Semuels）在《大西洋》（*Atlantic*）杂志上借用迈克尔·哈灵顿（Michael Harrington）的说法，称之为"新型美国贫困"[17]的中心。不过，在伊利诺伊州库克县的几十个郊区城镇和村庄中，马卡姆的状况还不是最糟糕的。

---

① 《奥兹和哈里特历险记》（*Ozzie and Harriet*），是一部美国电视情景喜剧，于1952—1966年播出，塑造了一个典型的50年代白人中产家庭和父权规范下的乌托邦社区。——译者注

几年前,华盛顿布鲁金斯学会的两位研究人员伊丽莎白·尼伯恩(Elizabeth Kneebone)和艾伦·贝鲁布(Alan Berube)有了一个惊人的发现。在 21 世纪头十年,生活在美国郊区的穷人数量已经超过了中心城市。[18]虽然中心城市的贫困率仍然比郊区高,但郊区贫困率增长得更快。今天,几乎每个老工业城市周边的郊区都有一处贫困人口高度集中的地方。在芝加哥地区,贫困人口集中在南库克县。马卡姆的贫困率超过 26%,比芝加哥市本身还高。在马卡姆东部的哈维,贫困率为 36%,比许多市中心的贫民区还要高。

帕克弗雷斯特(Park Forest),是一个几代社会学学生都熟悉的名字,这个村子坐落于马卡姆南侧不远处。20 世纪 50 年代末,著名记者和社会学家威廉·H. 怀特在他的经典著作《组织者》(The Organization Man)中谈到了这个地方。在怀特看来,组织者是指第二次世界大战后出现的、受过大学教育的、向上流动的白领阶层,帕克弗雷斯特则是组织者的自然栖息地。"那里的第一批房子卖出去后",他写道:"进进出出的都是大公司的实习生、美国原子能协会的化学家、第五军的上尉和少校、航空公司飞行员、联邦调查局人员——总之,美国几乎各类组织的工作人员都可能在这儿出现。"[19]

开发商将其称为"芝加哥市域内经过全面规划的郊区",用怀特的话说,它成为一种"参与式活动的圣地",这里到处都是各种组织、活动和社交聚会。开发商的广告把该镇日益增长的声誉当成一大卖点,不过这完全属实,这些夸张的话语没有半分讽刺的意味:

> 咖啡……象征着
> 帕克弗雷斯特！
> 咖啡壶整天冒着泡泡
> 在帕克弗雷斯特
> 这个友善的象征物将向你展示
> 居民们是如此享受彼此陪伴……
> 愉快地分享着他们的日常
> 有欢乐……当然，也有烦恼
>
> 来帕克弗雷斯特吧，在这里，
> 开启一段小镇友谊……[20]

另一则广告总结道："……购买了帕克弗雷斯特的房子就等同于购买了更好的生活方式。"[21]

这些广告是20世纪50年代的事，今天的情况已然改变。1949年时售价11 995美元的房屋，现在的售价为3万—4万美元，而当时的11 995美元相当于今天的12.5万美元。越来越多的房子被投资者买下并出租，曾经被维护得一尘不染的街区出现了无人照料的迹象。果园公园广场（Orchard Park Plaza）购物中心超过三分之一的面积是空的，里面的店铺也是一元店或美甲店。正如帕克弗雷斯特市长约翰·奥斯滕堡（John Ostenburg）最近观察到的那样：

> "很少有人想到帕克弗雷斯特有一天会沦落到，每周

> 大约有 350 个家庭是由教会经营的食品分发中心养活的……很少有人想到，在每年 10 月到次年 4 月期间，两个当地教会每周两次为流浪汉提供庇护所……又有谁会相信有一天，必须要由人类栖身地组织①重修已被止赎的帕克弗雷斯特房屋？"22

帕克弗雷斯特和马卡姆仍在坚持。南库克县的其他一些城镇的情况要糟糕得多，比如哈维，那里有四分之一的房子是空的。近期的《芝加哥论坛报》(Chicago Tribune)写道："哈维可以说是该地区最不受法律约束的地方：暴力犯罪率高，治安不好，还有可疑的警察。"23 事实上，问题的部分原因在于，南库克县的城市、城镇和村庄实在是太多了。伊利诺伊州的法律使得小部分立场鲜明的人可以轻易地说服他们的邻居，让所有人认为，与其共同创建库克县，不如各自建设独立的城市。这导致库克县郊区被分割成 131 个独立的城市和村庄，形成了一些奇怪的、参差不齐的边界，中间穿插着一些未被并入独立城镇的土地，那里由政府负责提供一些仅有的公共服务。

小型自治市的数量过于庞大，但其中许多自治市除了低价的房子和少量的零售商店外，几乎没有其他东西，再加上每

---

① 人类栖息地组织（Habitat for Humanity），1942 年由克拉伦斯·乔丹等人在佐治亚州的一个跨种族基督教农业社区成立，旨在促进种族和解。建立之初，提出了"合作住房"的概念，后来创立了专门的基金，在全球范围内为低收入家庭提供安全、体面、可负担的住房。

个城市的地方政府都要为其居民提供全面的公共服务,导致南库克县的房产税负担在美国是最高的。正如《伊利诺伊正点财经新闻报》(*Wirepoints Illinois Financial News*)的金融专家马克·格伦农(Mark Glennon)所说:"芝加哥的南郊正处于死亡旋涡中,房产税是问题的关键。"24 他这句话究竟在说什么呢?

业主根据其房屋价值所支付的房产税被称为有效房产税率。新泽西州和伊利诺伊州的平均有效税率略高于2%,而在亚拉巴马州或特拉华州,这个数字远低于1%。在全美范围内,平均有效税率约为1%,这意味着,就平均水平而言,在美国城镇拥有价值10万美元房产的人每年将支付约1 000美元的房产税。

在帕克弗雷斯特,根据库克县评估师确定的房屋价值,有效房产税率高达7.38%!这意味着,帕克弗雷斯特一个拥有价值10万美元房屋的业主每年要缴的税可不止1 000美元,而是7 380美元,是全国平均水平的7倍多。真实情况还要更加糟糕。事实是,受到高额税收的影响,房产价值正在稳步下降,而且远低于库克的评估师声称的水平。我再一次引用了Zillow网站的数据,这真的是一个非常棒的房地产信息来源。这一次,我找到了帕克弗雷斯特最新的五套房屋销售信息。25 情况非常糟糕,这些买家的实际有效税率在13%到22%之间,而不是7.38%。

由于税收被计入房屋成本,沉重的房产税拖累了房产的价值。比如说,有一栋房子以4万美元的价格出售,它去年的房产税是 5 917 美元。假设买家获得了 4% 的抵押贷款，并拿出 20% 的首付。她每年总共要支付 7 750 美元，或每月约 646 美元的税金和抵押贷款。但是，在一个房产税率为 1% 的城市，同样的花销可以买到总价 13.8 万美元的房子。

这就引发了马克所说的死亡旋涡。天文数字级别的房产税压低了房地产市场的价值，随着房产价值越来越低，城市不得不持续提高税率以支付其服务成本。因此，当地的税收越来越高，或者公共服务恶化，而更可能的情况是两者同时发生。同时，业主们不愿修缮翻新他们的房屋，因为这将影响他们的税单。在最坏的情况下，人们干脆停止纳税，丢下他们的房产，并让它们进入税务止赎程序。

在 2006 年房地产泡沫的高峰期，帕克弗雷斯特的房屋售价中位数为 11.8 万美元，考虑通货膨胀的情况下，与 20 世纪 50 年代的全新房屋售价差不多。到 2010 年，泡沫破灭后，这个数字下降到 4.5 万美元。从那时起，美国大部分地区的房价开始逐渐回升，但帕克弗雷斯特却没有。2015 年，帕克弗雷斯特的房价进一步下降，中位数低至 3.36 万美元。在降价的同时，从 2006 年到 2015 年，房屋成交量下降了近三分之二，从 751 套下降到 291 套。帕克弗雷斯特绝不是最糟糕的。在 2017 年第一季度，隔壁哈维的房屋销售价格中位数为 1.45 万美元。[26]

南库克县的情况很糟糕，圣路易斯县郊区的情况更糟糕，那里被称为北县（North County），即圣路易斯北城社区以西的郊区。2014 年，黑人少年迈克尔·布朗（Michael Brown）在

第七章　后工业时代美国的另一面：小城市、工业城镇和处境艰难的郊区　209

该地区有些规模的城镇弗格森（Ferguson）被警察枪杀后，一时间，北县在全美声名狼藉。北县有23个独立的城市和村庄，而总面积仅有25.9平方千米。去除圣路易市，圣路易县的人口是伊利诺伊州库克县的五分之一，包括90个联合自治市，其中21个自治市的人口在1 000人以下。圣路易斯县的大部分地区都是白人和富人，而北县则主要是穷人和黑人。

密苏里州的法律对地方税率以及小城镇筹集资金的大多数方式进行限制。因此，北县的政府当局找到了一种不同的方式来平衡他们的预算。这种方式甚至比南库克县离谱的房产税更加有害。在2016年迈克尔·布朗被杀后，州立法机构做出了一些适度的改变。在此之前，如果想问州政府的哪种赚钱手段没有限制，那答案是市政罚款和收费。因此，陷入困境的北县城市将其警察局和交通法庭变成了赚钱机器。

正如《石板》（*Slate*）杂志的专栏作家里翰·萨拉姆（Reihan Salam）所写："由于城镇规模太小或消费税收入过于匮乏，当地政府无法维持生计，只能让执法部门去追查交通违规行为，罚款可能会非常昂贵。如果低收入居民不缴纳罚款，罚款只会变得更加沉重。"[27] 2016年，一项州法律将罚款数额限制在市政总收入的20%。在此之前，一些小城市的市政预算超过三分之一来自罚款和法庭。在卡尔弗顿（Calverton Park），这个数字达到了三分之二。比弗利山庄（Beverly Hills）的面积只有约24公顷，人口不到500人，共有13个街区。该市有13名警察，每个街区配备一名。2013年，警方在该市北部边界的东西向主干道自然桥路（Natural Bridge Road），开出了

3 000多张罚单。同年,该市的市政法庭筹集了超过22.1万美元的收入。换句话说,在这个巴掌大的城市,平均每个居民被罚款近400美元。[28]

在迈克尔·布朗被杀后,弗格森市的应对受到广泛关注。美国司法部的一份报告以谨慎的语言记录了这些做法。它值得详细引用:

> "市政府每年都靠罚款和收费的大幅增长获取预算,敦促警察和法院工作人员实现这些收入增长,并密切监测这些增长是否实现……市政府对创收的重视深刻地影响了联邦警察局的执法方式。巡逻任务和日程安排是为了积极执行弗格森的市政法规,而没有充分考虑到执法策略是否促进了公共安全,也没有考虑是否不必要地破坏了社区信任和合作。警员的评估和晋升在很大程度上取决于'生产力',即开出罚单的数量。市政府和警察局对收入的看重,一定程度上导致许多警官把一些居民,特别是那些住在非裔社区的居民,看作是潜在的罪犯和收入来源,而不是需要保护的选民。弗格森市警察局的这种文化影响着警察在所有领域的活动,不只是开罚单。即使在缺乏法律授权的情况下,警官也期望并要求人们遵守规定……
>
> 弗格森政府和警局对创收的过分关注,从根本上削弱了弗格森市法院的作用。市法院并没能扮演一个中立的法律仲裁者,或是进一步对警察的违法行为进行纠正。

第七章 后工业时代美国的另一面：小城市、工业城镇和处境艰难的郊区

相反，法院以司法权力作为主要手段，迫使人们支付罚款和费用，以促进城市的经济利益……最引人注目的是，法院不是基于公共安全的需要而签发逮捕令，逮捕令只是针对未出庭人员和敦促罚款缴纳的例行程序。"[29]

司法部发现，北县的每个人都已经认识到这样一个事实：如果你是黑人，即使只犯下轻微的、无关紧要的罪行，你也很有可能成为被警察逮捕的目标。如果你是贫穷的黑人，没有钱聘请律师或及时支付罚款，情况将会更糟。北县牧师蒂莫西·伍兹（Timothy Woods）向五三零八网站（FiveThirtyEight）的本·卡斯尔曼（Ben Casselman）讲解道："如果一个低收入工人被发现没有支付车船税，那么咄咄逼人的警察很有可能把他拦下，并因这种违法行为给他开罚单。但他因为贫穷，基本不可能缴纳罚款。很快，这个轻微的违法行为演变成签发逮捕令，等待他的是监禁。犯罪记录使他更难找到一份体面的工作，这导致了持续的贫困。你和这里的人聊一聊，就会发现有一半的人都遭遇过逮捕令。"[30]

不过，北县的真正问题比前文描述得更加深刻。和其他地方一样，贫困和种族是紧密交织在一起的。虽然该地区有一些历史悠久的小型非裔美国人定居点，但移民才是这里的非裔美国人和低收入人口增加的主要原因。开始时，非裔中产阶级逃离了圣路易斯市北城，紧接着是收入更低一些的家庭，在抛弃原来的家园后，他们试图寻找一个更好的居住地。

战后的郊区正在迎接这些逃离城市的人，类似的情况不

只发生在北县。20 世纪 90 年代，这些地方处在一个转型阶段，连片的普通独栋房屋和建于 1950—1960 年代的价格低廉的花园式公寓交织在一起。那些第一批年轻时搬到那里的人已经老去，他们在这些房屋中养育的孩子也长大，去了其他地方。富裕的白人家庭迁移到圣路易斯西部和其他地区之后，来自圣路易斯市北城的黑人家庭逐渐搬进了北县住宅和公寓。正如圣路易斯联储局的迈克尔·邓肯（Michael Duncan）所写："一代又一代的人搬走了，一批新的中等收入的黑人业主搬进了这些社区。"[31]

很快，北县成为圣路易斯地区次贷危机的中心。就像底特律和纽瓦克一样，当房地产泡沫破裂时，北县的经济和社会很快就崩溃了。邓肯发现，在北县的小部分地区，"只拥有全县 6％的住宅单元，止赎率却占全县的 23％"。这导致此地超过 3 000 人丧失其住房的赎回权，每 7 所房子中就有一所被止赎。由于止赎现象的增加，投资者能以极低的价格购买房产，然后将其出租给比更穷的家庭。住房自有率急剧下降，越来越多的黑人家庭搬出北县，希望改善他们的生活，或者仅仅是逃离贫民区。

搬到郊区对一些人来说是机会，但对许多人来说，这只是从一个贫民窟搬到另一个贫民窟，正如卡塞尔曼所说："在郊区做穷人在某些方面比在城市做穷人更困难。"[32]交通工具的选择很少。另外，低收入家庭很依赖城市里的公共服务、社会支持系统和人情关系，而这些条件在郊区要弱得多。除了权力过度膨胀的警察部门之外，北县的市政当局几乎没有为居民提供服务。

一些搬家的人们希望,换个地方生活至少对孩子有所帮助,但他们发现,即便这个理由也站不住脚。诺曼底学校服务于北县的大部分地区,据当时的负责人斯坦顿·劳伦斯(Stanton Lawrence)说,该学校"98％是非裔美国人,94.5％来自贫困家庭"。最终,在2013年,学校因积年累月的糟糕的学生表现、差劲的考试成绩和极低的高中毕业率,而失去了办学资质。[33]当地只有不到一半的高中生能在四年内毕业,而这些毕业生只有五分之一继续接受高等教育。2014年,在州政府的操作下,这所地区高中重组为"诺曼底联合学校",但它仍然缺乏资源和一个强有力的领导。接管一年后,州教育委员会副主席迈克·琼斯(Mike Jones)说:"这些孩子和这些家庭需要明白,尽管有一些英雄式的成功个案,但他们生活的这个地方,正将所有人边缘化,或者说排除在外。"[34]

北县的恶名可谓当之无愧,这里汇集了诸多问题:经济困难、社会冲突、贫困,以及极具破坏性的州和地方法律、政策和管理。这些要素共同造成了一个混乱的局面。北县乱象的根本原因在于越来越严重的贫困,以及分裂、不充分且资源匮乏的治理。然而,这些现象并不是圣路易斯地区所独有的,每一个美国老城市的郊区都存在类似的情况。

可以肯定的是,不是每一个郊区都是这样。尽管一些城市学家已经宣布了郊区的终结,但正如马克·吐温曾经说过的,相关报道被过度夸大了。有些描述更像世界末日的预测,比如城市鼓吹者克里斯托弗·莱因贝格尔(Christopher

Leinberger)在 2008 年所写的:"许多大都市边缘的独户住宅的命运是以最低的价格转卖给低收入家庭,而且很可能最终被改造成公寓。"[35] 现在看来,这更像是对房地产崩溃创伤的膝跳反应。住在郊区和独户住宅仍然是大多数美国人选择的生活方式。在费城主干线或新泽西州蒙特克莱尔这样的郊区,步行可达迷人的市中心与通往附近城市中心的火车站足以吸引最富裕的居民,但对于许多其他郊区来说,它们大概率会在未来一段时间内保持原状。这种情况随时可能改变,但近期似乎不太可能。

然而,郊区发生的事情与城市发生的事情有着惊人的相似之处:中产阶级正在消失。一些郊区城镇变得更加富裕、房价持续攀升,镇中心满是昂贵的餐馆和精品店;其他郊区则正朝着相反的方向发展。这些郊区变得越来越穷,因为它们成为低收入者寻求更好生活的目的地。然而,他们一到那里,就发现自己所处的环境困难重重,甚至可称危机四伏。一方面,这些郊区的房屋售价比最贫困的城市贫民区高不了多少。他们能去的购物区,通常是附近高速公路旁边的购物中心。遗憾的是,这些购物中心正在消失,除了快餐店和一元店之外,就几乎没有其他东西了。另一方面,那里不断减少的税收甚至不足以支持最低限度的公共服务。

本章提到的三种类型的社区——小城市、工业城镇和处境艰难的郊区——在未来几年都面临着困难的挑战。如果没有一个强大的力量能够完全接管城市,美国整体的经济形势、人口状况和社会形势无一利于它们的发展。虽然有少数几个像伯利恒这样的地方看似拥有战胜困难的特殊能力,但对于其他许多地方而言,放弃挣扎显然更容易,尽管很少有城市会放弃。更令人惊喜的是,还有一些人在努力,比如扬斯敦社区发展公司的普雷斯利·吉莱斯皮和伊恩·贝尼斯顿,他们让许多城市社区都有了新的生机。还有美国圣路易斯市的社区发展组织"不止住房"(Beyond Housing)的克里斯·克雷梅耶(Chris Krehmeyer),他的组织正在给予北圣路易斯县最贫困的地区以充满希望的未来。除了他们,还有众多为这些地方和居民而战的人。战斗还没有结束。

第八章
空置房屋和衰败社区
——面临挑战的城市空间

印第安村(Indian Village)是底特律少数几个高档社区之一。今天,你可以在这里看到20世纪20年代建造的以美洲部落命名的豪华别墅,两旁是绿树成荫的大道,其市场价早已超过了50万美元。2014年,底特律首个售价超过100万美元的住宅就在印第安村——虽然最终的成交价比100万低了一点。[1] 你如果沿着圣保罗街,从易洛魁街(Iroquois Street)向东走两个街区来到费希尔街(Fischer Street),就会发现与印第安村完全不同的场景:空地和闲置房屋随处可见,能住人的房屋屈指可数。

实际上,费希尔街只是底特律现状的缩影。2013年时,调查人员发现底特律有多达5万幢空置或废弃的建筑物。现在,这个数字至少是10万,在这些废弃建筑物周围,可能还有更多的空地。底特律已经在拆除空置房屋上投入了巨大的公共资源,但还是显得力不从心。要知道,1960年时,底特律有

55万套住宅和公寓,其中超过25万套不复存在,大多变成了空地。今天,大片的空地成为底特律大多数社区的独特景观。

空置的住房和空地是社区衰败最显著的象征。在美国老工业城市出现住房空置现象的初期,人们就开始尝试处理这些闲置的房屋和土地,以及衰败社区里的各类问题。

20世纪50年代的美国工业城市非常繁荣,吸引了大量的人口。在城市人口到达历史最高水平的时候,建筑业才刚从战争和经济大萧条的余威中复苏。因此,住宅和公寓在当时都很稀缺。城市中有贫民窟,但很少有空置房产。在那个年代,布法罗作为一个拥有60万人口的城市,却只有853套住宅或公寓可供购买或租赁。与此同时,城市里居住的人口在逐渐减少。在1950—1960年间,布法罗新建了9.3万套住宅和公寓,其中90%在城区外,此时城区内的空置住宅和公寓数量已增长至5 000多套。

20世纪50年代,布法罗有史以来第一次出现人口减少。对于很多老工业城市来说,人口流失标志着长期衰退的开始,有些城市的衰退持续到2000年左右才结束。对于今日的布法罗和其他一些城市来说,衰退仍在继续。几十年来,越来越多的人迁出城市,迁入城市并取代他们的人却越来越少。随着时间的推移,人们居住的独户住宅和公寓、购物的商店、工作的工厂和办公楼都变得空无一人。

社区的急剧衰落,以及住宅、公寓和办公楼被废弃的原因可能有很多,包括法律的缺位、政策的失效、犯罪和破坏行动猖獗,以及各种掠夺行为频发,等等。在许多社区,导致衰败的主要原因是疲软的住房需求。正如前文中所讨论的,经济和社会力量是导致住房市场需求疲软的主要原因,投资减少和种族歧视也有同样的作用。渐渐地,出于各种各样的原因,很少有人愿意购买那些前人迁出或已过世之人留下的房子。与此同时,房东们发现,由于成本的增加以及愈发贫穷的租客,赚钱变得越来越艰难。一些有机会得到挽救的社区,最终还是没能逃过一劫。

20 世纪 70 年代,遗弃房屋的现象已经变得相当常见,政策制定者也注意到了这个问题。1974 年一篇文章写道:"在过去十年中,遗弃住宅的现象已成为一个社会问题,其严重性正逐渐显露。"[2] 20 世纪 70 年代,纽约市有数百栋公寓楼被付之一炬。当时纽约市的住房部主任罗杰·斯塔尔(Roger Starr)呼吁"有计划的收缩",对于这些因人口减少而出现大规模空置住房的地区,他质疑纽约市是否有能力继续为它们提供服务。[3] 斯塔尔的提议引发了轩然大波,也直接导致他被纽约市市长亚伯拉罕·比姆(Abraham Beame)解雇,但他质疑的问题并没有消失。

在美国住房和城市发展部的推动下,研究人员进行了大量关于废弃房产和社区衰落的研究,并得出了相应的报告。其中,一项 1978 年的调查,专门研究了 1960 年至 1975 年间,人口减少的 150 个城市中的废弃房产状况。废弃房产最多的地方是费城。报告称费城有超过 1.5 万套废弃的独户住宅和 6 000 栋废弃的公寓楼。此外,报告中还提到,底特律有 1 万套废弃的独户住宅和 5 000 栋废弃公寓楼,以及约 6.5 平方千米建筑物被拆留下的空地；布法罗或许是为了维护自己的面子，只报告了 650 套废弃的独户住宅和 25 栋废弃的公寓楼。[4]

这篇关于空置房产的报告于 1981 年发表。但是在这个时候，公众已经不再那么关注美国的城市问题，大家都觉得现在是"美国的早晨"①。住房和城市发展部的项目被大幅削减。地方政府明显受到了里根政府的影响，开始注重私人市场，他们对会议中心、体育场和市中心的新办公楼的兴趣，比对社区和穷人的关注要多得多。与此同时，流浪汉问题上升至城市议题的首位。正如我几年前所写的那样，在 20 世纪 70 年代末到 80 年代初，"无家可归者睡在街道、公园长椅和废弃建筑物中，这些现象成了后续的暴力事件以及一系列运动的导火索"。[5] 当这些运动倡导者的精力被转移到流浪汉身上时，政府在市中心修建了大量的体育场馆和办公楼，以至于许多美国人误以为城市正在好转。

然而，大约在 20 世纪末，越来越多的城市官员和普通人开始注意到这样一个事实：尽管城市复兴初露端倪，但那些空置与废弃的房产似乎已经在城市中难以抹去。密歇根州弗林特市的政治家丹·基尔迪（Dan Kildee）是新一届领导班子的主要成员之一，他曾在 1977 年时以 18 岁的年龄当选为该市的学校董事会成员。在 1996 年，首次当选杰纳西县（Genesee）

---

① 美国的早晨（morning in America），是 1984 年里根总统竞选连任的政治广告主题，旨在唤起美国经济和社会的新面貌。

财务主管的他,把工作重心放在了弗林特的空置房产问题上。20 世纪 70 年代时,克利夫兰、圣路易斯和其他几个城市曾出现过一些思潮,根据当时探讨的成果,他说服州立法机构允许杰纳西县建立一个"土地银行"。他希望这个类似政府的机构,有能力及权力管控空置房产并维护房产。在理想情况下,土地银行将以最有利于社区的方式重新使用这些空置房产。

基尔迪在担任县财务主管期间,积极推动土地银行的实施。后来,他在创建社区进步中心(the Center for Community Progress)组织时,也延续了这种做法。社区进步中心是一个与全美各个城市合作,处理空置房产和其他问题房产的全国性组织。在接下来的十年中,在密歇根州的带领下,宾夕法尼亚州、纽约州、俄亥俄州、佐治亚州和其他六个州的州立法机构通过了类似的法律,允许各县市建立土地银行,以处理社区内空置土地的问题。截至 2017 年,全美各县市成立并经营着 150 多家独立的土地银行。

底特律拥有全美规模最大的土地银行。市长迈克·达根(Mike Duggan)在 2013 年当选后,将底特律土地银行管理局(Detriot Land Bank Authority, DLBA)作为该市空置土地和建筑物的管理机构。每年都有数千名业主因为滞纳房产税而不得不放弃他们的房产,该机构则负责接管这些房产。在不到三年的时间里,底特律土地银行管理局就接管了 10 万多处房产。截至 2017 年春季,该公司拥有 98 302 套房产,约占全市房产总量的四分之一。

达根市长乐见其成,底特律土地银行管理局就是他达成目的的主要工具。土地银行创建了一系列程序，旨在消除城市衰退现象并将地产分拆给有需求的私人业主。在这三年多的时间里，底特律土地银行管理局已经拆除了1.2万栋空置的房屋，并以每块地100美元的价格向邻近的业主出售了8000多块空置土地。在达根市长之前，想要购买相邻空地的人必须经过市议会的批准，这可能需要几年的时间。现在，一个潜在买家所要做的就是填写一份在线表格，或者参加底特律土地银行管理局举办的拍卖会，一周之后房产就归买家所有了。

考虑到潜在的买家往往很难找到不需要大幅修缮的老房子，底特律土地银行管理局提出了一个"修复和准备"计划。在该计划的指导下，他们雇佣承包商将其拥有的空置房屋改造成适合入住的状态，改造后的房屋大多由底特律土地银行以6万—10万美元的价格出售给首次购房者。通过与快速贷款公司签订协议，潜在买家的贷款申请可以迅速通过。与此同时，其他房产通过eBay的限时在线拍卖，以象征性的价格出售。最后，根据社区合伙人计划，底特律土地银行管理局将房产出售给非营利组织，用于建设社区绿地或是给艺术家充当工作室，抑或给城市中不断增长的也门移民作社区中心。[6]

底特律土地银行管理局正在努力探索空置房产的用途，这有助于重建城市贫困社区的住房市场。然而，现实是，尽管他们做出了努力，底特律空置房产的数量还是远远超过了可以重新投入使用的数量。即使卖掉了8000块边角地，底特律土地银行管理局仍然拥有 6.4 万块空地。随着空置房屋拆除工作的进行，每天还会产生新的空地。每个老工业城市都有同样的问题。2015 年的调查显示，克利夫兰市有 2.8 万块空地，印第安纳州加里市有 2.5 万块空地。值得一提的是，加里的城市规模远不及底特律。

在不久的将来，除了小部分地块外，没有人会在城市里建造新住宅或其他任何建筑。在底特律或克利夫兰这样的城市，除了市中心附近的少数社区和大学的老旧房屋，以及其他人们所需要的设施以外，新房的建设需求并不多。与此同时，在空置土地上建造一座新房子的成本可能超过 15 万美元。最荒谬的事情在于，同社区内现有房屋的售价仅为 2 万或 3 万美元。留下一块空地，任其堆满垃圾、泥土、石块，或长满难看的灌木丛植被，并不比留下一所空置的、废弃的房子好多少。

20 世纪 90 年代开始，将空置地块转化为"绿地"的理念逐渐流行。与其指望开发商有一天来建设这些地块，不如将其变成有吸引力且经常使用的绿色空间。绿化和其他规划理念类似，都谈不上特别的新颖。最早在 19 世纪的欧洲，公寓楼会配备一块园地，里面的住户可以将一小块土地用来耕种，这种现象在今天许多欧洲城市的市区和郊区仍可以看到。一些老年人可能还记得第二次世界大战时的"胜利花园"①。但

---

① 胜利花园（Victory Garden），在第一次世界大战和第二次世界大战期间，由于工人、农民被征召参战，欧美各国出现了粮食危机。各国公民响应军方号召，通过在家庭花园中种植食物以减少粮食购买，从而使更多的粮食可以用于支持海外军队。——译者注

第八章　空置房屋和衰败社区——面临挑战的城市空间

与第二次世界大战时不同，现在的问题是如何利用过去几十年来形成的大量剩余空地。

20世纪八九十年代时，美国的老工业城市涌现出大量的空置地块。于是，社区团体和园艺协会开始积极地推广社区花园。他们的做法往往有当地官员的支持，当地官员认为这些空地或早或晚都会开发重建，社区花园只是这些地块的一个临时用途而已。然而，社区花园的建设主要依赖于热心的志愿者，人员的流动性很大，他们发挥的作用有限。到千禧年前夕，空地仍在不断增多，人们开始寻找其他的土地利用方式。

特里·施瓦茨（Terry Schwarz）是其中的一位先驱，她是肯特州立大学建筑学院克利夫兰设计合作组织的主任，一位面相清瘦却精力充沛的人。2008年，她在一本名为《重塑更可持续的克利夫兰》（Re-Imagining a More Sustainable Cleveland）的小册子中提出了一个美好的愿景，描述了城市中数千公顷的闲置土地将如何成为城市未来的资产。她和她的团队在这个设想的基础上发表了《克利夫兰空置土地再利用模式手册》（Cleveland Vacant Land Reuse Pattern Book）。这是一本教人将空置土地改造为各类绿化用地的工具书，从雨水花园到地热井，每一类改造目标都列出了成本和所需材料。[7]

2009年，以《克利夫兰空置土地再利用模式手册》为范本，一家名为"克利夫兰社区发展"的非营利组织和克利夫兰市政府一起宣布了"重塑克利夫兰"（Re-Imagining Cleveland）

竞赛。他们希望以竞赛的形式鼓励社区内的人们进行设想，将社区内的空地变成有吸引力、有生产力的绿色空间。他们拿出 50 万美元，向 56 个不同类型的项目发放小额奖金，包括口袋公园和雨水花园等环保项目，以及花园、果园和农场等农业项目。其中一个项目是霍夫（Hough）社区中心的一个葡萄园。由于 20 世纪 60 年代的暴乱，这里至今仍伤痕累累。这个葡萄园是由曼斯菲尔德·弗雷泽（Mansfield Frazier）创建的。他是一个极具魅力的人，有犯罪前科，后来成为一位作家、活动家，偶然又成了葡萄酒商。

克利夫兰并不是唯一一座思考空置土地开发潜力的城市。第二个有同样想法的城市是费城。宾夕法尼亚园艺协会（Pennsylvania Horticultural Society）在费城发挥了决定性的作用。宾夕法尼亚园艺协会成立于 1827 年，是一个相当权威的组织，因举办全国顶尖的花卉展览而名扬天下。该展览自 1829 年以来，每年举办一次。宾夕法尼亚园艺协会为费城的社区花园建设做了不少事情。早在 20 世纪 80—90 年代，他们已经开始思考如何更好地将城市内多达 4 万块空地转变为绿地。宾夕法尼亚园艺协会与非营利社区发展机构合作，比如位于北费城东部区域、负责建造住房和购物中心的"普埃尔托里克内斯马尔查协会"（Asociación de Puetorriqueños en Marcha）。2001 年，宾夕法尼亚园艺协会宣布了其绿色城市战略，其核心在于"解决费城所有开放空间和空置土地的问题"。[8]

宾夕法尼亚园艺协会的战略涵盖了很多方面，其中有一个项目尤其引人注目。该协会曾将空地改造为花园、葡萄园、迷你公园或农场,但现实情况是,志愿者或专门组织只能将很小一部分空置土地进行转化并长期维护。现存的空置土地数量还有很多,放任闲置土地荒芜下去会影响到市民的日常生活。为了解决这个问题,宾夕法尼亚园艺协会提出了一种简单廉价的空置地块维护方法,仅铺设基本的草皮、植树,并在地块上设置简单的分体式围栏,如图8-1所示。这就是"土地护理计划"(LandCare)。

图8-1 费城曼图亚(Mantua)社区的一个得到"土地护理"的地块

资料来源:谷歌地球

在费城官方的支持下,宾夕法尼亚园艺协会在全市7 000多块空地上开展了"土地护理"服务,其中285块位于普埃尔托里克内斯马尔查协会正在建造新房的区域。"为了建造住房,社区发展机构必须吸引居民进入该地区,"时任宾夕法尼亚园艺协会"费城绿色计划"主任的鲍勃·格罗斯曼（Bob Grossman）说，"当我们来到这里时，到处都是拖车、厕所和汽车，这种景象令人震惊。如果新房子对面的地块上杂草丛生且满是老鼠，没有人会购买这些住房。"[9] 由宾夕法尼亚大学公共卫生教授沙尔利·布拉纳（Charlie Branas）领导的一个研究小组发现，在空置地块经过土地护理项目的清洁和绿化后，枪支暴力事件减少了，房产价值提升了，而且附近居民的心理压力也会更小。[10]

今天，绿化已成为处理城市空地时一种行之有效的方法。在各个城市试图解决困扰已久的暴雨期间下水道溢流问题时，一个环保的办法便是将雨水从下水道引到开阔的绿化土地上，使雨水可以在自然过滤后进入地下含水层。在底特律，财务规划师约翰·汉茨（John Hantz）成为一名城市先驱者。他从该市购买了1 800块土地，种植树苗，并将其改造成林场。[11] 在底特律之类的地方，真正的城市农场不仅起到美化的作用，还能生产农产品。比如，底特律圣方济会修士（Capuchin Friars）经营的大地艺术城市农场（Earthworks Urban Farm），每年能在约1公顷的土地上生产出6.35吨的农产品。

到目前为止，让空置房屋重新投入使用并再次纳税的最有效方法出现在巴尔的摩。通过破产管理的法律程序，法院可以从一直拒绝修复空置房产的业主手中收回空置房产，以重新投入使用。为此，当地创造了一个简化的程序，让开发商（主要是小型夫妻店，而不是大型开发商）能够以低廉的价格购入产权清晰且可以出售的房产。该市称此项计划为"空置到价值"(Vacants to Value)。从 2010 年启动这项计划到 2016 年底,巴尔的摩约有 2 000 套空置房屋被修复并再次使用,另外还有 1 000 套正在筹备中。[12] 这是一个相当醒目的成果,更为重要的是,开发商是用自己的钱来修缮这些房子,而不是从城市获得补贴。但是,其中也有隐患,而且还不止一个。

首先,观察那些有开发商做房屋修复的社区时,你会发现一种奇怪的现象。随着房屋的修缮,空置房屋的总数会下降,这是人们所期望的。然而,在像潘路西社区这样的地方,人们越是修缮房屋,空置房屋越多。这意味着,在这些社区里,尽管城市和开发商做出了努力,但人们遗弃房屋的速度仍然快于城市重新修复房屋的速度。其次,该计划在当地最贫困的社区根本不起作用,因为无论获得该房产有多么容易,开发商仍不会花自己的钱在这些地区修缮房屋。最后,尽管这座城市取得了巨大成功,巴尔的摩 2017 年的空置房屋总数仍与 2010 年持平。

这就意味着城市的这些问题并不是真的与房子本身有关,而是和社区有关。这不代表巴尔的摩的努力是徒劳的,相反,这些努力在一些人数正在下降的社区里产生了重大的影响,也阻止了另外一些社区的情况变得更糟,包括那些人口增长的社区。但房屋问题只是衰退现象的一部分,并且不是最重要的部分。如果你已经修缮了一些房子,但社区还是在走下坡路,那就说明,你还没有改变最重要的事情。现在对于你来说最棘手的问题是：如何改变一个社区，或者说如何让社区变得更稳定？

让我们把时间线拉回20世纪70年代。除了罗杰·斯塔尔之外，许多规划师和活动家都意识到他们的社区正在走下坡路，他们开始密切关注其背后的问题。他们并没有离开社区，而是想弄清楚自己能在这种状况下做些什么。多萝西·理查森（Dorothy Richardson）是其中一位活动家，她是匹兹堡中心北区的一位业主。邻居数量的持续性减少让她感到非常愤慨，她决定予以反击。她在自己的社区挨家挨户地访谈，市政厅和城市银行办公室也留下了她的足迹。她将邻居组织起来，敦促业主改善住房，要求城市执行住房准则，并推动当地银行向业主提供修缮房屋所需的贷款，向新购房者迁入社区提供所需的贷款。她通过反复试验和试错，设计出一个名为"匹兹堡邻里住房服务中心"（Neighborhood Housing Services of Pittsburgh）的模型，受到了广泛的欢迎。1978年，卡特总统签署法案，成立社区再投资公司（Neighborhood Reinvestment Corporation），以支持全国范围内的类似项目。40年后，该组织更名为"美国邻里计划"（NeighborWorks America）。至今该组织仍然在全美范围内工作，通过240个当地成员组织支持人们为重建社区作出努力。

多萝西·理查森的作为生动地展示出，在某种程度上，街区的衰落不只是供给与需求的问题，它还受到了银行红线划定行为的影响。虽然到了20世纪70年代，"业主贷款公司"早已成为过去，联邦住房管理局也已经消除了公开的种族歧视,但美国银行业中的红线划定行为仍然根深蒂固。在市政府的大力帮助下,理查森能够让当地银行为其社区筹集一些资金。与此同时,活动家盖尔·钦科塔(Gale Cincotta)正在全国范围内引发变革。她是一家希腊餐馆老板的女儿,家住芝加哥工人阶级社区奥斯汀。奥斯汀发生了一些变化,她试图理解为什么。她后来写道:

> "我们被告知……不断变化的社区是一种自然现象。但我们开始看到……它们被有意地按照种族来改变,这是为了改变而改变。房产经纪人会先进入社区……分发传单,告诉白人们最好离开,否则他们会亏钱。然后银行不会提供抵押贷款,保险公司也不会签保单。"[13]

钦科塔在高中就辍学,但她是一名意志坚定、行动高效的组织者。她与一群敬业的同事一起,从奥斯汀社区开始起步。接着,她将工作扩展到芝加哥,然后通过创建"全国人民行动"(National People's Action)来复刻她在芝加哥的工作。她的影响力最终扩展至全国。

她的努力最终推动了 1975 年《住房抵押贷款披露法》(Home Mortagage Disclosure Act, HMDA)和 1977 年《社区再投资法》(Community Reinvestment Act, CRA)的颁布。《住房抵押贷款披露法》首次要求贷款机构按种族和收入公开其提供抵押贷款的地区及对象的信息。《社区再投资法》旨在"鼓励存款机构满足经营所在社区的信贷需求,包括中低收入社区"。[14]《住房抵押贷款披露法》和《社区再投资法》的措施并不能解决困扰城市的问题,但他们开创了一个先例,即贷款机构需要对他们发放的贷款和未发放的贷款负责,这对社区活动者来说是有力的工具。

尽管多萝西·理查森和盖尔·钦科塔等人一直以来都在努力付出,但城市社区,包括奥斯汀社区,仍在继续衰落。20世纪60年代末,一种对抗社区衰败的新型组织开始出现。这些组织被称为"社区发展机构"(Community Development Corporation,CDC)。这些机构为了重建衰退的社区持续性地投入了大量的时间和精力,在美国历史上前所未见。

社区发展机构背后的许多基本理念可以追溯到20世纪早期的睦邻之家,如简·亚当斯(Jane Adams)在芝加哥的赫尔之家(Hull House),以及19世纪欧洲创立的健康工人之家。社区发展机构这个词的创立者可能是罗伯特·肯尼迪(Robert Kennedy)。1966年,他向美国国会的一个委员会宣读了振兴布鲁克林的贝德福德-施托伊弗桑特(Bedford-Stuyvesant)社区的计划。他呼吁:"成立社区发展机构,以开展建设工作、雇佣和培训工人、提供服务和鼓励企业联营。"[15]肯尼迪,连同该机构的主管、官员,以及福特基金会(Ford Foundation)的领导人一起组成董事会。在当时来看,这些组织像引擎一样,把公司和工作带到像贝德福德-施托伊弗桑特这样面临难题的贫困区。然而,在接下来的几十年里,情况将发生变化。

20世纪70年代,基层组织与居民合作重建衰落社区逐渐成为一种新的趋势。这既是因为人们普遍关注城市的衰落,也是因为人们对自上而下的城市更新模式的幻想逐渐破灭。20世纪70年代,社区发展机构的增长不仅得益于友好的国会和卡特政府,还得益于相关支持系统的发展,不仅有社区再投资公司,还新出现了至少两种可被称为"中间人"的组织。一种是企业基金会,由詹姆斯·劳斯建立。他从购物中心开发商摇身一变成了慈善家。还有一种是"地方倡议支持机构"(Local Initiatives Support Corporation, LISC),由米切尔·斯维里多夫(Mitchell Sviridoff)建立。反贫困斗士出身的他是现任福特基金会的主管。在同一时期,富有社会责任心的贷款机构也开始出现,即后来所谓的"社区发展金融机构"(Community Development Financial Institutions)。它们逐渐成了社区发展机构支持系统的一部分。

政府的助力在20世纪80年代已经消失,并未对新生的社区发展机构起到促进的作用。里根政府上台,对城市问题的关注减弱,公众对城市的关注也随之减少。城市的活动家们意识到,此时的他们比以往任何时候都更加独立,并且有能力将越来越多的事情掌握在自己手中。正如社区发展机构发展史的记录者亚历山大·冯·霍夫曼(Alexander von Hoffman)所说:"在20世纪八九十年代,社区发展运动为市中心的新生提供了最显著的动力。"[16]即使是在2005年,美国都市、城镇和乡村地区也拥有高达4600家的社区发展机构。

这个数字曾被广泛引用,但它除了表明社区发展机构数目很多之外,实际意义并不大。因为这个数据十分笼统而且含混不清,将拥有数百名员工和数十年经验的大型的、有影响力的组织与在教堂地下室工作的志愿者组织都算了进来。后者可能每隔几年只能修缮一两所房子。该定义也未能区分工作范围不同的组织。有些组织专注于单一社区,有些组织的工作范围更大但仍限定在某一地理区域内工作,还有些组织仿佛"无处不在"。

事实上,许多强大的社区发展机构都是从某个单一的社区开始发展,但最终的影响范围远不止最初的社区。它们重新定义了自己的目标,当然,也同时更改了自己的名称。切尔西社区开发者协会(Chelsea Neighborhood Developers)在迁出马萨诸塞州切尔西这座小城市后更名为社区开发者(The Neighborhood Developers)。雷诺兹镇复兴公司(Reynoldstown Revitalization Corporation, RRC)在离开雷诺兹镇社区前往亚特兰大都市区后,将自己的名字改为"居民与社区资源"(Resources for Residents and Communities, RRC),仅保留了相同的首字母缩写。

对于下面两类组织来说,我们很难划分清楚两者之间的界线:一类是植根于特定社区,开展各类活动,旨在改善或提升社区的组织;另一类是一些房产开发商,却处于非营利状态,而且抱有某些社会目的。事实上,难以划分的原因在于社区发展的目标一直在不停地变动。罗兰·弗格森(Roland Ferguson)和威廉·迪肯斯(William Dickens)是一本颇受欢迎的社区发展教科书的编辑。他们将社区发展定义为"改善中低收入社区居民生活质量的资产建设",但他们承认它往往被"狭义地理解为住宅和商业开发"。[17]在实践中,社区发展的含义似乎只不过是"社区发展机构所做的任何事情"。[18]然而,社区发展机构从一开始就充满了角色冲突:他们是社区组织者、服务提供者,还是开发者?他们有可能扮演不止一种的角色吗?

正如肯尼迪参议员所表明的那样,包括布鲁克林首创的贝德福德-施托伊弗桑特恢复组织在内的许多社区发展机构,最初都将自己的使命视为经济发展、创建新企业或为社区吸引外部的企业。但事实证明,这种模式在实践中存在很大问题。尽管IBM公司在政客和其他企业高管的强大压力下,同意在贝德福德-施托伊弗桑特社区建立一座工厂,但几年后它就关闭了。2004年的一项研究发现,社区发展机构所创建的企业失败率从28%到接近50%不等。[19]

社区发展机构通常位于衰落和贫困的社区,因此出现上述情况并不奇怪。这类地区很难转变为具有吸引力的商业场所,也没有一个社区发展机构拥有改变该地区经济状况的秘方。《纽约时报》作家尼古拉斯·莱曼(Nicholas Lemann)直言不讳且恰如其分地讲道:"总的来说,问题在于,除了环境恶劣的小工厂和小型社区供应商外,城市贫民窟很难成为大多数企业的理想目的地。"[20]事实上,尽管会有一些例外,但更多证据表明,成功的零售业及其他商业活动的数量通常追随住户数量的增长,尤其是居民收入的增长,反过来是行不通的。

20世纪90年代,社区发展机构进入了新阶段,它们花费越来越多的时间、精力和金钱用于开发住宅。作为1986年税收改革方案的一部分,国会通过了《低收入住宅税收抵免法案》(Low-Income Housing Tax Credit,LIHTC)。此后,该法案为有技能和资源的组织提供了一个稳定并且至少在某种程度上可预见的现金流,以方便它们使用。依据《低收入住宅税收抵免法案》的规定,社区发展机构连同营利性开发商一起,重新调整了他们建设住宅项目的方向。在他们工作的社区中,这种模式通常被称为税收抵免项目。

税收抵免项目能吸引到社区发展机构,其原因有很多。第一,在低收入社区内,大部分住宅质量较差,税收抵免项目能让社区发展机构为其社区居民提供可负担得起的住房,更重要的是,这些房子的质量更好。第二,这类项目有助于社区发展机构树立良好的形象,从而吸引资助者和政治家的注意,并借此获得更多支持。第三,找到钱来覆盖不断增长的运营成本变得越来越困难,从项目中挣到的开发费往往是他们赖以生存的救命稻草。

我这么说并没有嘲讽他们的意思。社区发展机构作为与社区相关联的一部分,清楚地知道他们的工作对于所在社区是有益的。最初,社区发展机构所承担的任务是建立一个更加强大的社区,这样的工作十分艰苦而且通常没有任何回报。后来,由于资金上的限制,它逐渐从一个草根大众式的机构变为一个更小众、具有自上而下的发展模式的社区发展公司。但是,这种模式有可能使社区本身对这类组织产生不好的印象。在我参加的一次会议上,一位纽瓦克居民向当时的住房和城市发展部秘书西斯内罗斯控诉道,这些组织简直就是"另一个(省略的脏话)房东"[21],他言语里涉及该市最著名的社区发展机构之一。与此同时,这些项目的收入吸引了大量营利性开发商,他们往往会在同一个衰退社区的同一个地块上,为了税收抵免项目的建设权而与社区发展机构竞争。

不过,目前还不清楚这些项目对社区整体有多大的好处。在底特律或布法罗这样的城市,税收抵免项目收取的租金甚至会高于同一地区典型私房的租金。由于这些项目中的公寓通常比老旧建筑区中的公寓好,大部分租户都从原来的地方搬了出来。他们之前租的独户住宅或公寓,都是私人房东在同一街区中的房产。另外,很少有新的家庭迁入这些社区,这意味着许多独户住宅或公寓楼最终会被遗弃。这些新建项目可以称得上包罗万象,正如图 8-2 所显示的来自纽约奥尔巴尼的两个项目,既有与 19 世纪的城市街景完美契合的精心设计的开发项目,也有与周围社区隔离的独立花园公寓。

保障性住房项目确实让居住在其中的大多数人受益,然而这不仅有可能损害私人房东的利益,还会增加房屋被遗弃的风险。更重要的是,这样做是有代价的,即这些住房有可能成为社区中自给自足的飞地。莱曼描述了这样一个飞地:1994 年纽瓦克的新社区机构,同时也是全国最大的社区发展机构之一,雇佣了 120 名保安保护大约 2 500 套公寓,以及社区内整套的社会服务设施、日间照料中心和一家超市。[22]目

图 8-2 纽约奥尔巴尼的两个低收入税收抵免项目
资料来源：谷歌地球

前，还不清楚保障性住房项目是否可以让其围墙之外的社区发生太多的改变。

自从《低收入住宅税收抵免法案》通过，除了少数几个保障性住房项目，在过去的二十年中，几乎所有美国的建设项目都和该法案有关。相当一部分研究人员在研究该法案对社区的影响，但他们得出的结论却完全不一致，甚至相互矛盾。唯一可以肯定的是，没有什么是确定的。这个结果并不让人意

第八章　空置房屋和衰败社区——面临挑战的城市空间　237

外。出于许多不同的原因,一些保障性住房开发项目对其社区产生了积极影响。不过,这些原因可能与保障性住房的定位和提供便宜住房的基本功能没有关联,而是与其如何以其他方式影响社区有关。尽管提供体面的住房是有意义的,但到头来,它与其他社会因素只存在有限的联系,而其他的社会因素直接与社区的兴衰相关。

与此同时,社区发展机构推动住宅开发项目的激增引起了另一个问题。由于社区发展机构主要在境况不好且高度贫困的社区开展工作,因此从逻辑上讲,其住宅项目也自然都位于这些社区。事实也的确如此。据美国住房税收抵免计划领域的知名学者、堪萨斯大学的柯克·麦克卢尔教授(Kirk McClure)所说,全国只有17%的此类项目建在有更多机遇的地区,那里犯罪率低,就业机会好,学校性价比高。[23]尽管在高度贫困地区建设安全、良好的项目可能会为一些需要住房的人提供体面的住宅,但这些项目不太可能改善他们的经济状况,及其儿童居民的生活前景。

一些社区发展机构和开发商认为,他们没有选择建设项目位置的余地。因为高昂的土地成本、排他性的行为和"邻避效应"的态度使他们无法在其他地方建设项目。但最近的证据表明,他们的看法可能是错误的。按照《低收入住宅税收抵免法案》的运作方式,每个州每年都会获得税收抵免住宅的配额,并在联邦政府总体方针的指导下设定标准,以确定哪些开发商获得配额。在奥巴马政府执政期间,联邦政府对州和地方机构施加压力,要求它们遵守公平住房规则,这导致许多州修改标准,只鼓励开发商在机遇较多的地区开发项目。

新泽西州最近的一项研究比较了 2005—2012 年批准的税收抵免项目所在地,以及 2013—2015 年通过新指导方针后的新项目所在地。[24] 新方针之前,有一半的项目位于高度贫困地区;实施后,仅有 20% 的项目位于高度贫困地区,其中大量的新项目位于就业机会的集中地或高质量公立学校的所在地区。对开发者来说,《低收入住宅税收抵免法案》的项目不仅竞争激烈,而且能带来很高的利润。在新泽西州这样的高度城市化地区,每一个中标项目都会有三个或更多的开发商竞争。新泽西州的经验表明,只要各州改变他们的基本政策,迫使开发商在高度贫困地区之外寻找地方,以换取数百万美元的拨款,他们就能这样做。

这种政策的转变远比看起来更重要,其背后的逻辑在于,帮助低收入人群搬出集中的贫民区,能改善他们及其子女的生活质量,而且能获得更多机会。这是我们知道的最好做法。从最基础的角度上讲,居住地的区位极大地影响着人的预期寿命。2008 年,巴尔的摩的一项分析发现,"在一些贫困社区,心脏病和中风的死亡率是几个街区或几千米外较富裕地区的两倍多。在极端情况下,一些社区之间的死亡率差距就像美国和缅甸之类的第三世界国家之间的预期寿命差距一样大"。[25]

正如最高法院在布朗诉教育委员会案(Brown v. Board of Education)中指出的那样,割裂本身是不平等的。这不仅

第八章 空置房屋和衰败社区——面临挑战的城市空间

适用于公共教育。除了预期寿命之外，每个人接受教育的机会，都与他们居住的地方有关。公共服务的质量、社会安全与公共交通、就业机会，以及新鲜食品的供应等，都与社区的社会水平和经济水平紧密联系在一起。

从20世纪80年代开始，由于新泽西最高法院对月桂市（Mount Laure）判决的影响，在扬克斯、纽约和芝加哥，以及新泽西州等地，一系列项目推动成千上万低收入人群，从市中心搬到富裕的郊区社区。事实表明，搬入低贫困地区保障性住房项目的家庭，还有那些使用代金券后，从高度贫困地区搬入一般贫困地区并入住私人房东房产的家庭，其健康状况显著改善，对福利救助的依赖减少了，子女的学习成绩也有所提高。很多人最终离开了其最初在高度贫困地区的独户住宅或公寓，很少有人会搬回原本的社区。[26]

低收入者被排除在更富裕、机遇更多的城市和地区之外，这不仅仅是健康和经济机会的问题。随着一些地区的复兴和绅士化，地区内低收入人群变少或消失，这种转变既是一种物质或经济现实，也是一种强有力的驱逐声明。绅士化是一种隐晦的政治过程，低收入人群被排除在他们曾经生活过的地区之外，这提醒我们，贫穷和少数族裔社区在地方政治体系中是多么无足轻重。

出于以上原因，让低收入人群移居到所谓的"机遇之地"必须尽快成为美国城市和地区公平战略的一部分。如此，低收入人群将获得更多的工作、更好的教育和更好的服务，可能还会活得更久，也更健康。正如人们多年来意识到并指出的那样，这不仅仅是一个城市问题，更是一个区域性的问题。尽管随着城市地区的复兴和一些郊区的衰落，这种平衡可能会发生改变，但总体而言，城市仍然比其周边郊区的环境差得多，在郊区仍然更有可能找到机会。没有一个城市能够解决好上述问题，尤其是那些正在发生绅士化的地方。

近年来，我们在这个方向上取得了微小但重要的进展。奥巴马政府努力推行的公平住房规则，已经促使越来越多的州改变了税收抵免项目的建设规则，更多的项目进入了有机会的地区，进入集中贫困地区的项目变少了。近期普林斯顿大学社会学家道格拉斯·马西（Douglas Massey）领导的一个小组开展了一项研究，深入调查了新泽西州月桂山市郊区的一个税收抵免项目住区，那里的大多数居民都是从附近贫困的内城社区卡姆登搬来的。研究小组发现，"搬进埃塞尔·劳伦斯之家（Ethel Lawrence Homes）后，负面事件的发生率明显降低，心理上感到痛苦的情况减少，就业率和收入增加，同时福利收入减少，总体上在经济方面更加独立了"。他们的孩子"有一个安静学习的地方，能上更好的学校，暴力行为和叛逆行为都变少了，而且还在校取得了好成绩"。[27] 正如马西总结的那样，住在哪里真的很重要。

一些城市开始使用更具包容性的规划分区制度，这种模式对高档住房开发商提出要求或予以激励，让他们为低收入家庭留出一定比例的住房或公寓，使低收入家庭能够住在城市中房价更高、机会更丰富的地区。长期以来，包容性住房项目一直用于政治自由的高档郊区，如加利福尼亚州的帕洛阿托市（Palo Alto）或马里兰州的蒙哥马利县（Montgomery County），在20世纪70年代就实施过类似的项目。包容性住房项目在部分城市也站稳了脚跟，包括旧金山、纽约和华盛顿特区。

华盛顿特区的包容性住房项目于2009年生效，要求所有拥有10套或10套以上房屋或公寓的新开发项目留出10%的住宅给低收入家庭。如果是在开发成本更高的高层住宅区，这个数字为8%。该项目起步缓慢，但建成或正在开发的包容性住房已经超过1 100套，仅2016年就有近200套投入使用。[28] 2014年，华盛顿特区政府通过了一项相关法律，规定开发商在城市出售给他们的土地上建设时，如果该地块位于公共交通可达性良好的地区，就必须留出30%作为包容性住房，如果交通条件没那么好，就留出20%。

华盛顿特区的房地产市场火爆，所以开发商的房屋售价高，有足够的利润让他们满足政府的要求。在老工业城市，除了少数几个地方，其房价和租金远未达到那么高的水平，因此需要更加谨慎地行事。尽管如此，芝加哥还是颁布了一项关于包容性住房的条例，适用于有城市财政支持的住房与城市土地开发，或规划变更。巴尔的摩、费城，甚至底特律都在探索类似的措施。

话说回来，包容性住房的作用仍非常有限。在华盛顿，每年200套公寓确实起到一定的作用，但说得委婉点，对一个超过3.8万名租户将其一半或以上的收入花在房租上的城市，用处并不大。此外，经济现实告诉我们，最贫困的家庭负担不起建成的大多数公寓,他们需要持续的补贴,比如代金券,以摆脱生活成本的重担。不过,即使包容性政策没能增加那么多保障性住房,但这个政策起码能表达对包容性和公平性的追求。

回到那些陷入困境的城市社区。我们很难讲约4 600个社区发展机构的工作人员长达50年的工作对所在社区产生了什么影响。无可否认的是,在一些社区变得更好的时候,另一些的状况每况愈下。颇具讽刺意味的是,2005年,知名的城市研究所(Urban Institute)发表的一项研究报告还在吹捧社区发展机构多么成功。至少对我来说,现实是一幅截然不同的图景。正如研究报告所说的那样,研究人员"致力于在最有可能显示结果的社区测试(他们的模型)",那些经过精挑细选且有强大社区发展机构的社区最有可能出现房价的上涨。[29] 不过,在他们研究的五个社区(以下简称"五点地区")中,只有两个社区的房价涨幅明显快于同一城市的其他低收入社区。值得注意的是,这两个社区都位于经济发展势头强劲的城市——俄勒冈州的丹佛和波特兰。

上述情况并不意味着这些(和其他)社区发展机构没有对社区的其他方面产生积极影响。那么,这种影响是什么?它是否改变了该社区原本的发展轨迹?它是否会在其他地方发挥作用呢?让我们看看城市研究所团队选择的丹佛的五点社区。他们写道:"这个地区拥有可建造的开发土地、靠近市中心的地理位置、吸引人的老旧房屋存量,还有新建的轻轨,这些要素为房价的上涨创造了条件。"[30]

换句话说,他们的意思是,五点地区是成熟的绅士化社区。就像我在第五章讨论过的因素:位置、社区肌理,以及那条最重要的新轻轨线。但与此同时,五点地区也出现了严重的问题,包括空置房屋、犯罪,以及周边问题不断的公共住房项目。

五点地区的例子帮我们找到了成功改变社区的关键因素。那里拥有所有可能发生变化的特征——地理位置、住房存量、轻轨线。就像那个精神病医生笑话①里的灯泡一样,它的一切特征都昭示着自己即将改变。与此同时,该地区的负面因素,如犯罪、废弃的房屋,也对变革产生了阻碍。从经济学家的角度来看,对于五点地区的老房子的潜在需求是存在的,但不利于社区发展的负面因素使这种潜在需求无法转化为实际或有效的需求。社区发展机构通过更具吸引力的保障性住房取代衰败的房产、重振商业地带、塑造社区的精神并鼓励居民参与,这些行动以及轻轨线很可能是将该社区的潜力变为现实的催化剂。显然,社区发展机构的介入让情况发生了变化。在 2000 年到 2015 年间,五点地区的家庭收入增加了一倍多,因为该社区的白人人口从 42% 上升到 76%。[31] 五点地区发生了绅士化。五点地区的故事是否能称得上是社

---

① 笑话原文为:患者说:"换一个灯泡需要多少精神医生?"医生问:"我不知道,需要多少呢?"患者答:"一个,但是灯泡得自己想要改变。"笑点在于,"改变"一词既是更换的意思,也是精神医生术语中的精神转变。其引申义是指,给一个病人看病只需要一个医生,但是这个病人自己得想改变。笑话中,"换一个灯泡需要多少……"是英文中针对某一类人刻板印象笑话的一种固定开头。——译者注

区发展机构的成功案例,实际上取决于人们对社区绅士化的看法。

关于复苏的话题并非只与丹佛的五点地区相关。除了少数例外,生活水平有明显提升的地方首先得具有变革的基本条件。但并不是所有的社区都具备那些有利条件,特别是那些受犯罪和废弃房屋负面影响很大的地方。情况糟糕的社区往往更加需要改变。只有当一些人和事介入时,才可能推动其改变,或是像五点地区那样消除了发展的阻碍,或是像圣路易斯市西南花园地区的城市花园蒙氏教育特许学校,通过适当引入更强大的资本来消解发展的阻碍。后者的做法吸引了整个地区的富裕年轻家庭在学校附近买房。

离圣路易斯市西南花园不远的是福克斯公园地区(Fox Park)。这是一个历史悠久的地方,建有许多19世纪的漂亮房子,兼有一些小型的公寓楼。这里被房地产网站Redfin评为2017年"圣路易斯大都市区最热门的社区"。[32]在20世纪90年代,福克斯公园地区还是一个充满废弃房屋且犯罪率居高不下的地方。当时的年轻家庭会选择在附近的社区购买和装修排屋,如拉斐特广场和肖,而不是福克斯公园。据迪西尔斯(De Sales)社区发展机构的执行董事汤姆·皮克尔(Tom Pickel)说:"问题出在多户住宅上,那些房子不是败损就是空置。"所有想在这个街区买房子的年轻家庭,都在考察过他们未来的邻居后就放弃了。

此后,迪西尔斯社区发展机构开始购买空置的多户住宅。在税收抵免的帮助下,他们对这些建筑进行了修缮。渐渐地,衰败的建筑开始被有吸引力且维护良好的建筑所取代。为了确保房屋得到良好的维护，他们成立了一家房产管理公司。如今，这家公司不仅管理着迪西尔斯在福克斯公园地区的300多套房屋和公寓，还为圣路易斯周围的其他业主管理着1 600套公寓。当街区变得更干净也更具吸引力的时候，购房者开始逐渐购买并修缮排屋。一系列变化正在悄然发生。

迪西尔斯自身的努力可能足以永久性地改变了福克斯公园的发展轨迹，但我们永远无法确定这一点，因为还有一些额外的因素，促进了社区复苏的进程。得益于一次成功的社区活动，他们把学校引进了圣路易斯。2009年开办的KIPP特许中学[①]，填补了圣弗朗西斯德萨莱斯教堂旁教区学校的空缺。几年后，一家相当先进的幼儿教育中心在几个街区之外开始招生。

今天的福克斯公园与20年前的社区尤其不同。它仍然有粗糙的边缘和相当数量被忽视和空置的房屋，但几乎在每个街区都能看到人们修理房屋和美化街道的成果（图8-3）。与2000年相比，现在的社区多了200多户业主，而且白人和非裔家庭相处得很好。犯罪率大幅下降，康马克街2700街区的露天毒品市场成为记忆。尽管房价在上涨，但迪西尔斯承诺：保证公寓是可负担的，确保低收入家庭永远是福克斯公园的一部分。

---

① KIPP(the Knowledge is Power Program)，即知识就是力量项目，该项目旨在帮助困难学生提高学习成绩，助其考入高等院校，改变命运。

图8-3　圣路易斯福克斯公园附近19世纪建造的排屋
资料来源：谷歌地球

五点地区和福克斯公园的故事让人看见了社区复苏的希望，同时也引出了很多令人不安的问题。难道恢复活力的社区只是那些在正确的地点，并且有正确的肌理留存的社区吗？再者，有没有可能那些社区重生的主要原因甚至唯一原因是，那里涌入了大量新来的富人，换句话讲，是因为绅士化？最后，如果真的是这样，这是否意味着，我们不用再考虑那些没有正确的肌理或是位置"错误"的地方？

最后一个问题的答案必定是一个简单而毫不含糊的否定。因为人们还住在那里。但这又引发了另一个问题：按照目前的情况看，有些社区与福克斯公园或五点地区的模式相同，但其复兴还是希望渺茫甚至毫无希望，如果当真如此的话，还有复兴的替代方案吗？

第八章 空置房屋和衰败社区——面临挑战的城市空间

巴尔的摩一个社区的故事为这些问题提供了令人不安的线索。2015 年,弗雷迪·格雷(Freddie Gray)被杀案在巴尔的摩的一些社区引发了数天的抗议和暴力事件,报社记者们涌入其居住的沙镇-温切斯特社区进行调查报道。这是一个充满苦痛的贫困社区,但这个社区有一段不寻常的过往。

20 世纪 80 年代末,在切萨皮克湾(Chesapeake Bay)对面长大的企业基金会负责人詹姆斯·劳斯"正在寻找一个项目,以全面展示社区更新的方法,并满足社区内所有需求"。[33]他对《太阳报》说,在当时的市长库尔特·施莫克(Kurt Schmoke)和社区领导人支持下,他的目标是"以严肃和建设性的方式改造这个在全美都算得上极端贫穷的人口聚居区"。[34]他和市长选择了位于西巴尔的摩的极度贫困的非裔美国人社区沙镇-温切斯特。这里将作为社区重建的实验区,并为全美其他地区起到模范作用。

为了实现这个目标,劳斯和该市建立了沙镇-温切斯特社区改造项目(Neighborhood Transformation, NT)。在接下来的十年里,该项目花费了 1.3 亿美元(按 2017 年的美元计算为 2 亿至 2.5 亿美元)用于新建和改善住房,另外还有大量的、难以确定的资金,或用于改善当地学校,或用于创造就业机会、进行就业准备和培训计划,或用于开展医疗保健计划。然而,正如《华盛顿邮报》在弗雷迪·格雷去世时所描述的那样,在如今的沙镇-温切斯特社区,"一个个街区中的房子都用木板封了起来,太多人失去了希望"。如今,这里仅有 8 500

人,与 1990 年相比,减少了四分之一以上。[35]

发生了什么事? 2013 年,学者斯蒂芬妮·德卢卡(Stefanie DeLuca)和彼得·罗森布拉特(Peter Rosenblatt)开展了一项研究,他们称之为"巴尔的摩城市复兴的大胆实验"。我使用他们研究中的一些数据绘制了图 8-4。图像结果令人震惊:无论是在失业率、家庭收入,还是拥有大学学历的成年人的比例,在 1990 年至 2000 年,沙镇-温切斯特都比其他地方有所改善——当时社区改造进行得如火如荼——但之后各项数值都回到了最初的样子。

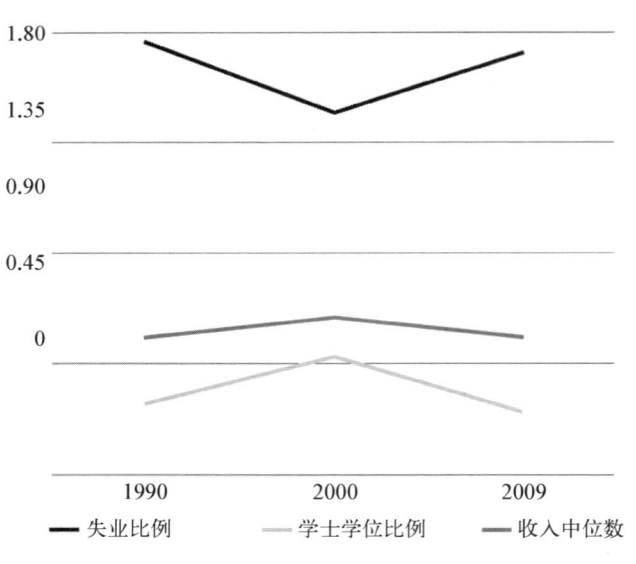

图 8-4 沙镇-温切斯特的变化轨迹

资料来源:来自斯蒂芬妮·德卢卡和彼得·罗森布拉特的数据,原文名为"沙镇-温切斯特——巴尔的摩城市复兴的大胆实验:20 年以后,我们吸取了哪些教训?"。经作者整理

换句话说,当社区改造项目在进行的时候,购房者搬进新房子,人们找到更好的工作,事情开始好转。但可悲的是,巴尔的摩市在20世纪90年代整体变得更穷。在这种情况下,即使是适度的改善也是无意义的。最终,一切都没有改变,资金不断投入社区改造项目,但旧况又都卷土重来。这一切背后的原因又是什么呢?

最根本的原因是,所有这些资金最终并没有改变该社区的基本现状或发展轨迹。在社区改造之前,沙镇-温切斯特是一个人们想要逃离的地方,社区改造项目没能从根本上改变这个现实。尽管我们不确定,但很有可能,那些得到了更好的工作、收入提高的人大多搬出去了,无论他们是受益于社区改造计划,还是通过自己的努力。沙镇-温切斯特仍然受到毒品、犯罪和空置住房的困扰,这一点一直没有改变。新房子对住在里面的人来说很好,但它们大多是建在独立的飞地上,对改变房产价值和其他人的生活没起到任何作用。

从事社区和经济发展的人们很喜欢谈论"溢出效应"——也就是说,建立一个新的住房开发项目或是一家购物中心,可以给周边地区带来正面的效应。同样的道理也适用于新建体育场或会议中心。这个概念貌似很合理,但现实情况要复杂得多。溢出效应不会凭空发生。只有该地区具有较好的基本条件时,才能保证这些目标的实现。近年来,一些研究人员研究了不同活动——拆除废弃房屋、修复空置房屋和绿化空地——对不同类型社区的房地产价值的影响。他们的发现令人不安,但很重要。在处境艰难但仍然富有活力的社区,这些活动往往有助于稳定市场，也有助于提高周围房屋的价值。但是在最贫困的地区，由于这些地区的房产价值过低，导致这些活动不能产生任何影响。沙镇-温切斯特就属于后者。

这是一个痛苦的现实，如果想搞清楚如何建设包容性城市，我们就需要努力解决这个问题。除非一个社区靠近像费尔斯角这样的强势社区或有像约翰斯·霍普金斯大学这样的靠山，或是这个社区有漂亮的房子并且房子之间没有太多的弃地，否则成功复兴的机会是微乎其微的。另外，如果那些区位条件优越、房源充足的社区真的恢复了活力，通常是因为有钱人搬进来了。这未必是件坏事，但它引发了这样的问题：以前住在那里的人到底受益多少，或者说他们是否被逐渐地排挤出去。

那么，我们能做些什么呢？主要有三件事情。首先，为沙镇-温切斯特、霍姆伍德以及其他类似地区的人们提供摆脱贫困的机会，这是一项艰巨但并非不可能完成的任务。具体怎么做将是下一章的主题。其次，改善这些社区的生活质量，让居住在那里的人们生活得更好，减少生存的危险与生活的痛苦。最后，当居住在这些社区的低收入人口想要搬离时，我们应为他们创造更多的机会，让他们前往机遇更多的地区，而不是被迫搬到贫困的地区。

改善贫困社区的生活质量是至关重要的。这既是公平问题，也是社会正义的基本原则。出于这个原因，许多社区发展机构和地方政府所做的事是有价值的，无论它是否对地区的经济和人口发展带来了积极影响。改善市场状况是一件重要的事情,但不是唯一的事情。在某些情况下,我们应该而不是多考虑改善社区的现状,彻底改变社区的现状。

正如我在本章前面提到的,拆除空置的、废弃的建筑,并把空地变成有吸引力的绿地,是一个重要的开始。许多像图8-1所示的地方,可能是费城最艰难的地区之一,上述举措可以帮助那里变得更安全,并改善人们对这些地区的态度。

对于低收入的、年迈的业主来说,应获得修复家园的帮助,或有人助其修缮住房的外墙保温层,提高建筑能耗的效率,以便业主可以留在自己的家中而不是被迫搬迁。费城有一个名为"基本系统修复"(Basic Systems Repair)的计划做到了这一点。几年前资金用完后,等待名单中的人数甚至达到数千人,市议会最近小幅提高了全市房地产转让税来恢复该计划。该计划于2017年重启,新增资金1亿美元。[36]

一些城市,比如明尼阿波利斯,设计了一些项目来限制问题房东,并奖励良好房东。该市管理着一个数据库,通过一系列措施跟踪该市每一处出租房,其措施包括罚款、住房违规记录,还有诸如"环卫工必须清理某房产的垃圾收集点"之类的标准。基于这些可靠的数据,他们调整了租赁住房和自有住房的管理规章:良好房东的房子每8年才检查一次,而问题房东房子的每年都要检查一次。良好房东的独户住宅每年只需支付70美元的费用,而问题房东的房子每年需要支付373美元,这些费用是按照城市为不同房东提供的服务成本估算得出的。[37]最重要的是,通过提高房东的门槛,以确保每一所用于出租的房子都是安全、完好、健康的居住场所。

那些看起来很小的事情，比如修理人行道和确保路灯照明也很重要。2013 年，底特律陷入了路灯危机。记者 J.C.赖因德尔（J.C.Reindl）写道：

> "在一些社区，服务参差不齐，也许今天还亮着的灯，明天就熄灭了。在另一些地方，黑暗有时会持续数月或数年……黑暗让一些居民感到管理层在很久以前就抛弃了这里，城市的部分地区已经成了'狂野西部'。一些居民表示，他们只是想要内心的平静，已经不在乎路灯问题对房价的影响。"[38]

在他写下这段话的时候，底特律大约 40% 的路灯是坏的。

同年，达根（Duggan）当选市长时，他发誓要对此做点什么。2014 年初，底特律和州政府联合成立了底特律公共照明管理局（Detroit Public Lighting Authority）。它的使命很简单，就是"用更明亮、更可靠、更节能的灯来改善、更新和维护底特律的路灯基础设施"。[39] 在市长持续施压的情况下，到 2016 年底，在斥资 1.85 亿美元安装了 6.5 万个新的 LED 灯后，公共照明管理局终于战胜了路灯危机。当地居民布赖恩·弗格森（Bryan Ferguson）在庆祝活动上说："现在我们不用每晚行走在黑暗中了。"[40]

最后，对于那些生活在衰败城市社区的人们来说，最重要的事情可能就是安全——能让自己和身边的人无忧无虑地生活。这是一个复杂而令人担忧的问题,我不可能对它进行公正的解释,但它太重要了,至少值得进行一个简短的讨论。

贫民区是个危险的地方。重度贫困地区的犯罪率高于其他地区,而在种族和民族隔离现象严重的重度贫困地区,犯罪率会更高。犯罪不仅影响着社区的空间,还影响着住在那里的人。正如城市住房和发展部的一份报告中所总结的,"一个人在危险社区的生活成本很高。你可能会成为受害者、目睹犯罪现象或为之陷入恐慌,除了犯罪的直接影响……犯罪现象还会导致压力和孤独,损害身心健康,影响学习和工作表现"。[41]高贫困、高犯罪率地区的居民,比参加过伊拉克和阿富汗战争的退伍军人更有可能出现创伤后应激障碍的症状。贫困,加上生活在一个高度贫困和高犯罪率的社区,使得人更难以逃离贫困。

目前我们还不能完全搞明白,美国许多城市警察的普遍做法正让事情变好还是变坏。对于中产地区的白人中产家庭来说,警察的存在即使没有起到保护作用,也通常被认为是良性的;在其他地方,情况则完全不同。在贫困的、种族隔离的社区,正如埃米·莱尔曼(Amy Lerman)和维斯拉·韦弗(Vesla Weaver)所写的那样:"用于监控的基础设施是社区生活体系中无处不在的一部分,包括警察局、巡逻车以及巡逻时穿过居民建筑的警察。在这些社区,居民们在日常生活中经常遇到警察,而与警察的接触往往是非自愿的、不友好的。"[42]

高度贫困社区的居民,特别是非裔美国人,普遍不信任警察。他们更可能将警察视为敌对的占领军,而不是打击暴力犯罪的力量。在对美国六个城市的高犯罪率、高贫困率社区的居民进行的一项调查中,城市研究所的南希·拉维涅(Nancy LaVigne)和她的同事发现,只有三分之一的人"大体上支持警察在(他们)社区内的行为",不到四分之一的人认为"警察局要求警官对社区内的失常或不当行为负责"。[43]

最终,摆在所有人面前的是一个进退维谷的局面。犯罪的确是一个问题,但正如莱尔曼和韦弗所指出的:"治安巡逻更多的地区,也会让居民感到不安全,不仅因为他们居住在高犯罪率地区,还因为他们认为与警察的互动是不安全的。"紧张局势有利有弊。许多警察在低收入地区也觉得不舒服,与居民对警察的感受差不了多少。

社区警务项目已经产生了些许积极影响,比如说在警察和低收入社区居民之间建立起更积极的关系。然而,此项目往往被视为一个形象工程,而非真心想那么做,也经常因为预算限制或与美国警察文化的潜在冲突而搁浅。正如司法部的一份报告所指出的那样,"应该鼓励警官们在工作时立即接管现场,并迅速解决它"——如果有必要的话,采取暴力。[44]

为了应对这种情况,至少有几个警察部门正在培训他们的警官如何缓和那些以往会走向暴力的情况。新泽西州卡姆登县的警察局长斯科特·汤普森(Scott Thompson)说:"从历史上看,警官们一直在匆忙地处理各种情况,因为我们提供的训练让他们那样处理问题,但这对他们来说很危险,往往留给他们唯一的选项就是开枪。我们告诉警官们应该做的是放慢速度。"他认为这是"从战士到守护者的转变"。[45]这种转变对许多警察部门来说是艰难的，但却是必不可少的。

人的行为并非完全由社会和经济决定。同样的，除了少数圣人和隐士之外，没有人可以完全不受社会和经济因素的影响。在贫困社区，特别是在那些非裔美国人占大多数或完全是非裔美国人的社区，其犯罪和安全问题同经济形势以及种族与权力的动态变化交织在一起。我们将在第十章中仔细研究这些动态，但在此之前，我们将探讨当今风云变幻的城市正面临的另一个关键挑战——让人民摆脱贫困，并让他们有机会共享城市复兴所带来的红利。

第九章

就业与教育
——逃脱贫困陷阱的努力

  霍姆伍德可能是匹兹堡最贫穷也最疏于维护的社区。或许你听说过匹兹堡戏剧作家奥古斯特·威尔逊的精湛作品,但那描写的是匹兹堡市中心和匹兹堡大学之间的希尔区,本章的主角霍姆伍德却堪称匹兹堡东区中的孤岛,是一个人迹罕至的地方。正如当地的市议员里基·伯吉斯(Ricky Burgess)牧师在2015年的一篇专栏文章中所写:"霍姆伍德是匹兹堡最贫穷、最单调、最危险的社区,存在着最恶劣的暴力事件和最严重的经济问题。霍姆伍德还拥有全市最多的空置、废弃或拖欠税款的房产。这里没有杂货店,没有药店,没有服装店,更别提那些名牌商店。毒品、犯罪和枪支暴力让社区中弥漫着恐惧和绝望,损害了所有居民的生活质量。这个社区正处于危机当中。"[1]

  伯吉斯牧师所描述的情况并不是最近才出现。将近四十年前,也就是霍姆伍德现在大多数居民出生的前几年,小说家

第九章　就业与教育——逃脱贫困陷阱的努力

约翰·埃德加·怀德曼（John Edgar Wideman）写了一篇故事，描写了一名霍姆伍德的年轻人盯着"死气沉沉的店面"。"他眯着眼睛看着，"怀德曼写道，"他的视线未停留在缺失玻璃的木窗框上，而是像阅读海报一样浏览着，好像他可能需要知道一些事情一样……就像他可能发现为什么他25岁了还是一无所有，此后也还会一无所有……"[2] 随着一代又一代的人在霍姆伍德长大，住在那里的人一年比一年少，空置的房屋和店面逐年增多，而且居民大多是穷人或老人。

然而，霍姆伍德或者巴尔的摩的沙镇-温切斯特，以及老城市中百余个类似社区的衰败，并非是由于空置的住房、土地或者其他物理环境因素所导致的。如果仅仅因为这些原因，就无法充分解释为什么这些社区几十年来一直保持原样。如果只需要修缮建筑物就可以解决问题，那未免太简单了。社区出现集中、持续、代际传递的贫困现象另有原因。

城市，尤其是工业城市，总是承担了过多的贫困人口。正如经济学家爱德华·格莱泽所说："城市之所以到处都是穷人，并不是因为城市让人们变穷，而是因为穷人们抱有改变生活的美好愿景来到城市生活。"[3] 在历史上，城市一直充满了各类机遇，大多数早期涌入美国老城市的贫困移民也确实在此提高了生活水平。一代人之后，多数生活在那些贫困的少数族裔聚居区中的孩子都在不断变好，就像雅各布·里斯或哈钦斯·哈普古德描述的那样。贫穷并不美好，但贫穷往往是20世纪中期的美国中产阶级的努力起点。

全美的实际贫困程度远低于一百年前，不过，贫困从未在美国消失,而且持续存在的代际传递贫困问题愈发突出。真正意义上的贫困者不仅仅是官方定义的"低于贫困线"的人,那是20世纪60年代编出来的衡量标准,很难反映当今的现实。如今,一位有两个孩子的单亲妈妈在费城的年收入为2.5万美元,比2017年的官方贫困线高出近25%,但她需要花费总收入的一半才能租住当地中等价位的两居室公寓。如果我们将官方贫困收入水平的1.5倍视为"实际贫困",我们会发现,在费城和圣路易斯等相对成功的老工业城市中,有三分之一以上的居民身处贫困,在底特律或克利夫兰等更困难的城市中,有一半或更多居民为贫困人口。他们极有可能生活在集中贫困地区,在那里,他们的贫困代代相传,几乎与遗传性状的传递一样可以预测。在美国城市,贫穷不再是向上流动的垫脚石,而是一个很少有人能逃脱的陷阱。

这个陷阱是美国城市复兴的另一面,被困在其中的人非常多,这些人将持续存在,而且正随着时间的推移而增长。除非我们的国家或者城市开始改变这种情况,让更多的人摆脱陷阱,否则城市只会变得更加两极分化。这样的结果不仅与公平和社会正义背道而驰,更进一步讲,如果我们任其发生,就可能会动摇这些城市当前复兴的根基,最终酿成一场悲剧。如果美国城市恢复到20世纪70年代不幸的、看似无望的状态,无人会从中受益,更不用说那些贫困社区与非裔美国人社区。

无疑,贫困陷阱的问题是必须改变的情况,在我们研究解决办法之前,我们需要提出一个略有难度的问题:为什么贫困在今天成了愈发难以摆脱的陷阱？

这是一个很难回答的问题，因为它背后有太多的影响要素，而且很难把握。简单的解释和解决方案比比皆是。左翼的智库全球研究（Global Research）用直白而简练的术语解释了代际贫困："父母……无法获得优质教育的机会，因此无法找到高薪工作，最终陷入贫困。仍生活在同一地区的孩子也因没有接受优质教育而受苦，他们的结局和父母是一样的：更加贫困。"[4]在政治倾向的另一端，右翼组织的美国行动论坛（American Action Forum）正鼓吹提高医保参保门槛，认为"只有那些主动找到稳定工作、投资自身劳动能力、走上脱贫之路的人，才能参保"。[5]

这些论点漏洞百出。缺乏优质教育的确是一个因素，但远不是个人贫困或代际贫困传递的主导因素。更令人疑惑且观点更为危险的是右翼们的主张——认为强迫人们找到工作将使他们摆脱贫困。正如许多人提到的那样，大多数穷人都在工作。几乎三分之二的贫困家庭都至少有一人在职，有些甚至不止一人在职。但对于来自内城的低技能工人来说，工作不是摆脱贫困的手段，反而是贫困陷阱的一部分。

芭芭拉·埃伦赖希（Barbara Ehrenreich）写道：

"我干过服务员、疗养院助理、酒店管家、沃尔玛助理和房屋清洁女佣等工作……这些入门级工作是女性最容易获得的。我发现，一般而言，这些工作都是陷阱：它们的报酬太低，以至于你甚至无法积攒几百美元来帮助你过渡到薪水更高的工作。它们通常让你难以控制自己的工作日程，以至于无法照顾孩子或从事第二份工作。在其中许多工作中，即使是年轻女性也会很快开始经历身体损耗，尤其是膝盖和背部，这会让她们不得不痛苦地结束自己的工作和生活。"[6]

酒店或护理院的服务员、家庭健康助理、麦当劳的快餐厨师或沃尔玛的零售店员，以及类似工作，其平均工资约为每小时 10 美元，也就是每年约 2 万美元，前提是你需要全年每周工作至少 40 小时。2 万美元大约是一个三口之家或一个二孩单亲母亲家庭摆脱贫困的收入水平，但大多数穷人不是全职工作，也不是全年工作。在克利夫兰，超过三分之一的劳动者在 2014 年的收入低于 1.5 万美元。克利夫兰所有贫困或者非贫困工人的年收入中位数都略低于 2.3 万美元。在克利夫兰这样的城市，在 50 年前，几乎没怎么受过正规教育的人就能拿到高薪的制造业工作从而进入中产阶级，这样的机会早已消失。

如果只依靠那些没有学历或技术要求的工作所提供的微薄工资，城市集中贫困地区的居民远不能摆脱贫困。工作地点通常离他们的家很远，即便有公共交通也非常不方便。很少有穷人买得起车，他们只能选择离公共交通足够近的工作岗位，但这些工作数量有限。

对于居住在克利夫兰中心社区的居民来说，位于近郊区比奇伍德（Beachwood）的阿胡亚医疗中心（Ahuja Medical

Center)是可能的就业点之一。他们可以驾车 25 分钟到达那里；但是如果搭乘公共交通的话，需要步行 15 到 20 分钟到最近的巴士站，换乘两种不同的巴士，再步行 10 分钟到医院，一切顺利的话大约需要一个半小时。对于同一个人来说，驾车前往斯特朗斯维尔（Strongsville）的奥登海姆养老院（Altenheim Senior Living）仅需 30 分钟，但依靠公共交通则需要两个多小时，其中包括超过 1.6 千米的步行路程。除了狂热的健身爱好者之外，很难想象会有通勤者愿意步行 1.6 千米去上班，尤其是在克利夫兰冬季寒冷的雪天。

就算得到了这份工作，你也很可能会发现工作排班并不规律，或是工作时间太短以至于无法维持生计。亚特兰大的戴伊莎·戴维斯（Dayisja Davis）曾在佰百鸡（Popeyes）工作。"她认为，自己如果能找到好的托儿服务，就能工作和上学，"阿兰娜·塞缪尔斯在《大西洋》中写道，"她申请了 CAPS，这是佐治亚州为低收入父母提供的托儿补贴。不过，戴维斯的申请被拒绝了，因为她无法满足每周工作 25 小时的要求。在炸鸡店，她的工作时间根本没有定数，有时她无法得到足够的轮班。"[7] 不稳定的工作时间不仅意味着他们无法保证支付每月的房租，而且任何活动，包括看病或是参加家长会，都可能导致收入损失，甚至失去工作。

我们已经知道贫困本身会损害身体，并导致精神压抑，但肯尼斯·克拉克的《黑暗贫民窟》一书以及后续数十年的研究表明，集中性贫困具有难以想象的破坏性。集中贫困地区对家庭生活、工作机会和青年行为的影响并不是中性的，而是一种强烈的负面力量。它会对人们的生活造成严重破坏,父母为子女创造更美好生活的所有努力都会白费。明尼阿波利斯双子城崛起项目(Twin Cities RISE!)的首席执行官汤姆·施特赖茨有句话说得不错:"贫穷彻底重塑了人们的生活。"

罗格斯大学研究贫困的学者保罗·贾戈夫斯基(Paul Jargowsky)写道:"居住在非裔贫民区或西语贫民区让成年人更难找到工作,也让儿童更难习得谋生的技能。犯罪率高、公共服务质量低下以及社会溢出效应给家庭带来了巨大的负担,而这些都是联邦设立的贫困标准线所无法体现的"。[8]贫困带来的所有影响——缺乏工作、居住不稳定、破碎不堪的家庭结构、健康问题和生存的巨大压力——都被放大和复杂化。

内城的孩子们不断地从一个地方搬到另一个地方,从一个学校转到另一个学校,这些学校往往不够完善,他们还不断受到街上同龄人的霸凌。即使他们在暴力事件中幸存下来并逃脱了进监狱的命运,他们也很少能接受正规教育,或凭借综合能力进入高等院校,更不必说获得一份稳定、高薪的工作并坚持干下去。那些使人衰弱的疾病和健康问题,例如肺结核、糖尿病和肥胖症,在集中贫困地区更为普遍。贫困人口也更容易受到犯罪和暴力的影响。正如芝加哥哈特兰研究所(Heartland Institute)的一份报告总结的那样:

> "他们……遭受陌生人暴力的比例比高收入者高75%。当犯罪者是受害者认识的人时,不同收入水平群体的暴力犯罪受害率差距甚至更大……生活贫困的人遭

受亲密伴侣暴力的比例比高收入人群高286％,而他们遭受其他家庭成员犯罪的比例比高收入人群高278％,遭受朋友或熟人犯罪的比例比高收入者高149％。"[9]

人们可以继续探讨市中心地区如此危险的原因,但无可争辩的是:城市贫困集中的地区,尤其是那些以非裔美国人为主的地区,非常危险。

反复遭受暴力的儿童会受到创伤,正如非裔心理学家欧文·伦道夫·帕森(Erwin Randolph Parson)所描述的那样:

"……生活在市中心的儿童从很小的时候就经常处于吸毒、枪支、纵火和满是暴力的环境中。他们目睹伤害、苦难和死亡,以恐惧和悲伤作为回应,剧烈的创伤在他们的成长中只是寻常。对心理的负面影响不仅种类繁多,而且每个都是大问题:对自己的厌恶,对社区和世界的信任、内在的道德价值观和关怀伦理的严重丧失,以及内在和外在的安全感和现实感的崩溃。"[10]

关于亚特兰大的一项大规模研究发现,"童年创伤、成人创伤和创伤后应激障碍与人际暴力的持续存在高度相关"。[11]这项研究的负责人肯尼·雷斯勒(Kenny Ressler)总结称:"我们看到的创伤后应激障碍发生率与伊拉克、阿富汗或越战老兵基本相同,甚至更高。"[12]

集中贫困能影响数代人。正如社会学家帕特里克·夏基的研究所表明的那样,在高度集中的贫困地区长大,更可能使人无法脱离贫困,更可能使人永远不会离开该地区。正如他指出的那样:"世代相传的集中劣势不断累积,变得尤为严重。"与仅有一代人在贫困社区生活过的家庭相比,在多代不利条件影响下的儿童"表现出更糟糕的发展成果……即使我们考虑了家庭中可能影响儿童发展的其他一切因素"。[13]与贫穷的白人儿童相比,贫穷的黑人儿童更有可能在集中贫困的社区长大,因此他们成年后更可能还是穷人。

不过,要想讲明白贫困陷阱,就还要讨论另一个难题,那就是城市居民是否从近年来发生的经济增长中受益。直到最近,许多人都觉得这个问题的答案是否定的,但很难证明。不过,近年来,美国人口普查局公开了这些数据。通过同时挖掘联邦和州的相关数据,他们建立了一个数据库,并起了一个相当夸张的名字——纵向雇主-家庭动态(Longitudinal Employer Household Dynamic)。更重要的是,他们使用这些数据创建了一个名为 On-the-Map 的网站。该网站显示了从 2002 年到 2015 年(也就是我写书的这段时间)就业人口的居住地点、工作地点、所得收入之类的数据。

我从这些数据中发现的第一件事是,仅仅从数量上看,美国许多曾经的工业城市,尤其是大城市,都有很多工作岗位——巴尔的摩的工作岗位比居住在该市的劳动力多近50%,匹兹堡的工作岗位是本地劳动力的两倍多。我发现的第二件事是,在这些城市工作的大多数人并不住在那里。新泽西州纽瓦克市有近 13 万个工作岗位,但其中只有 2.2

第九章 就业与教育——逃脱贫困陷阱的努力

万人居住在该市,其余的工作者都通勤往返于纽瓦克市和其他城市。

在纽瓦克市,每天有超过 10.6 万人进城工作,同时又有超过 6.3 万人离开城市到郊区或其他附近城市工作。这种现象在全美都非常普遍。在克利夫兰,每天有 20.4 万人通勤到市中心上班,7.2 万人离开城市到郊区工作。更多的城市居民在郊区工作而非城市,只有 6.1 万人的住所和工作都在克利夫兰。我在第七章中所描述的许多小城市和工业城镇中,情况更加极端,除了极少数例外,这些地方的就业人口都在以惊人的速度流失。

从这个角度可以划分出三类劳动力:在城市内生活和工作的人(城内居住-城内工作);居住在城市并在郊区工作的人(城内居住-郊区工作);住在郊区并在城市工作的人(郊区居住-城内工作)。如果我们研究自 2002 年以来这三类群体各自发生的变化,会得到惊人的结论。虽然克利夫兰的工作总数小幅增加了,但这些年来,"城内居住-城内工作"的居民人数下降了 2.2 万,即 26%。换句话说,2014 年在克利夫兰工作的城市居民比 2002 年减少了 2.2 万人。在郊区工作的城市居民(城内居住-郊区工作)人数也少了这么多;总的来讲,在短短 12 年的时间里,无论在哪里工作,住在克利夫兰且有工作的人数,减少了 4.5 万人。与此同时,居住在其他地区前往克利夫兰上班的人数却增加了 2.5 万人。

克利夫兰 177 个人口普查区中,有 8 个人口普查区的实际就业人口变多了:一个是包括大学圈在内的人口普查区,其他的要么在市中心,要么在绅士化的特里蒙特(Tremont)社区。相比之下,居住在城市东区的格伦维尔(Glenville)和森林山(Forest Hills)附近的上班族人数下降了 2 500,即 40%,而这两个地方距离当地的医疗中心以及工作机会丰富的大学区仅有 3.2 千米,车程约 10 分钟。

与克利夫兰不同的是,巴尔的摩的工作岗位一直在以可观的速度增加,在 2002—2015 年期间,增加了 2.7 万个工作岗位。但巴尔的摩也出现了和克利夫兰同样的情况:职住同城的人越来越少,通勤者①越来越多。居住在巴尔的摩并在该市工作的人数减少了 1.5 万,而通勤者增加了 4.2 万。

不仅通勤者的数量在增长,他们还越来越多地接任了曾经由城市居民担任的工作,而且是其中最好的工作。他们的收入远远超过那些在城市工作的城市居民,且收入增长也更快。2014 年,在克利夫兰工作的通勤者年收入的中位数为 5 万美元,在该市工作的城市居民的年收入中位数为 3.1 万美元,在郊区工作的城市居民的年收入中位数为 2.6 万美元。除此以外,从 2002 年到 2015 年,通勤者的收入平均增长了 40%,在城市工作的城市居民的收入增长了 22%,而那些在郊区工作的城市居民的收入仅增长了 15%。考虑到这一时期的通货膨胀率为 32.5%,城市居民的实际收入变少了。

该数据实际上低估了不平衡的程度,因为全市范围的数

---

① 这里的通勤者,特指住在郊区且通勤至城市工作的人,不包含通勤至郊区的城市居民。——译者注

据将青年毕业生搬入的地区(市中心、特里蒙特和大学圈)与城市其他地区混为一谈。这些是克利夫兰居民赚钱的地方,也是工作者数量不断增长的地方。在城市的其他地方,情况完全相反。事实上,当我将巴尔的摩人口普查区的失业率与贫困率进行比较时,可以看到强大的相关性(图9-1)。

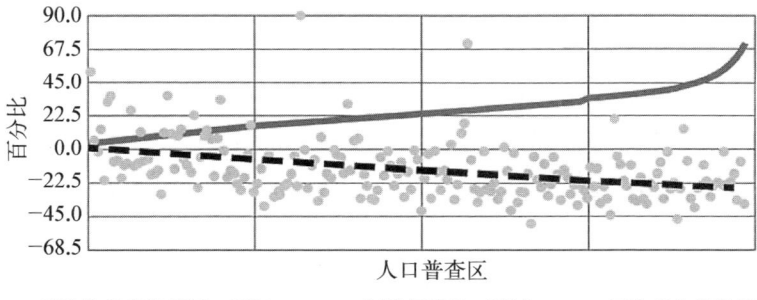

- 工作数量变化2002—2014 ——贫困率2011—2015 - - 工作变化趋势线

图9-1 巴尔的摩各个人口普查区的就业和贫困的变化①

资料来源:美国人口普查局

市中心发生的经济增长,以及像大学圈、巴尔的摩的约翰斯·霍普金斯大学或西费城这样的就业集群,并没有溢出到周边陷入困境的社区。几年前,我写了一篇相关的文章,名为"经济城市的脱钩"。[14]我的意思是经济城市,即由其工作和雇主定义的城市,正在与生活在城市中的人们脱节。取而代之的是,经济城市越来越依赖于劳动力,在某些情况下,他们居住在城市特权社区,但更多时候他们完全住在城外。说白了,

---

① 该图中,横坐标为巴尔的摩市各人口普查区在2011至2015年间的贫困率,该图显示贫困率越高的普查区,就业减少越多。——译者注

不断发展的城市经济，和居住在城市大部分地区的人一点关系都没有。马克思主义经济学家认为新的城市复兴正在剥削穷人，这是完全错误的。城市复兴正在无视穷人。

问题是为什么会发生这种情况？目前已经有了许多解释，虽然每一个似乎都解释了部分情况，但不清楚它们加起来是否就是一个完整的答案。"空间错配"假说是众所周知的，即低收入少数族裔家庭居住地与工作转移地之间的错配。由于住房成本和歧视，低收入家庭仍然滞留在城市，然而他们的工作岗位已经转移到郊区。

正如我们所看到的，在某种程度上这是真的，虽然城市里仍然有很多工作，但是每天有成千上万的居住在市中心的就业者通勤到郊区工作。这是非常糟糕的。大多数工作报酬很低，高昂的交通成本蚕食着他们微薄的收入，对许多人来说郊区的工作是把他们困在贫困之中的牢笼，而不是一张向上爬的门票。尽管如此，美国每个城市都有成千上万的低收入者在追求这些郊区的工作。

另一种解释是工作与教育的不匹配，也就是说，越来越多的工作需要高等教育或其他专业技能，而大多数城市居民缺乏这些技能。如果我们深入研究一下城市中的工作，我们会发现需要大学毕业生从事的工作数量比居住在城市中的大学毕业生的数量多得多。克利夫兰超过三分之一的工作由大学毕业生担任，但居住在克利夫兰的成年人中只有不到六分之一的人拥有学士或以上学位。

可以说，这些工作中的相当一部分可能不需要学士学位；

劳工经济学家斯蒂芬·罗斯（Stephen Rose）在2014年的一项最新研究中发现，四分之一的大学毕业生对于从事的工作而言有过高的学历。[15]部分原因可能是劳动力市场紧张的结果，另一部分原因可能是一些人所说的"学历蠕变"（credential creep），即雇主倾向于优先考虑学历较高的候选人，即便工作本身不需要这些技能。无论哪种情况，由于城市内的非裔美国人比白人更难获得学士学位，工作与教育的不匹配更多地影响了前者。在巴尔的摩，只有14％的成年黑人拥有学士学位或更高学位，而白人则是55％。但是，这仍然只是部分原因。

市中心居民与市中心工作之间的差距，不仅仅是学士学位等可以衡量的东西所造成的。有些年轻人虽然拥有市中心学校的高中文凭，但他们甚至可能缺乏低技术工作所需的技能，比如九年级的阅读和数学，或者口头和书面上清晰交流的能力。同样重要的是所谓的软技能，即待人的态度、职业道德以及与同事和客户相处的能力。正如零售店的一位人力资源主管对研究人员菲利普·莫斯（Phillip Moss）和克里斯·蒂利（Chris Tilly）所说："我告诉我的人事经理……如果他们不会微笑，就不要雇佣他们。"[16]

软技能变得越来越重要，这可能会对许多非裔美国人不利——不是所有人，主要是年轻男性，尤其是那些来自孤立的集中贫困社区的年轻男性，那里的街头文化鼓励的行为，与主流文化所鼓励的行为大不相同。尽管歧视无疑是一个因素，但在莫斯和蒂利采访的人事经理中，市中心企业对黑人男性软技能持负面看法的可能性是郊区企业的三倍多。

还有另一个因素,它可能比人们认为的影响更大,西北大学劳伦·里韦拉(Lauren Rivera)教授称之为"文化匹配",即人们倾向于雇佣长相或行为与他们相似的人。里韦拉研究了律师事务所、银行和咨询公司的精英招聘模式,发现在这些公司中,文化匹配是内在的。正如一位律所合伙人告诉她的那样:"在我们的新同事中,我们首先要寻找文化相容性,一个……能够契合我们的人。"[17]

虽然文化契合不一定与种族有关(里韦拉引用的那位合伙人是黑人),但种族很可能是一个因素,特别是在非精英的企业中。在这种环境中,做出招聘决定的人可能并不会顾及肤色多样性的问题。大多数从事招聘工作的人是白人。2004年,经济学家玛丽安娜·伯特兰(Marianne Bertrand)和森希尔·穆莱纳坦(Sendhil Mullainathan)在一项名为"艾米莉和格雷格是否比拉比基沙和贾马尔更有可能获得工作?"的著名研究中发现,带有"白人"名字的简历比带有"黑人"名字的简历更有可能被邀请参加面试。[18]

即使具体的统计数字可能是新的,但上述观点并不新鲜。50年前,克纳委员会(Kerner Commission)描绘了一幅种族隔离的集中贫困地区惨淡的图景,认为"失业和家庭解体导致的贫困文化在贫民区内形成了一种无情的剥削关系体系",并指出黑人男性的高失业率和就业不足是一个特别关键的因素。该委员会的建议在今天和当时一样重要,包括"激励长期失业者"、消除"就业和晋升的人为障碍"、提供"贫民窟学校的优质教育",以及"加大力度消除事实上的种族隔离"。[19]

自那时以来,如果说这些建议没有取得进展是不对的。1966年,当时以非裔美国人为主的"非白人"群体的贫困率超过40%。如今,在非裔美国人中,这一比例为25%。虽然25%还是很高,但相比40%已然是一个巨大的进步。然而,这种变化的好处更多地体现在郊区。在那里,向上流动的黑人家庭比在中心城区要多。圣路易斯和密尔沃基黑人居民的贫困率为35%,克利夫兰和布法罗的贫困率超过40%。至少在这方面,这些城市仍然生活在20世纪60年代。

几十年来,人们一直在努力,为更好的工作和职业创造有意义的机会,并试图打破看似永无止境的代际贫困循环的问题。他们的一些努力确实取得了成功,其他很多做法也有了一些效果。与此同时,正如我们将看到的那样,如果未能解决导致贫困持续存在的更大的系统性问题,那么过去几十年的许多经验大多就只是向前迈出一步,或是向后退了一步,甚至两步。

从国家的角度看,最成功的举措就是增加人民收入,如所得税抵免(Earned Income Tax Credit,EITC),以及使穷人满足基本生存需求的诸多措施。布鲁金斯学会的研究人员娜塔莉·霍姆斯(Natalie Holmes)和艾伦·贝鲁布写道:"EITC虽然一开始并没有对抗贫困的打算,但在40年的时间里,它已帮助许多低收入工人及其家庭脱贫,在这方面成了美国最有效的工具之一。"[20] 布鲁金斯学会在2013年的一项研究估计,EITC帮助620万人脱贫,其中一半是儿童。[21]

EITC向有子女的低收入家庭退还联邦所得税和社会保

障金,退款金额取决于其收入、婚姻状况和子女数量。随着家庭收入的增加,其他项目带来的福利会减少或取消,在一定程度上,返还款会随着家庭收入的增加而增加,能够抵消福利减少的影响。EITC 也有更多的长期影响,正如预算和政策优先权中心(Center for Budget and Policy Priorities)的罗伯特·格林斯坦(Robert Greenstein)指出的:"一项令人印象深刻的最新研究表明,从婴儿期开始,更高的税收抵免与更多的产前护理、更少的母亲压力和更好的婴儿健康联系在一起。受益于扩大税收抵免的儿童,在整个童年时期表现更好,完成高中学业和上大学的概率更高。"[22]

其他联邦项目,例如补充营养援助项目,也就是众所周知的"食品券";住房选择券项目,即过去大家熟知的"第八款"项目;以及为低收入人群提供基本医疗服务的医疗补助项目。这些项目并不直接将现金放进人们的口袋,而是使他们能够满足食物、住所和医疗保健等基本需求。对于穷人来说,食品券和医疗补助项目都是应得的权利,也就是说,只要你足够穷,你就有权享受这项福利。而住房选择券却不是。事实上,根据可能较为乐观的官方数据,只有四分之一符合条件的贫困家庭获得了租金补贴。住房选择券就像彩票一样。许多人购买彩票,但大多数人空手而归。

如果你很穷,并且没有得到住房券彩票,一系列的事情便接踵而来。首先,你的房租很可能占你总收入的 50% 甚至更多。2015 年,匹兹堡的房租中位数是每月 858 美元,也就是每年 1 万多美元。这是一个在郊区从事零售工作,年收入 1.5

万美元的单亲妈妈总收入的三分之二。这意味着两件事：第一件事是，再次引用马修·德斯蒙德的《被驱逐者》中所写："如果阿琳或瓦内塔不必拿出收入的70%或80%来租房，他们就有能力让孩子吃得饱，穿得暖，不用流落街头。他们可以在一个社区定居，让孩子在一所学校上学……他们可以开一个储蓄账户，或者给孩子买玩具和书，甚至是一台家用电脑。"[23]

第二件事是，房租支出使阿琳和瓦内塔的生活摇摇欲坠，对于他们来说，每月交房租是没有尽头的痛苦。任何事情都可能让他们崩溃——医疗问题、发动不了的车、迟到的公交车、工时的减少、错过福利的预约。当这些情况发生时，他们就付不起房租，从而失去了住在公寓的机会。他们要么通过正式的法律程序被驱逐，要么在知道无路可走的情况下提前离开。就像德斯蒙德所写的：

> "即使在美国城市最荒凉的地区，驱逐也曾是罕见的。那里曾经吸引了很多人……最近，有一些警长小组的全职工作是执行驱逐和止赎的命令。甚至还有专门从事驱逐工作的搬家公司，他们的工作人员每个工作日都在工作……这些天来，住房案件不断增多，迫使法官们在走廊或临时办公室解决案件……低收入家庭已经习惯了搬家卡车的隆隆声、清晨的敲门声和摆满路边的个人物品。"[24]

在巴尔的摩，每个工作日都有30个家庭被驱逐。

如果没有收入税收抵免、补充营养援助项目、医疗补助项目和为数不多的住房选择券，数百万美国家庭的情况会更糟，但这些都是为了保障生存所需，并不是额外的机会和选择。如果我们像很多人提议的那样，将全国最低时薪提高到 15 美元，那么许多人的状况都会得到改善。提高最低工资标准可能确实有好处，但我们不能确定这个决策一定会带来正面影响。因为我们无法预知，对于那些低收入者而言，最低工资提高会带来正面还是负面的效应。工资提高后，有些工作岗位可能会直接消失或是转移到海外。与许多其他复杂的政策建议一样，现有的研究也是十分有限。

与所有影响深远的政策一样，如北美自由贸易协定，成本和利益的分配方式可能是失衡的。在旧金山湾区这样比较富裕（和高消费）的地区，低技能工作的工资通常远超现有的最低工资标准。与富裕地区相比，在工资更低的城市和农村地区，工作流失的现象更常见。低工资地区目前有多达一半的工作时薪低于 15 美元。与许多其他经济政策一样，它更有可能使占据地理优势且经济强劲的沿海地区受益，并进一步加剧贫富差距——沿海地区本就与内陆困难地区存在巨大的差距。然而，在显著提高了最低工资后，不仅低收入人群的收入增加了，而且在一定程度上，他们的尊严感也提升了。是的，许多从事着我们社会所必需工作的人们需要尊严感，尽管雇主们不愿意向他们支付赖以生存的工资。

如果想要数以百万计的美国人过上最基本的体面生活，想要给他们多一分安全感，想要他们不被饥饿、疾病、被驱逐和无家可归的恐惧所裹挟，那么，收入补助和社会保障是至关重要的。但是，收入补助不应该是一种可能获得的机遇。套用奥克兰的"家庭独立行动机构"（Family Independence Initiative）的口号来说，就是"他们使贫困变得可以容忍，而我们使贫困变得可以逃脱"。[25] 对于低收入者而言，"机遇"至少意味着能找到一份稳定的工作或做点生意，使自身摆脱贫困，并为其家庭提供稳定、体面的生活。这个要求其实门槛很高，因为某些因素影响，许多工作的薪酬被限制了，穷人根本达不到这样的门槛，而这些因素是任何城市都无法控制的。这些因素中较为关键的似乎是教育和技能，包括我前面提到的软技能。

在21世纪的美国，要想获得一份好工作，赚到大钱，最重要的一步是获得一个四年制学士学位。平均而言，拥有文科或理科学士学位的人比拥有高中文凭的人多赚72%，这个比例在1997年时仅有53%。这样算下来，前者一生的收入比后者多了一百万美元，远远超过了获得学位的成本。拥有高级学位的人，如法律学位或博士学位，其收入是普通高中毕业生的两倍多。[26] 如图9-2所示，获得两年制社区大学学位的人，虽然确实能接触到更多的工作机会，但与高中文凭相比，工资提高不大。

因此，很多人努力的重点理所当然地放在了提高城市青年的大学入学率上。其中比较著名的是"卡拉马祖承诺"（Kalamazoo Promise），该项目现在已经有了相当多的效仿者。卡拉马祖是密歇根州西部的一个小城市，虽然它的经济基础相

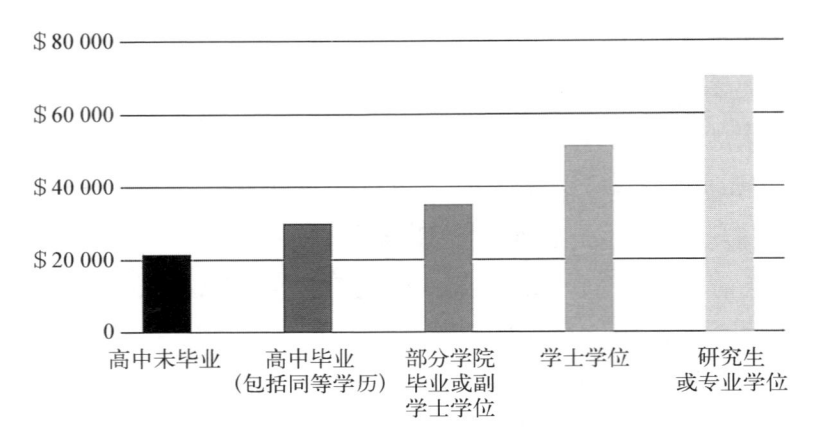

图 9-2　教育溢价：按最高教育水平划分的年收入中位数

资料来源：美国人口普查局

对较好，贫困率却居高不下。2005年，一群匿名捐助者宣布，他们将为卡拉马祖公立学校（Kalamazoo public school, KPS）的所有毕业生支付密歇根州任意一所公立学院或大学的学费，但是这些学生必须从九年级或更早开始就在 KPS 学习。对于从一年级起在 KPS 就读的学生，该奖学金会为其支付100%的费用。对那些从九年级起在 KPS 就读的学生，该奖学金会为其支付65%的费用。它不与成绩或财务需求挂钩，相当于一笔零免赔额的"启动资金"，也就是说，学生不必为了获得这笔钱而放弃其他来源的财务援助。从2005年到2014年，这些匿名的捐赠者为这笔奖学金捐赠了6 100万美元，目前每年的支出为1 000万到1 100万美元。

在该项目开始十年后，卡拉马祖的厄普约翰就业研究所（W.E. Upjohn Institute）的蒂莫西·鲍尔蒂克（Timothy Bartik）

和他的同事决定：通过比较在九年级或更早进入系统的已获资助的 KPS 毕业生，和那些在九年级后进入系统未获资助的毕业生，研究这笔钱对 KPS 毕业生的大学成绩有什么影响。他们发现，获得奖学金的学生在三个方面明显优于其他学生：进入四年制大学的比例、前两年修到的学分，以及最重要的，在六年内获得学士学位或同等学历的人数。尽管白人和黑人间的成绩差距仍然很大，但得到资助的低收入学生和非裔学生的进步幅度已经很大。[27]

然而，非裔学生的改善主要表现在女性毕业生中。该项目对非裔男性毕业生没有影响。这反映了一个更大的问题，即男性在非裔美国大学生和毕业生中的比例不断下降。2014 年，不仅所有接受高等教育的黑人学生中有 63% 是女性，而且所有研究生和职业院校的黑人学生中也有 70% 是女性。另外，女性非裔美国人的毕业率也远远高于男性。[28] 造成这种差异的原因有很多，包括许多城市生活中最难解决的问题，比如暴力和监禁、缺乏互动和陪伴的父亲，以及街头文化，都对年轻男性影响很大。正如评论员威廉·拉斯伯里（William Raspberry）所说："内城的条件好似一系列阴谋，其目的就在于使年轻黑人男性陷入困境。"[29]

不断扩大的 KIPP 特许学校网络，即"知识就是力量计划"（Knowledge Is Power Program），是一项颇具野心的全国性项目，该项目旨在增加低收入学生和少数族裔学生的大学入学率。KIPP 于 1995 年由"为国育人项目"（the Teach for America program）的两名校友创立。2017 年，KIPP 有 8.8 万名儿童和青少年就读于美国各地的 209 所学校,大部分是初中生,但也涵盖了从学前班到高中各个学段的学生。其中 95% 的学生是非裔或拉丁裔,88% 的学生有资格享受联邦免费或补贴午餐项目(federal free or reduced-price lunch program),这意味着他们的家庭收入不超过联邦贫困水平的 1.85 倍。KIPP 坚持不懈地专注于让他们的学生考上大学。正如他们所总结的目标:"我们希望 75% 的学生获得四年制学位,我们还希望所有选择读大学的学生都能掌握必要的知识和技能。"[30]

KIPP 似乎对学生成绩有很大影响。2013 年,一家著名研究公司 Mathematica 在相关评估报告中写道:"平均而言,KIPP 对学生成绩的影响是积极的,具有显著的统计学意义。"[31] KIPP 在 2011 年发布的一份关于大学成绩的初步报告发现:"十年前参与了 KIPP 的初中毕业生中,有 33% 从四年制大学毕业。"[32] 考虑到学生的情况,这些成绩已经很不错,尽管它们还没有达到 KIPP 的宏伟目标。

不过,这个发现是基于最初几所 KIPP 学校的数据,目前,KIPP 特许学校的数量已经成倍增长,相关的数据结果还不清楚。不过,KIPP 现在似乎很难保持早期的效果在 Mathematica 公司的研究中,许多 KIPP 特许学校的学生甚至几乎没有任何进步。有些 KIPP 学校还因学生流失率过高而受到批评。

波士顿的匹配公共特许学校项目(Match Public Charter School)报告了更令人印象深刻的结果,这是一个涵盖了从学前班到高中各个学段的综合项目。该匹配项目与 KIPP 有许多共同的特点,包括更坚定地专注于为学生上大学做准备。

不过，两者也有不同，如该校校长汉娜·拉金（Hannah Larkin）所说，其目标是成为"高期望、高支持"的学校，除了传统的课堂教学外，每天还至少提供两个小时的个人或小组辅导。[33] 根据匹配项目的官网，2004 至 2010 年间从该校毕业的学生中，有 51% 从四年制大学毕业，无论从什么角度来看，这都是一个十分震撼的数字。该校与波士顿非重点公立学校的学生组成非常相似，但非裔学生的比例比该市的公立学校多得多。

这种模式取得了成果。正如麻省理工学院的经济学家乔舒亚·安格里斯特（Joshua Angrist）领导的学者团队，在 2016 年的一项研究中得出的结论："越来越多的证据表明，许多城市的特许学校对贫困学生的考试成绩有相当积极的影响。波士顿的超越特许学校（Oversubscribed charter schools）使贫困学生的考试成绩每年整体提高三分之一，这足以在入学的几年内消除黑人和白人的考试成绩差距。"[34] 抛开考试成绩不说，这些特许学校的学生更有可能通过大学先修课程测试，在 SAT 考试中的成绩明显更好。如果继续上大学，他们明显比其他波士顿公立学校的学生更有可能考入四年制大学，而不是两年制大学。

马萨诸塞州严格限制特许学校的学生名额，因此，匹配项目中的优秀学校每年被迫拒绝数百名潜在的学生。州政府对开设的学校进行监管，许多表现不佳的学校被教育当局责令关闭。问责制对该系统至关重要，尽管有一些例外，但一般来说，不遵循"高期望、高支持"模式的特许学校的表现不比公立学校更好，而且往往更差。关于路易斯安那州奖学金项目(Louisiana Scholarship Program)的一项研究得出了类似的结论,它指出,基于学券的择校项目(voucher-based school choice programs)实际上可能"大幅降低了学生的成绩",这主要是由于接受了这个项目的私立学校无法控制教学质量。[35]虽然这项研究并没有提出此类问题的解决办法,但是可以看出,对于信息和资源有限的低收入家庭来说,系统中的低质量学校(比如说底特律的那些特许学校)的负面影响会被放大。

然而,KIPP和匹配项目(尤其是KIPP)都因其森严的管理制度和纪律至上的教育方法而受到广泛批评。对没有教育心理学领域专业知识的人来说,想要厘清这个问题是很难的。尽管任何遵循严格纪律的项目都可能因为不讲情面而显得心狠手辣,甚至在外人看来是惩罚性的,但毫无疑问的是,正如任何真正掌握了乐器或高难度工艺的人知道的那样,严格的措施对掌握知识很重要。这对于来自低收入、城市家庭的孩子来说也许特别重要,因为那里往往缺乏严格的安排和纪律。

虽然匹配计划或大多数KIPP学校都比较成功,但并不代表所有的特许学校都很成功。特许学校往往位于贫困率高、少数族裔多的城市,各个学校的发展极不平衡,管理它们的州法律也是如此。在底特律,密歇根州的法律几乎允许任何人开设特许学校,且几乎没有针对学校经营的问责制度。记者凯特·泽尼克(Kate Zernicke)这样描述道:"特许学校不受限制的增长已经远多于实际需求的学校数量,它们争夺着那些美国最贫穷的学生,用钞票、笔记本电脑、iPad和自行车的抽奖券吸引他们入学。学校系统变得支离破碎,它们为了争夺学生和有限的公共资金而大打出手,以至于没有一个学校能够生存下去。"[36]由于没有独立的机制叫停表现不佳的特许学校,这些学校大多以营利为目的,在割低收入家长的韭菜,但家长们却别无选择。

在底特律,如果一个孩子接受了良好教育且家庭富裕,那么不仅他可以提前考察所有的学校,而且有足够的资源支持他去最好的学校读书。无论他们住在什么地方,都有能力也更有可能取得一个不错的结果。在贫民区,公立学校往往问题严重。贫穷的单亲母亲的孩子,尽管理论上有很多选择,但最终,一个有问题的、失败的特许学校很可能是唯一的选择。底特律的择校模式非但没有促进公平,反而加剧了不公平。

底特律特许学校的情况既与政治和权力有关,也与教育有关。不幸的是,一直以来关于特许学校和公立学校的激烈争论,可以这样概括:反对者指出,特许学校得到了"比尔和梅琳达·盖茨基金会(Bill and Melinda Gates Foundation)、布罗德基金会(Broad Foundation)和沃尔顿家族基金会(Walton Family Foundation)等亿万富翁的非民主基金会"的支持。[37]一位毒舌的网友将 KIPP 学校比作第二次世界大战时期的集中营,[38]也有网友将其描述为"无条件服从的隔离营,依靠公共资金来支持盖茨、布罗德和沃尔顿三巨头最首要的社会控制策略"。[39]特许学校和择校制度的支持者、特朗普的教育部部长贝齐·德沃斯(Betsy DeVos)将公共教育描述为"一个封闭的系统,一个封闭的行业,一个封闭的市场。它是一种垄断,一个死胡同"。[40]双方谁也不服谁,但反对者们针对特许学校的言辞特别毒辣。在辩论的过程中(如果这种争吵还配被称为辩论的话),人们特别容易忽视儿童及其家庭的利益。

撇开有关特许学校的争论不谈,这种试图让每个人,或者说大多数人都能从大学毕业的努力真的有意义吗?今天,真正需要大学毕业生的工作未必和大学毕业生数量一样多。这不仅导致了我之前提到的"学历蠕变",如现在大量学历过高的咖啡师和优步司机,还重新定义了职业,如之前从不需要学士学位的护士,现在也需要大学学位。同时,读完大学并没有为大量深陷贫困的成年人带来太多希望。

根据美国劳动统计局(Bureau of Labor Statistics)的数据,结合工作增长和人员流动,在未来十年里对劳动力需求最多的是下列四个行业:医疗保健、餐饮加工和服务、销售,以及公务和行政管理。其中一些工作(很少一部分人)支付的工资还算不错,其他工作则至少提供了在一家公司或一个领域晋升和发展的机会。在这四个行业中,即使是医疗保健,也至少有一半的工作不需要学士学位。在大多数情况下,有入行需求的人们所需要的是一定程度的专业培训,以及一些提升软实力的措施。

然而,相比为市中心大量的低收入成年人提供培训与反复灌输软技能,还有一件事面临更为困难的挑战,那就是给他们创造机会。交通的不便导致许多内城居民无法获得郊区的工作机会。就算找到了工作,他们也不得不花时间在上班路上,长时间通勤带来的沉重负担,使他们的生活更加难以为继。此外,犯罪记录也让越来越多的人难以获得工作,其中黑人和男性的比例格外高。

美国的城市规划师和政策制定者对轻轨以及类似的固定轨道交通系统非常着迷。这玩意看起来很不错,就像体育场一样,为政治家提供了绝佳的政绩宣传机会。它们非常昂贵,但作为大运量的交通系统,或作为促进城市复兴和绅士化的战略,其用处往往很大。因此,尽管成本高昂,但对于城市的经济增长而言,轨道交通确实可能是一种正当合理的措施。然而,它们并不能改善绝大多数低收入工人的流动性,也不能提供更好的工作机会,因为他们通常不居住在大运量公共交通沿线,而且其工作往往分散在整个地区。

虽然大多数工人甚至是贫穷工人,开车上下班,但依靠公交的低收入工人也不少。在纽瓦克,四分之三的居民在市外工作,近一半的贫困工人依靠公共交通上班。在圣路易斯,超过四分之一的贫困工人都是如此。跟生活息息相关的公交车,一直以来是公共交通行业里"爹不管娘不爱的倒霉孩子"。在美国的大部分地区,公交车是唯一的公共交通工具,但它们往往速度慢且班次少。从克利夫兰向东边郊区的主要就业中心比奇伍德走,只有一条公交线路,这条线路在高峰时段要30至45分钟才有一趟车,开11千米需要近一个小时。高度城市化的凯霍加县(Cuyahoga)的大部分地区甚至连这种基础的公交服务都没有。

美国对公交车服务的忽视正在发生改变。丹尼尔·福克

(Daniel Vock)在最近一期的《管理》杂志上写道:"在过去几年中,超过 6 个大城市的交通部门完全改造了他们的公交车线路,他们开始关注就业中心和人口密集社区的通勤,并试图提供更频繁的车次和更可靠的服务。"⁴¹ 当然,问题的关键是重点针对哪些就业中心和哪些社区。从复兴中的高密度社区开到市中心的快速公交可能对低收入工人没有帮助。那么,增加市中心和分散的郊区就业中心的公交服务又会如何呢?这些公交车可能坐不满,收益较少,尽管如此,它们还是可能帮助越来越多的低收入工人找到工作,减少通勤上的痛苦。这意味着,为低收入地区投资公交服务可能会花费更多的钱,而立法机构和选民历来不愿意提供这类资金。一旦自动驾驶汽车广泛使用,这种情况可能会改变。消除低客流量路线上的司机成本,很可能使其在经济上更加可行。当然,这样做的代价是失去了许多相对高薪的蓝领岗位。

对于公共系统来说,更好的方式是:在主要干道和客流量较大的路线上运营昂贵的、荷载人数超过 40 人的大型公交车;同时,允许非正式的迷你公交、面包车以及共享汽车的出现。然而,许多现有的小型公交正游走在法律体系的边缘,正如莉萨·玛格内利(Lisa Margonelli)所写:"美国排名第 20 位的公交服务,每天能运送 12 万名乘客,这个能赚不少,却是非法经营。它根本不是真正的公交服务,而是由 350 辆有执照的和 500 辆无执照的私有'定制公交'(dollar vans)组成。这些车辆在布鲁克林和皇后区的街道上游荡,在公交车缺乏或交通不方便的街角接载乘客。"⁴²

第九章 就业与教育——逃脱贫困陷阱的努力 285

在大多数美国城市,公共交通是一种壁垒森严的垄断产业。即使面包车或小汽车的车主们有执照和保险,纽约和其他大多数城市也不允许这些车主在街上拉客。几乎可以肯定,合法化当地私有面包车和拼车业务,并鼓励低收入人群和移民在社区提供这些服务,将比公交运营商提供的服务更高效、更具成本效益,还能提高贫困家庭的收入。该想法的一个变体已经开始流行,就是低收入的乘客无论是要到工作地点还是到最近的公交站,都可以让政府为他们提供乘坐优步或来福车的补贴。

最后,在许多城市里,尤其是在更小、人口密度更低的城市里,存在着一个更简单的解决方案:帮助低收入工人购买汽车。工作之路(Ways to Work)是一家总部位于密尔沃基的非营利性贷款机构,它向低收入工人提供高达8 000美元的低利息、无首付的汽车贷款,这足够购买一辆优质、可靠的二手车。一项独立评估发现,向这个机构提出借款需求的人们,大部分的收入显著增加,对福利援助的依赖减少,他们的信用评分也会随之改善。该研究得出结论,就减少公共援助成本而言,贷款机构和纳税人每投资1美元,就有2.48美元的收益。[43]

更大的问题是犯罪记录对人们影响。在25年或30年前,这个问题要小得多,那时有犯罪记录的人比现在少,犯罪记录的信息不那么容易获取,招聘标准也不那么严格。今天,25%不在监狱内的黑人男子有严重犯罪的记录。[44]同时,量刑计划(Sentencing Project)的相关研究指出,每三个美国人中就有一个有犯罪记录。[45]

哈佛大学社会学家德瓦·帕格(Devah Pager)在 2001 年于密尔沃基进行的一项研究中量化了种族和犯罪记录对就业的影响。她精心挑选了白人和黑人"测试者",派他们去申请不需要技术的入门级工作,[46]其中,明确规定不聘用有前科员工的工作不作为研究对象。每个阶段里,特定的某个测试者在申请工作时会被随机分配到一条"犯罪记录"。有"犯罪记录"的角色在测试者之间轮换,以确保结果的差异不是由测试者的态度或外表的微妙差异造成的。然后,她统计并测算了测试者收到工作邀请或回复的频率。

如图 9-3 所示,结果令人震惊。首先,黑人测试者总体上比白人获得回复的可能性小得多。其次,犯罪记录对黑人申请人的影响比白人大得多:犯罪记录使白人测试者的机会减少 50%,而使黑人测试者的机会减少了近三分之二。

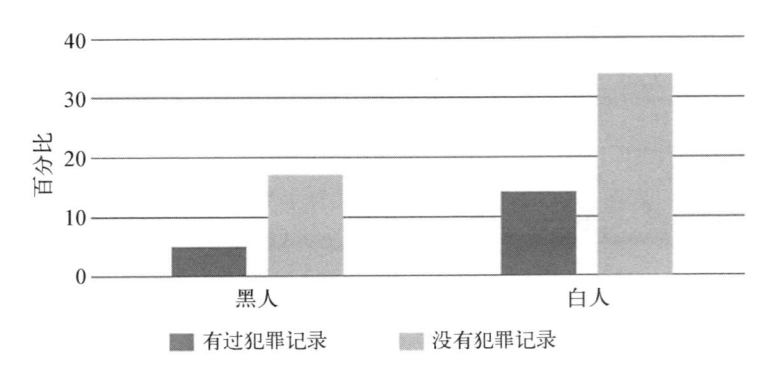

图 9-3 求职者得到回复的差异:犯罪记录对黑人和白人求职者的影响有什么不同

资料来源:德瓦·帕格,"犯罪记录的标记"

人们正在努力解决这个问题。2003年,一群曾进过监狱的组织者在加州奥克兰会面,探讨如何打击针对既往犯罪的歧视。他们创建了一个名为"要么团结要么失败"(All of Us or None)的组织。该组织引领做出了重要的基层工作,使得一半以上的州通过了禁止调查犯罪前科记录的法律("ban the box" laws)。该法律禁止雇主询问面试者"是否有过前科"。艾奥瓦州更进一步,为雇佣前科犯的雇主制定了特殊的所得税减免政策,每年的减免金额可高达2万美元。[47]

其他组织关注的是每年从监狱释放并被送回城市街头的60多万人的迫切需求。这些人大部分是穷人,往往有心理创伤,而且有相当比例的人是黑人和男性。芝加哥的安全者基金会(Safer Foundation)是一个为有前科者服务的组织,在美国的诸多同类组织中是比较有雄心的一个。安全者基金会认为好的岗位是他们工作的基石,该基金会除了为有前科者找到工作,还为他们提供基础教育技能和工作机会提升的相关服务,以及找到工作后的后续支持。2014年,安全者基金会帮助了4 200名有前科者就业,其中四分之三的人在一年后仍在工作。在安全者基金会的努力下,有前科者3年内回到监狱的可能性从全州平均水平的47%下降到24%,那些已经坚持工作至少一年的有前科者回到监狱的可能性,甚至下降到了16%。安全者基金会声称,在过去四年中,他们为伊利诺伊州节省了3亿美元的监狱开销,并为广大民众避免了无数潜在的犯罪事件。[48]

安全者基金会的运营成本可不低,每年需要2 300万美元,其中 1900 万美元来自政府合同,其余大部分来自拨款。有合理的估算指出,如果把节省的监狱费用、福利费用和避免犯罪的费用算在一起,像安全者基金会这样的项目每花一美元就能为公众节省四美元或更多,但是全国各地同种类型的组织仍在相互争夺资金。

"巴尔的摩稳就业保民生"(One Baltimore for Jobs,1B4J)项目对类似的问题采取了不同的方法。该项目由该市的就业发展市长办公室(Mayor's Office of Employment Development,MOED)于 2015 年创建,美国劳工部为其提供两年的启动拨款。该计划专注于四个精心挑选的领域——制造业、医疗保健业、建筑业和物流-运输业,并"试图证明可以建立一个将职业技能培训与关键性的援助服务融合在一起的劳动力系统"。[49]

巴尔的摩就业发展市长办公室发现,所有的拼图原来就已存在,但正如他们所说,"以前,培训和援助服务的拨款是分开进行的,'伙伴关系'更多的是一种愿景而不是现实"。该办公室与 19 个独立的组织签订了合同,将他们的服务整合为一个统一的培训、教育和援助系统。值得注意的是,其工作重点是,为学员获得工作消除法律方面的障碍。该办公室与马里兰州法律援助机构(Maryland Legal Aid)和马里兰州志愿律师服务机构(Maryland Volunteer Lawyers Service)签订了合同,对每个学员实行一对一的帮扶,以明晰其个人经历中可以处理的问题,如判决、刑事定罪或未能支付儿童抚养费等,并解决这些问题,使其不会妨碍他们接受培训并获得工作。

儿童抚养问题具有特别重要的意义,因为许多在城市中居住的男性未履行儿童抚养令。美国的 50 个州中有 49 个州规定，未能支付儿童抚养费的人所持的驾驶执照（以及其他专业或职业执照）将被暂停或取消。这个政策的本意是好的，但效果上适得其反，这个政策减弱了，甚至是完全剥夺了他们继续谋生的能力。几乎可以肯定的是，他们之后仍不会履行抚养儿童的义务。为了解决这个问题，巴尔的摩就业发展市长办公室与马里兰州儿童抚养机构建立了伙伴关系，以恢复参与者的驾驶执照，并在必要时调整他们的儿童抚养义务，以更好地匹配他们的收入。

在"巴尔的摩稳就业保民生"项目的前一年半里，超过 900 名巴尔的摩居民参加了培训，其中 750 人完成了培训，500 余人开始使用培训时获得的技能，从事相关领域的工作。遗憾的是，该项目在 2017 年底联邦拨款用完后，就宣告结束了。

有一个项目着眼于从另一个角度应对"机遇"问题，并说服州政府按照其成果落实的情况付费，这就是在明尼阿波利斯开展的双子城崛起项目。该项目通过一个他们称之为"个人赋能"的模式，试图解决一些"机遇挑战"背后的潜在问题。正如其创始人、通用磨坊公司（General Mills）前高管史蒂文·罗思柴尔德（Steven Rothschild）所说："在项目运营过程中，在认识到赋能培训的必要性之前，我们经历了一段痛苦的过程。在最初的几年里，我们面临着一个令人困惑的局面：太多人在项目进行期间退出，甚至在我们为他们找到工作后，还是有人放弃。有些事情发生了：我们常常还不知道发生了什

么,有人就走了。这使我们非常地沮丧。"罗思柴尔德接着说:

> "我们知道自己在做正确的事情。我们教会了参与者成功就职所需要的行为举止:准时到场,穿着得体,不要陷入争论。我们知道他们会这样练习一阵儿,但之后他们又会恢复原来的行为……我们逐渐意识到,参与者无法维持这种有责任感的行为,因为他们心底里相信的是——正如他们其中一人所说——'无论你做什么,你都会搞砸'。所以,如果是这样的话,如果你认为未来毫无希望,也无力改变的话,何必要表现得像个负责任的工作者呢?"[50]

罗思柴尔德所谓的"个人赋能"模式来自情商理论和认知行为疗法,旨在"帮助患者解决情绪、行为和认知功能失调的问题"。[51]正如该项目现任首席执行官汤姆·施特赖茨所说:"我们不仅教会人们找到工作的硬技能,还教会他们重视自己,拥有自信,相信自己,让他们知道自己值得拥有一份不错的工作。"[52]该项目致力于治愈集中贫困和种族隔离带来的生活创伤。他们的大多数参与者(他们不称这些人为"委托人")是非裔男性,其中五分之四是失业者,三分之二有犯罪史。

双子城崛起项目从个人赋能开始,但并未止步于此。他们与雇主合作,用施特赖茨的话来说,雇主告诉他们"这些是我们需要的硬技能";然后,该项目要么直接提供培训,要么与双子城的其他组织合作,针对雇主期望的技能提供培训。之

第九章 就业与教育——逃脱贫困陷阱的努力

后,他们为每位参与者提供一名辅导员,在参与者被安排到这项工作后的两年里,辅导员会一直陪伴他,帮助他度过困难的时刻。我们在安全者基金会项目和其他项目中看到的这种辅导,是非常重要的。在新入职者试图稳定自己生活的过程中,这能帮助他们避免因为一些必然会出现的困难而放弃努力,同时也让雇主在从该项目招聘员工时有安全感,因为他们知道在这个情况下,如果有问题出现时,会有人伸出援助之手。

双子城崛起项目的规模比安全者基金会项目要小,每年的预算约为 350 万美元。其中约 20% 来自与明尼苏达州签订的绩效合同。州政府为参与者的培训提供资金,前提是每个人都获得了一份年薪至少 2 万美元,且薪水每年会比上一年多 1 万美元的工作。对于每一位达到目标的参与者,州政府将支付 9 000 美元。该项目估计,"由于该项目的毕业生得到了一份好工作,并坚持了下来,导致减少了政府补贴,增加了税收,降低了刑事司法成本",明尼苏达州在这项投资上大约已经收到了 600% 的投资回报。换句话说,自 1997 年以来,双子城崛起项目为明尼苏达州的纳税人节省了 3 500 多万美元。

这些模式会让一些自由主义者畏缩不前,尤其是当他们看到这涉及贫穷黑人且受到特权阶层的年轻白人的驱动。无论是 KIPP 学校纪律严明的模式,还是双子城崛起项目以治疗为导向的模式(尽管他们不会这么称呼它),这些模式都是或直接或隐晦地假设他们服务的对象受到了某种形式的伤害,无论是小孩、青少年,还是有前科的成年人。进一步,这会被解读为对整个文化的攻击。不过,正如我之前所表述的,有相当多的证据显示,成长或生活在贫困中,生活在集中贫困地区,再加上美国社会中更深层的种族歧视,这种结合是毁灭性的,并且由于多种不同的原因,这种破坏性削弱了许多人在主流社会取得成功的能力。

有些人,尤其是那些视美国资本主义主流经济和社会有毒的人,无论是出于文化、意识形态还是其他原因,会质疑主流成功的价值,认为不值得为之妥协。尽管我们肯定可以发现,美国经济及其所反映的文化中存在很多问题,但无可否认的是——一个社会在同一时间段,只有一种主流。事实上,从全世界的角度来看,美国的主流社会在接受差异(尽管在一定范围内)方面是比较开放的。无论收入水平和生活条件如何,绝大多数人既不是反叛的诗人,也不是激进的革命者,他们最希望的是能够过上体面的、有所作为的、令人满意的生活。在社会、经济主流之外的社会中做到这一点,虽不是不可能,却非常困难。

如果问这项调查给我们带来了什么启示,那就是,让人们摆脱代际贫困是可以做到的,但这是一件复杂的事情,涉及许多不同的环节。我们可以相信的是,无论背景如何,孩子们都想学习,成年人都想成功。然而,消除成功路上的障碍,涉及以多种不同的方式,帮助处于人生旅途不同阶段的不同类型的人,从可能没有准备好适应学校的蹒跚学步的孩子,到需要重建自己生活的前科人员,再到拼命应付房租、交通费、孩子及毫无前途的体力工作的单亲妈妈。这个过程不存在捷径。

第九章 就业与教育——逃脱贫困陷阱的努力 293

人们开始更全面地看待这个挑战。2014 年,路易斯维尔市长格雷格·费希尔(Greg Fisher)宣布了一项全市范围内的倡议,他称之为"从摇篮到职业"(Cradle to Career),重点关注四个同等重要的基础措施:提高幼儿园的准备程度,确保中小学及学前教育(K‑12)的成功,成功过渡到并完成高等教育,建立一支合格的 21 世纪的劳动者队伍。[53] 费希尔市长召集了四个关键合作伙伴,每个合作伙伴都专注于这四个领域中的一个,他们合作共进,而非在各自的领域单打独斗。自 2014 年以来,费希尔市长每年举办"从摇篮到职业"项目的峰会,每个合作伙伴都分享了他们在工作中取得的成功和面临的挑战。

最近,新泽西州纽瓦克市出现了一个投入了更多社会资源的项目。2017 年夏天,市长拉斯·巴拉卡(Ras Baraka)与一个商业圆桌会——纽瓦克联盟(Newark Alliance),共同推出了"纽瓦克 2020",用纽瓦克联盟首席执行官金伯利·麦克莱恩(Kimberly McLain)的话说,计划"到 2020 年,将有 2020 名纽瓦克居民获得本地工作,并赚取足以支持生计的工资"。纽瓦克是新泽西州最大的教育和医疗机构集中地,纽瓦克机场和纽瓦克港有约 2 万个工作岗位,但这些工作岗位很少由当地人担任。作为"纽瓦克 2020"的一部分,许多大企业都制定了具体的招聘要求,以使该市能够实现其目标。

这似乎是一个雄心勃勃的目标,但它或许没有看上去的那么有野心。纽瓦克有 2 万多名成年人失业,光凭他们的日常消费,就能创造 1 万—1.2 万个不需要学士学位的职位,三年内完成2 020位居民的就职,几乎不会有什么问题。同时,除非该市及其合作伙伴有能力提供随时准备上岗工作的工人,并让他们在态度、软技能和特定工作技能方面都做好准备,否则这可能是一个难以实现的目标。值得赞赏的是,麦克莱恩意识到了这一点。她表示:"这不是一项仅仅让2 000人参加工作后就结束的倡议。我们试图做的是创建一个系统……直到我们不再需要这些举措,直到我们已经改变了用人企业的文化和思维模式。"[54]

这很重要,因为这个世界充满着令人印象深刻却不会带来任何真正改变的一次性努力。无论是在纽瓦克还是在路易斯维尔,问题依旧存在。改变雇主的心态是至关重要的,但改变工人的心态和整个体系的心态也是很重要的。后者可以帮助工作者们跨越阻碍获得稳定的就业。在许多地方,这个体系往往支离破碎,管理混乱,许多组织彼此之间几乎没有联系,而且还出现了令人沮丧的趋势——对于中介来说,他们会从候选人群体中挑选出那些可以花费最少时间和费用就能获得体面工作的人,使自己的业绩看起来更好。一项15年前对纽瓦克劳动力发展前景的深入研究提到:"当地劳动力系统缺乏信任和可靠性似乎成了影响(当地雇主)招聘决策的主要因素。"[55]到目前为止,尚不清楚纽瓦克在创建系统方面取得了多大进展,但我希望这个系统能确保这2 020个就业岗位给予那些没有其他机会的人,而不是那些无论是否通过纽瓦克2020等特殊项目,都能找到体面工作的人。

从另一个角度讲,这还涉及美国城市所面临的核心挑战。

在这些城市中,持续的代际贫困危机才是穷人和富人、白人和黑人日益分化的核心。这些陷入贫困陷阱的穷人或近乎贫困的人,无法从城市的复兴中获益,他们此刻急需帮助摆脱这个陷阱。像"从摇篮到职业"或"纽瓦克2020"这样的项目,并没有明确地展示出对种族和贫困的态度,可能最终的实际效果仅对部分弱势群体有益,抑或是只对少数人有益。

与此同时,尤其是在当今的政治气候下,如果自欺欺人地认为除了这些项目的成本和难度之外,针对穷人(主要是黑人)的努力没有任何政治障碍,规模足够大就足以产生影响,那就太愚蠢。事实上,正如21世纪美国社会的许多其他方面一样,老城复兴中的不平等问题,与政治和权力问题紧密交织在一起。我们将在下一章讨论相关内容。

第十章
权力与政治
——追寻变革之路

20世纪70年代初,城市中的人口和产业大量外迁。对此,城市专家乔治·斯特恩利布直言:"城市问题的根源是功能危机。城市到底需要提供什么来留住人们?"他抛出了这样一个问题,然后答道:"在今天,城市基本上提供不了什么东西。"[1]第二次世界大战结束后,人们对城市的热情开始消退,对于美国老工业城市而言,该如何找到新的功能定位,重振经济,恢复曾经的繁荣呢?这个问题一直困扰着政府官员、企业家及公民领袖。

在20世纪80年代,他们应对问题的方式发生了根本性的转变。当时所谓的里根革命不仅导致流向城市的联邦资金大幅下降,更重要的是,还使得人们对政府角色的看法产生了巨大的改变。正如里根总统在第一届任期的宣誓就职时所说:"政府不能解决我们的问题,政府本身就是问题。"虽然他所说的政府指代的是联邦政府,但他的这句话对于地方政府而言,也同样适用。从逻辑上讲,如果政府是问题所在,那么潜在的解决办法一定来自私营部门。这种说法可能没有改变问题的本质,但能改变人们看待问题的方式。

当然,在美国历史上,公共部门和私营部门有着不可分割的联系。无论是 19 世纪的城市政治机器①,还是 20 世纪初的进步主义运动②,都与为城市提供工作和财富的私营部门存在共生关系。与此同时,公共部门不仅仅是资本主义的奴仆。许多进步主义人士将自己视为制衡野蛮资本的力量。在罗宾·梅克辛斯(Robin Meiksins)眼里,从 1901 年至 1909 年担任克利夫兰市长的汤姆·约翰逊之类的人,"代表着进步主义运动的理想,意图利用政府来对抗大企业的力量,为那些入不敷出的人争取生存的空间"。[2] 约翰逊修建了公共澡堂,迫使该市的有轨电车公司将票价降至 3 美分,并拆除了城市公园中"禁止践踏草坪"的标志。

在罗斯福新政的影响下,城市里建起了学校、公园和运动场,给穷人和失业者提供了食宿,并让成千上万的人找到了工作。罗斯福新政标志着战后地方政府干预时代的开始。此

---

① 城市政治机器(urban political machine),美国政治界用语,指美国由党魁实际控制的、操纵和支配政党正式组织的非正式组织。政治机器通常都只把市政府重新改造成独厚自己选民的形态,并且造成施政品质不佳、贪渎横行、种族及族群仇恨恶化。——译者注

② 进步主义运动(Progressive Movement),1900—1917 年间美国所发生的政治、经济和社会改革运动,旨在消除美国从"自由"资本主义过渡到垄断资本主义所引起的种种社会弊端,重建社会价值体系和经济秩序,包括争取妇女选举权、市政改革、反托拉斯运动、救济穷人、改善工人待遇、自然资源保护等。——译者注

后，20世纪50年代开始城市更新运动，60年代出现了"伟大社会①""扶贫战争"和"示范城市"计划，70年代初出现了更多有关住房建设、健康中心建设、房屋维修、社区改善和劳动力发展的联邦项目。随着时间流逝，地方的政府干预不断加强。回顾过去，这些项目可能对城市的衰退趋势几乎没有起到积极影响，更有甚者，如城市更新计划运动，弊大于利。但毫无疑问的是，许多项目确实改善了人们的生活，为他们提供了新工作或商业机会，尽管许多人可能会利用新机会搬到郊区。

这些活动大多由联邦政府资金资助。因此，在20世纪80年代，当这些资金开始枯竭时，相关项目不可避免地被缩减，甚至完全消失了。但变化的不仅仅是数字。可以说，在20世纪六七十年代，至少还有一些城市的市长，如纽约的约翰·林赛（John Lindsay）和克利夫兰的丹尼斯·库西尼奇（Dennis Kucinich），将提供社会服务和改善贫困视为他们的主要责任。在今天，与重建城市经济相比，这些使命变得越来越边缘化。城市的管理者们做着他们想做的事，没有任何理由，却相信他们有可能帮助城市找回失去的活力和光彩，这是比较奇怪的。

来自学术界的主流观点坚定地认为：城市别无选择。

---

① 1964年美国总统林登·约翰逊发表演说宣称，"美国不仅有机会成为一个富裕和强大的社会，而且有机会成为一个伟大的社会"。由此所提出的施政目标以"伟大社会"（Great Society）指代，包含扶贫战争、模范城市等具体政策。——译者注

1956年，经济学家查尔斯·蒂布特（Charles Tiebout）发表了一篇著名的论文，阐述了后来被称为"蒂布特模型"的理论。他写道，人是流动的，他们"用脚投票"，选择"最能满足他们对公共产品偏好模式"的城市或城镇。也就是说，从他们的角度来看，他们选择的居住地能够提供最好的税收政策、公共服务以及其他设施。每个社区都在和其他社区竞争，以吸引到最受欢迎的居民和企业。[3]

芝加哥大学的经济学家保罗·彼得森（Paul Peterson）在他的《城市极限》一书中，以蒂布特模型为基础，为城市政策制定者提供了一种解决思路。这本书或许是20世纪80年代城市经济学领域最具影响力的著作。书中提到："只要政策或项目总体上维持或提高了城市的经济地位、社会声望或政治权力，就可以说这些政策或项目是符合城市利益的。"[4] 以这个命题为起点，彼得森补充说，城市不仅在促进自身利益方面的权力有限，而且正如蒂布特所说的那样，它们还在不断地相互竞争高流动性的商业和资本。因此，彼得森认为，他们应当采取"有限的、能帮助社区经济繁荣"的政策。[5] 在彼得森看来，城市显然有必要避免再分配策略，这些策略尽管可能有利于穷人，却与城市的主要利益相悖。

彼得森的论文从经济的角度上颠覆了几年前一位社会学家的观点。加州大学圣芭芭拉分校的教授哈维·莫洛奇（Harvey Molotch）在一篇有关美国城市的学术论文中，将城市描述为"增长机器"。这篇论文已成为迄今为止阅读量最大的学术论文之一。他认为：

> "在当前的美国,对任一特定地区来说,政治和经济决策都是在确保增长的前提下展开的……对于参与到政治活动的地方精英而言,无论他们在其他问题上存在怎样的分歧,对增长的渴望为其提供了达成共识的关键动力……某一地区的重要人物往往都对增长有兴趣……此外,在地方政府评判多个社会和经济改革提案时,这种迫切的增长需求是最重要的标准。"[6]

不管这些论点是否成立,自20世纪80年代以来,许多城市专注于增长和经济发展,并将其他所有事情抛之脑后。事实上,这些城市的许多作为都可以反映出,它们一直急于寻找到一条可以释放城市经济潜力的捷径。各个城市都在探索这条捷径,有些做法相对有效,但也不乏失败的案例,其中最声名狼藉的,是席卷美国城市的体育场馆建设。这波建设浪潮从20世纪80年代开始,在20世纪90年代和21世纪初达到顶峰,对资源造成了极大的浪费。根据圣路易斯联邦储备银行的亚当·扎雷茨基(Adam Zaretsky)所说:"在1987—1999年间,美国翻新或建造了55座体育场和竞技场,耗资超过87亿美元……在这87亿美元中约57%,即50亿美元,实际是由纳税人所承担的。"[7]

克利夫兰是体育场馆热潮和哈维·莫洛奇"增长机器"理论的典型代表。在20世纪90年代,该市为美国职业棒球大联盟(MLB)克利夫兰印第安人队建造了雅各布斯球场(现在的进步球场),为美国职业篮球联赛(NBA)克利夫兰骑士队在网关区（Gateway District）建造了冈德体育馆（现在的速贷球馆），为美国国家橄榄球联盟（NFL）克利夫兰布朗队建造了布朗体育场（现在的第一能源体育馆）。后来，在 NFL 的巴尔的摩小马队迁往印第安纳波利斯后，原先的克利夫兰布朗队由于和市政府在场馆合约上的分歧，迁往了巴尔的摩并改名为乌鸦队。幸运的是，几年后克利夫兰的商人重建了一支橄榄球队，并保留了布朗队的名称（图 10-1）。这些耗资数百万美元设施的建设由当地商界领袖组成的联盟推动，用研究员凯文·德莱尼（Kevin Delaney）和里克·埃克斯坦（Rick Eckstein）的话来说："他们倾向于将体育场馆建设视为改善社区形象、帮助企业招募顶级人才的一种方式，而且他们希望通过体育场馆的建设为自己的公司提供附带利益。"[8] 为了达到目的，他们说服了当地许多持强烈反对意见的团体，其中包括工会团体。

根据拉尔夫·纳德（Ralph Nader）创立的体育改革项目"球迷联盟"（League of Fans）的数据，这三座体育场总共耗资6.33 亿美元。不过，根据其他一些来源的数据，这三座体育场的花费其实更多[9]。70% 的建设投资资金，即 4.41 亿美元来自市、县和州各级的财政税收，包括对酒、烟草和停车的专项税款。该市最近还花费了 3 000 万美元来翻新橄榄球场，并将追加 7 000 万美元用于翻修体育馆。不过在我撰写本书时，该项目因诉讼而搁置。等到它完工时，克利夫兰市、凯霍加县和俄亥俄州三级政府将在这三个体育设施的翻修上花费超过 5 亿美元，按 2017 年的美元计算，投资额达到 8 亿美元。

图 10-1　钱能买到什么：克利夫兰的棒球场和篮球场
资料来源：谷歌地球

现在这三座巨大而华丽的设施是克利夫兰公民的骄傲，勒布朗·詹姆斯（LeBron James）、骑士队的 2016 年 NBA 冠军和印第安人队的 2016 年美职棒冠军等给城市带来了许多无形好处。但除此以外，很难说这个城市还获得了什么。当人们走在网关区时，除了胜利巷运动烧烤店、砖石酒馆和一些停车场外，几乎看不到其他店铺或配套设施。正如德莱尼和埃克斯坦对体育场热潮的总结："当市政府为新体育场提供资金时，他们实际是在花费数亿美元招待郊区居民前来观赛。"[10]

体育场馆建设是许多地方政府的盲目行动中最具代表性的例子，每个场馆都要花费数亿美元，但它们产生的附带利益很少（橄榄球场尤其如此，除了一年中的少数几天，它们都是空置的)。体育场馆占用的公共资金,往往有可能用于更有成效的活动。与此同时,体育场的花销相对于其他方面的投资而言已经算比较少的。为了吸引企业迁入城市,或为了给购物中心、办公楼的建造和高档住房的开发提供税收优惠,州、县和城市已然花费了数亿美元的资金。

其中一些项目的确富有成效,但更多的项目收效甚微。新泽西州的"成长新泽西"(Grow NJ)项目就是一个典型的反面教材。自2013年以来,该项目为迁往卡姆登市的公司提供了12亿美元的税收优惠。毫无疑问,卡姆登需要帮助,它是美国最贫困的城市之一,但是我们很难知晓这些庞大的支出为城市和市民们带来了什么。州政府为公司提供税收优惠,让他们把办公室和工人从附近的郊区搬走,却只向市民含糊地承诺,这些公司有可能在未来提供些许就业机会。

在近十年,政府激励企业提供一个工作岗位的平均成本达到了近40万美元。在此之前,几乎所有的工作岗位都位于郊区,所以可以肯定的是,这些做法不过是让同一批工人去卡姆登上班,根本不会有新的工作机会出现。新增就业机会的可能性尚不确定,而且大多数就业机会最终不太可能流向卡姆登的居民。无论如何,他们在自己的城市中拥有的工作岗位都不会超过五分之一。[11]

并非所有的减税措施都像新泽西那么低效。费城也采取了减税的政策。2000年,费城市政府决定在未来十年内,免除基础土地价值以外的所有新住宅开发项目的房产税。截至2013年,该项目创造了1万多套新住宅和5 000套改造提升类住宅。人们普遍认为,该项目推动了费城中心城区及其周围的住房市场的发展。[12]

回过头来看,费城减税政策的成功可能主要靠运气,而不是因为优秀的政策设计。该政策的成功与开发商的"成本差距"密切相关。所谓成本差距,就是开发商开发项目的成本与买家预期价格的差距。减税政策突然让开发商们在城市建造高档住宅变得有利可图,他们纷纷涌入该地区,购买空置的写字楼和空地,将它们改造成公寓。费城的政策的确为建筑业的爆发式增长作出了贡献,建筑业的繁荣不仅让数千名有着强大购买力的高消费居民涌入费城,从长远来看,在减税措施到期之际,房地产将为该市带来数十亿美元的税收增长。

从上面的讨论可以得出两点结论。第一条结论容易得出,但没那么重要:城市、县和州以促进经济发展的名义所做的许多事情都是短视的、浪费的,而且堪称愚蠢。第二条结论更重要,但更难发现:在过去的几十年中,无论那些政策明智与否,州政府和地方政府都愿意以数十亿美元的代价来追求经济发展,而很少认真核算成本和收益,或是讨论究竟谁是受益的群体。当然,至于同样的钱是否可能产生更好的效果,或是更公平的利益分配方式,政府也没有仔细地计算过。尽管自 2000 年以来,中心城区的房价已经上涨了一倍多,但费城仍对中心城区的新住宅项目给予同样慷慨的税收减免。

此外,各个州和城市都把自己财政的钱用于助推房地产市场，那些提供给低收入社区的微薄的补助却只有联邦政府这唯一资金来源。当然，来自州和城市资金的作用是给私人投资加杠杆，或提高自身相对其他城市的竞争优势，其目的是给城市带来经济回报。有时，这些做法确实会带来回报，但现实是，在大多数投资决策之前，人们也不知道这些举措是真的有用，还是只是看起来有效。

虽然有人可能会说，20世纪六七十年代的许多政策在制定时，并未清晰地认识到市场对于城市未来发展的重要推动作用，但之后推出的政策往往对市场的关注更少。这些政策的制定者在不了解市场的情况下，被市场推着向前走。可以说，他们采取的行动与著名的美拉尼西亚货运崇拜①惊人地相似。该邪教由同一部落的人组织，他们相信"各种仪式性的行为，例如只要修建飞机跑道，就会带来西方世界的飞机和相应的物质财富"[13]。然而在大多数情况下，飞机从未来过，城市里的居民也没有得到想要的利益。那么，城市又为什么要这样做呢？

那些城市政策都有一个共同之处：无论城市及其居民是否受益，企业和商界肯定会受益。比如说，政府给斯巴鲁汽车公司一大笔补贴，让它在卡姆登的一个封闭式综合大楼里开设一个新的总部。这可能对当地居民有利，也可能不会，但这

---

① 美拉尼西亚是位于太平洋上的黑人居住岛屿，包括新几内亚、斐济、所罗门群岛和新赫布里底群岛。在20世纪初，白人在岛上倾销商品，对于不了解工业生产的土著们来说，他们认为飞机是一种魔法仪式的一环，而商品也是由魔法带来的。——译者注

肯定会对斯巴鲁公司有利。克利夫兰的体育场馆可能对城市的经济地位没有太大影响，但对于企业而言，推动体育场馆建成有助于企业形象的塑造，也有助于塑造彼得森所说的城市的"社会声望"。

城市对自身时间、能力以及金钱的分配方式，不仅关系到人们对经济繁荣的共同愿望，而且关系到权力在城市中如何分配，换句话讲，关系到谁在幕后发号施令。人们通常认为，市长是城市大政方针的制定者，也是计划的有力推动者，但现实要复杂得多。尽管吹嘘市长领导能力的文章有很多，但一个美国工业城市的市长在制定和实施改革上的能力，远不如当地媒体所宣传的。市长所能运用的任何权力杠杆都受到一个复杂网络的制约，网络中的各方相互竞争，甚至会让权力中心黯然失色。

几十年来，政治学家们一直在讨论城市内部权力的边界。他们一致认为，当地方政府在面对超出日常事务的重大决策时，必须要有政府之外的人参与决策过程。城市政体理论的创始人、学者克拉伦斯·斯通（Clarence Stone）称之为"执政联盟"。斯通写道："管治行为需要政府与个人和私人资源的合作才能完成。"同时他强调："管治的权力并不是通过选举胜利所得来的，而是通过相互合作的参与者们共同创造出来的。这些参与者的诉求可能不尽相同，但是他们可以一起为了共同的愿景努力。"[14]

城市的政治博弈过程中有许多玩家，但他们的实力不在同一水平。正如已故的挪威学者斯泰因·罗坎（Stein Rokkan）

总结的那样:"选票固然重要,但资源决定一切。"[15]在城市生态系统中,存在着许多不同类型的资源,它们都影响着治理的过程,比如说科技水平、领导能力和组织实力。但城市中主要企业所掌握的物质资源和它们的诉求,往往能够压倒其他,成为主要的影响因素。这不仅导致城市政策由经济发展所驱动,还意味着,城市会优先考虑大型建设项目和补贴企业发展,使得城市的经济发展方针仅关注特定的相关利益群体。斯通称之为"发展型城市政体"。

导致上述情况的原因有很多,但核心原因一目了然,即"金钱万能"。市长需要当地企业和金融部门的支持,以推行政策。同时,这些机构有着充足的资源,既可推动市长的决策,也有能力收买执政联盟的其他部门。少量的暑期就业机会、首付款补助计划,以及对非营利性社区发展公司的运营拨款:只需付出这些小小的代价,就能掩盖城市中条件较差的社区对政商联盟决策的反对声音。

此外,与实打实的经济增长举措相比,以建设体育场、房地产开发或企业办公楼建设为基本内容的发展战略更容易实施,也更引人注目。它们之所以容易,是因为它们的边界明确而且较少涉及其他主体,相比于改变教育系统、整合社区,或将高中辍学生及有前科的人转移到劳动力市场之类的脏活累活,前者轻松得多。以开发建设为主导的发展战略很容易制定数量指标(有多少层,有多少停车位)或财务指标(需要多少钱,能借多少钱)。这种发展战略的执行,既不涉及复杂的人际关系,也不需要认真考虑目的和手段,更不必说成本和利益问题。企业需要做的,只是获得小型精英政府和商界相关人士的默许,这种默许的成本通常很廉价。

开发项目不会在一夜之间落地,但通常过个几年就能完工。它们为所有相关人员提供了显而易见的成就感。建筑破土动工时,封顶时或者是剪彩时,都能提供拍照的机会,让市长和企业高管有机会聚在一起,在新造的豪华"包厢"中观看他们城市的球队。这种满足感可能看起来微不足道,但实际上关系重大。

相比之下,用斯通的话说,专注并维持"下层阶级机会提升",会困难得多,给执政联盟成员带来的满足感也少得多。正如斯通所指出的,在美国,专注下层阶级的体制"还很不成熟"。[16]这种制度需要社区组织、社会服务提供者和学区等数以百计立场不同的参与者的密切协调和配合,要求参与者采用完全不同的思维方式和合作方式。通常,这些参与者更乐意待在自己的舒适圈内,追求自身的目标。

这需要企业精英进行更激进的改革。尽管可能对于许多精英阶层来说,为所在城市的低收入居民提供更多机会是一个不错的目标,但是值得怀疑的是,是否真有那么多人真心将其视为一个重要目标,或愿意为此花费时间、精力和资源。对于克利夫兰的密钥银行(Key Bank)或巴尔的摩的约翰斯·霍普金斯大学这样的精英机构来说,他们的重要目标是维持稳定运营的环境,保证大企业投资的安全。解决这个问题的最佳方法是以温和的姿态建立一个发展机制,或许还需要一个有效的社会控制与治安系统,对于维持社会稳定与避免近在咫尺的集中贫困而言，这些做法是必需的。

具有讽刺意味的是，为穷人提供机会的成本可能比典型的建设开发模式低得多。让我们做一个思维实验。新泽西州卡姆登大约有3 100名年龄在16—34岁的失业居民。让我们假设，除了已经用于教育和职业培训等方面的资金，如果要让每个失业居民都能找到收入合理、稳定的工作，那么为每个人提供服务和扶持的成本为1万美元，这样算下来一共需要3 100万美元。2013—2023年，新泽西州计划每年拨出1.2亿美元的税收优惠政策，用于吸引企业搬至卡姆登，但对于当地3 100名失业青年男女而言，这些企业的搬迁很难改变他们的生活。用一年税收支出的四分之一，新泽西州就能改变数以千计的城市居民的生活。

当然，这不仅仅是钱的问题。就算州政府决定明天就改变政策，为失业青年提供资金，州政府的相关人员也不清楚目前在卡姆登市是否有人或组织已经完全准备好接受资金，并能有效利用它。然而，这只是一个技术问题，是可以解决的。

如此一来，我们就可以讨论一个关键的问题。当保罗·彼得森撰写《城市极限》时，他的意图不仅是简单描述，更重要的是试图提出一套准则。在战后城市危机最严重的时候，他为寻求重建经济、重返繁荣的城市制定了一套行动指南，列举了建议或不建议的行为。简而言之，这套指南可以总结为"专注于经济增长，让城市对高度流动的企业资本具有吸引力，并避免任何带有再分配意味的政策"。

1981年以来,情况已经发生了重大改变,城市正在经历前所未有的复兴。纽约、波士顿和华盛顿特区已成为美国最富生机的区域,是各类活动的中心。虽然巴尔的摩、费城和匹兹堡仍有持续衰退和集中贫困现象的存在,但其经济已经有复苏。像克利夫兰和底特律这样的城市,尽管总体上风光不再,但也有一些地区正逐渐繁荣起来。回顾过去,那个关键的问题出现了:彼得森是对的吗?事实上,人们是否可以将这种显著的复苏与"彼得森方案"所提到的私营部门驱动经济复苏关联起来?或者退一步讲,是否有某个城市的复苏与市政府的经济政策相关?

毋庸多言,答案是否定的。弗吉尼亚大学的法学教授理查德·施拉格(Richard Schragger)在其2016年出版的著作《城市力量》中写道:"过去几十年的城市复兴……似乎不是由任何特定的城市政策造成的,而且肯定与城市竞争政策无关。然而,那些最受欢迎的经济政策仍然围绕就业竞争展开……毫不意外,这些政策收效甚微。""城市不应该有地方发展政策,"他说,"城市复兴并不能证明那些政策是有效的,事实上,任何政策都会产生效果。对于地方领导人来说,在政治上放弃制定地方经济发展政策几乎是不可能的。但事实上,放弃制定政策,反而是最正确的做法。"[17]

我认同施拉格的诊断,但不完全认同他的结论。当然,城市不仅仅是个经济体,城市的经济活动发挥了强大的作用,其中出口经济的贡献最大,这些经济活动不仅能够继续吸引多样化的人口,还能增加低收入人群的机会。城市如果想要保持复苏的态势,同时把复苏的红利带给之前没能享受到的人,那么就需要两种对策双管齐下。地方经济发展政策是必要的,但必须是正确的。这些政策应当着眼于为弱势群体提供更多机会、建立成熟的劳动力队伍,并打造长期繁荣的坚实基础。此外,城市还需要开创一个更公平也更包容的城市复兴模式。

我之所以会强调地方政策,是因为在目前权力运作的方式中,只有在当地决策者希望变革发生,或者有人使其相信变革应当发生的情况下,改变才会发生。当然,地方的运作的确会受到国家和全球力量的制约,但最终决定权在地方自己,而不是取决于联邦政府或其他任何人。

20世纪60年代的民权法可以说是联邦政府推动变革的典型例子,但那个时代已经过去很久了。即便联邦政府可以推动法律变革,但社会变革和经济变革是另一回事。已故政治学者诺顿·朗(Norton Long)敏锐地观察到了城市发展的问题,他在1977年联邦城市政策的巅峰时期写道:"联邦政府产生了有害的、不切实际的目标,却没有认识到自己无力实现这些目标。"[18] 尽管在此之后,政府已降低了自己的预期,但成千上万的人们仍不顾一切地相信联邦政府能够实现他们的梦想。

这并不是说联邦层面的政策不重要,相反,它非常重要。例如,只有联邦政府才有资源提供住房补贴,让贫困家庭摆脱住房困难和不安全的环境,就像它通过营养补充援助计划保障食品安全,或通过医疗补助提供医疗服务一样。联邦政府可以为地方行动设定标准或基本规则，从而成为推动地方变革的有力盟友，奥巴马政府就通过此类手段让州和地方住房机构认真对待公平住房政策。只是在今天，政府更可能站在地方变革的对立面。改变不会发生在联邦层面。就算发生了变化，也要经历一个由少到多、由点到面的漫长的过程。

有些读者会为此沮丧，同时也有些人会觉得信心大增。总之，不可否认的是，他们的态度反映了现实。包容和一体化的进程受到国家政策和全球经济的影响，但对于一个个或大或小的城市而言，地方权力联盟的选择和优先事项才是推动议程的直接原因。以克利夫兰为例，为三个体育馆花费近5亿美元的公共资金的决策，不是由华盛顿、伦敦或苏黎世决定的，而是由当地有影响力的决策者所决定的，只有他们可以确定建造体育馆是复兴的第一要务，只有他们有足够的能力去判断和执行，也只有他们有足够的影响力让政府动用本应花在其他领域的资金。

大规模的联邦计划，如"联邦马歇尔城市计划"①一直争议不断，认为此类计划就是解决方案的人往往相信一个谬论：有钱就意味着发展。事实是，钱只代表了钱。值得我们时刻自省的是，马歇尔计划与第二次世界大战后美国大规模的城市更新之间有着诸多相似之处，包括规模以及寻求变革的意图，还有随之而来的诸多不良后果。有一些项目可以直接给

---

① 联邦马歇尔城市计划（Federal Marshall Plan for the Cities）：由小惠特尼·杨制订的一套针对美国国内的马歇尔计划，旨在消除贫困以及缩小美国黑人和白人之间贫富差距的战略。——译者注

人们发钱,以满足他们迫切的需要,比如说所得税抵免和提高最低工资标准。可除了这些之外,城市发展资金的使用方法,只取决于城市权力联盟的想法。

2002年,当新泽西州接管卡姆登市时,立法机构拨出1.75亿美元用于该市的经济复苏。7年后,当州政府将这座城市的控制权交还给居民时,《费城问询报》的记者马特·卡茨(Matt Katz)发表了一篇对该计划的评价:"到目前为止,花费的1.75亿美元中有近1亿美元用于大型机构的建设项目,比如法学院和水族馆。大部分建筑工程的承包商和工会,都向收购法案的起草者——卡姆登郡的民主党,提供政治献金。"他补充道:"在1.75亿美元的支出中,只有不到5%是用于居民最关心的事情——减少犯罪,改善学校,提供职业培训和市政服务。"[19]到了2009年,卡姆登的居民比7年前更穷,失业率也更高。

对于任何城市而言,为了实现更好的包容与公平,就需要推动城市权力联盟的议程朝这个方向发展。这并非不现实。权力联盟的目标取决于其成员所代表的利益,他们有时会把这个目标定义为整体战略,但更多的时候会视为一种临时战术。权力联盟不是铁板一块,不同成员的目标也不一定完全一致。随着经济发展和城市规划潮流的变化,他们的目标在变化,他们的成员在变化,他们的利益在变化。如今匹兹堡权力联盟的利益,由匹兹堡大学医学中心和卡内基梅隆大学主导,越来越多的高科技公司和年轻的企业家逐渐参与其中,与五十年前美国钢铁和琼斯-劳克林等钢铁制造商一家独大的格局大有不同。在许多城市，基金会的影响力比以往任何时候都大，在市长达根和亿万富翁丹·吉尔伯特之外，克雷斯基基金会（Kresge Foundation）主席里普·拉普森（Rip Rapson）可能是当今底特律最具影响力的人物。

我们不必对这些情况过于悲观，至少权力联盟体系中还有一些改变的空间。与个人、地方、政府一样，在今天，城市与大型机构的关系与三四十年前大不相同。过去，像宾夕法尼亚大学或卡内基梅隆大学这样位于城市的大学很可能不太乐意被限制在各自的城市里，因为城市对他们或是不闻不问，或是充满敌意，他们只想在自己的地盘独善其身。今天，单是身处城市已经成为一种资产。情况发生了彻底的改变，全国各地的郊区大学和小镇大学都在斥巨资建造步行友好的娱乐场所、购物和住宅区，这些设计旨在使校园周围充满"城市"气息，以便更好地与大城市的学校争夺学生和教师。

城市中的大型机构都认为，它们的未来与所在城市紧密交织在一起，而不是仅仅与自己的辖区有关。自1994年以来，耶鲁大学已经花费了约3 000万美元，帮助1 000多名员工在纽黑文社区买房。它几乎仅凭一己之力担下了纽黑文承诺计划（New Haven Promise）的费用，帮助1 000多名纽黑文公立学校的毕业生承担大学教育的开销。这笔钱在他们33亿美元的年度预算中占比极小，但耶鲁花费这笔钱的动机是多方面的：首先，对于学校来说，住房自有计划可以帮助建立更稳定的劳动力队伍；另外，作为当地最大也最富有的权力联盟成员，耶鲁大学在此体现了对自身道德义务的履行；同时，这笔支出也意味着，耶鲁认为自己与纽黑文同呼吸、共命运，不再把目光限制在城市中心和精英社区。

耶鲁大学在纽黑文的地位很不寻常，因为很少有城市像纽黑文这样完全由一所大学控制。匹兹堡大学医学中心可能是匹兹堡最大的合作伙伴，而约翰斯·霍普金斯大学是巴尔的摩最大的合作伙伴。但在这两个城市，它们只是众多权力盟友中规模最大的那个，不能单方面地左右城市政策。在巴尔的摩或匹兹堡，许多权力联盟成员的利益往往各不相同，甚至很可能完全冲突，只有在经过必要的引导后，成员们才会共同探讨出一个正式的包容性城市计划。事实是，在像巴尔的摩或匹兹堡这样的城市，普通人可以找到代表自身利益的组织表达诉求，这些组织也有足够的资源促成变革的发生。但在许多小地方，资源非常有限，上述组织的数量也更少，这使得它们与大城市的情况非常不同，问题也大得多。

推动权力联盟行动的难点在于，联盟缺乏组织，其中每个人的立场和诉求都不一样，而他们本应成为推动社会包容和进步的主力。一般来说，在同一个城市中，有许多人都在积极地对抗贫困，并且试图缓解社区的困境，但他们并未在达成明确的共识后统一行动，反而是各自为营，争夺着为数不多的资源，同时保护着自己的地盘。虽然他们获得的资源和潜在影响力加到一起，也可能无法与约翰斯·霍普金斯大学或匹兹堡大学医学中心相比，但他们的力量不容小觑。重点在于，他们还能获得政府的支持并与之合作。然而，由于缺乏凝聚力、共同的战略和目标，它们的努力成果总是在一定程度上被削弱了。换一个角度来讲,这意味着,地方政府、社区组织及其支持者们往往很容易被收买,比如说一个暑期工作项目或几套可供修缮和转售的政府房屋。因此,在普通人眼中,他们同样不可信,无法成为公众利益的代言人。

此外,虽然支持低收入社区和低收入人群利益的组织也提出了一些战略,但这些战略基本推动不了任何有意义的变革。就像我们在巴尔的摩的沙镇-温切斯特看到的那样,在类似的集中贫困地区,如果把资金投给没有组织的各类活动,或许在一段时间内,有一些人的状况会得到改善,但总的来讲,这对社区整体条件及其衰退趋势没什么作用,也无法改变社区中大多数人面临的生存困境。尽管社区计划和长期战略很多,但很少有组织会考虑下一年、下一个项目、下次州或联邦的拨款应该如何使用。

我说的有意义的变革是什么意思呢?就像我在前一章所说的那样,变革源于一个简单的前提:几乎所有人,无论是富人、穷人还是中产阶级,都想过上美满富足的生活。很明显,你如果极其富有,或是在小康水平,就更容易获得成功。在如何生活,如何利用时间,或者在哪里生活等方面,你会有更多的选择。但如果你的基本生活都很困难,成功便无从谈起,美满的生活往往意味着以下两点:其一,有一份薪水足够的工作,由此你不至于因为经济原因垮掉,而且能够提供一种安全感和精神上的富足;其二,在一个像样的社区拥有一个你能负担得起的安乐之家。理想情况下,这个社区应该同时有穷人和富人居住,而且每个人可以共享繁荣发展的成果。即使没

第十章 权力与政治——追寻变革之路 317

有这样的条件,它也起码应该提供一个安全的、体面的生活环境。根据亚伯拉罕·马斯洛(Abraham Maslow)著名的需求层次理论,前三种需求是最基本的——对充足食物和住所的生理需求,对人身安全、健康和经济社会保障的安全需求,以及对家庭、友谊和亲密感的情感需求。[20]

因此,具有变革意义的战略有如下特征:它能帮助大多数生活贫困的人或是陷入衰退社区的人脱离目前的状况,过上满意的生活,拥有最基本的体面;它能把大量的贫困地区转变为给人们提供体面生活的地方;它能减少城市中不同族裔、不同经济水平、生活在不同区位的人之间的差距。套用古代犹太圣人拉比希勒尔(Rabbi Hillel)的名言来说,其余的特征只能算作注脚。[21]

这和我们现在做的有什么不同?从广义上讲,几乎所有从事相关工作的人都可以说他们的所作所为符合上述描述。然而,值得深究的是,他们的工作是否会推动持续性的变革?以及这种变革是否形成了足够的规模?在暑期工作项目中的年轻人之后怎么样了?在新的低收入税收抵免住房项目启动后,周边的社区发生了什么?如今,几乎所有的城市政策都需要解答这样的问题。有些措施确实可能会让少数人或小部分地区产生长远的变化,但其规模太小,以至于在更大规模的政策施行时,其微小的成就被彻底掩盖。可以说,他们做的大多数事情都类似于止痛药,可能只会短暂地缓解疼痛,但有的时候情况更糟,连止痛的作用都没有,纯属是白费力气。

具有变革意义的战略并不是简单的战略,但正如我在前面几章提到的,我们已经了解有哪些战略,也很了解具体的做法。然而,想让它们发挥成效还需要克服一系列的困难:第一,对于某个城市或地区而言,应该形成一个相对一致的目标和计划;第二,应围绕某几个具变革意义的战略建立起广泛的联盟,明确联盟内的每个机构或组织各自的职责;第三,在城市权力联盟内争取更广泛的支持,从而促进目标的实现。

地方政府的政策不能取代州和联邦政策,因为后者的持续性更好,能更好地贯彻落实。许多关键措施只能在联邦层面上实施,如增加对贫困租房者的住房补贴。另外,许多限制地方政府行动的基本规则是由联邦政府和各州政府制定的,其中州政府在这方面做出的规定往往更多。事实上,近年来,各个地方政府都在努力解决社会不平等的问题,其举措诸如提高最低工资或建立当地雇佣标准,但共和党主导的州立法机构却不断地阻挠他们的努力,比如密苏里州立法机构对圣路易斯的最低工资法的反对。当修订后的法律于 2017 年 8 月生效时,该市的最低工资自动从每小时 10 美元降至每小时 7.7 美元。仅在 2016 年 1 月至 2017 年 7 月期间,就有 15 个州参照美国宪法的规定,在处理最低工资或其他工人权利或福利方面"先发制人"地通过了这类法律。[22]

我将在下一章细数促进包容和公平的改革策略,在此之前,我们首先要认识到,不同的地方政府为改革提供了截然不同的先决条件。在巴尔的摩或匹兹堡有望行得通的办法,放到俄亥俄州的扬斯敦,可能效果就没那么好;如果放到宾夕法尼亚州的阿利基帕,就会完全行不通。的确,巴尔的摩和匹兹堡有很大的问题，但在问题之外，两地还有许多优势：它们都有世界级的机构，这些机构足以支撑城市的经济，而且正以可观的速度增加就业；它们都迎接了大量受过教育、有才华的年轻人，他们创造了经济活动，也提高了房地产价值和市政收入；它们的政府都具有相对较强的管理项目能力和战略实施能力；它们都拥有成熟的企业和基金会。

最后，无论一种战略在今天看来多么适用，都要记住，情况是会变化的，没有人能一直准确地预测未来。任何以就业为中心的战略，都需要应对同样的问题，即全世界的工作是不断变化的。因为经济压力的不断变化和新兴技术的进步，不同的工作此消彼长，但就业岗位不一定仍在之前的地方，过去拥有一定技能或教育背景的人也不一定适应新工作的要求。这种情况已经持续了几个世纪。近年来，自动化和机器人技术的发展，以及气候变化带来的巨大影响，再次造成了世界范围的职业变动。正如经济学家森希尔·穆莱纳坦所说："为改变做好准备，期待无法预想的事情。"[23]他是对的，不过构想无法想象的事物更适合预言家，而不是城市的管理者和规划者。

下一章我们会继续讨论具体的策略。不断变化的历史提醒我们，在作出预测时要谨慎。要注意，在每一种改革背后，都隐藏着许多变数。这种变数对收入低、技能低、受教育程度低的人更为不利。受教育程度更高、更为富裕的人适应性也更强，能更好地适应新的变化，也更有可能将新的技能与已有技能融合。至于如何让变革创造机遇而非减少机遇，如何通过创造一个系统实现这个目的，这会是一项艰巨的挑战。

在本章的最后，我想说，没有什么捷径可走。要想解决问题，归根结底，仍需明确的解决办法，然后在一个个城市和地区不断耕耘，在缓慢而艰难的过程之后迎来美好的未来。

第十一章
通往包容和机遇之路

我写下这本书,正是因为我相信美国有望扭转城市的发展颓势,我也相信美国可以阻止城市中愈发严重的种族隔离、两极分化和排外主义。我坚信我们的愿望终有一天会实现,只是在改革中,有些内容会比预期的容易,有些则会更难。不过,在展开对此的阐释之前,我将先分享我对于变革的看法和思考。

美国的很多学者都在写系统改革相关的文章,每个人都提出了自己独特的观点。这些观点千差万别,从渐进主义①到乌托邦主义,各种各样的观点层出不穷。渐进主义者认为微小进步和个人努力会逐渐带来变化,老布什的"闪耀繁星"计划②就是其中的代表。乌托邦主义者认为,只有彻底改变

---

① 渐进主义,理论建立在对全面理性主义模式的批判,其代表人物为美国学者林德布洛姆。他主张应该基于过去的经验,采用渐进方式对现行政策进行修改,在社会稳定的前提下,逐渐实行决策目标。——译者注
② 闪耀繁星(thousand points of light)是老布什常用的政治宣言,用于赞扬志愿服务和个人主义。他将一个个社区级的志愿服务团体比作"光点"。他认为,当志愿者团体可以自由地做自己的社区工作时,国家会变得更好。——译者注

社会和经济才会出现有意义的变化,而任何不触及本质的改变都是白费力气。

这两种观点都不是特别可信。我们已有许多"闪耀繁星"之类的项目,而且新的同类项目正如雨后春笋般不断涌现,许多项目和投资都展示了非凡的创造力和意志力。但是,不平等和种族隔离这些最根本的问题仍在继续恶化。闪耀的星光就像是萤火虫,闪烁过后就熄灭了。

不过乌托邦主义观点的弊端可能更为明显。渐进主义者的方案至少在大多数情况下没有破坏力,可乌托邦主义者的提议往往具有相当的颠覆性,一旦让他们抓住机会实践,就可能产生相当有破坏性的后果。看看那些实践过的乌托邦理论吧,失败率实在是惨不忍睹。另外,乌托邦主义的领军人物兼博主乔纳森·马修·斯马克(Jonathan Matthew Smucker)的言论贴切地展现了乌托邦主义者的思维方式。他写道:

> "我们为什么要放任这些障碍一点点积累起来,以致最终酿成一场大危机呢?难道说这场危机能奇迹般地带我们进入一个全新的时代吗?如果相信事情'在变好之前必须变得更糟',我们就可能对那些能够真正改善现实生活的举措失去了兴趣,甚至有可能会加以阻挠。毕竟,就算在裂开的伤口上贴创可贴,那也只是徒劳的。"[1]

这种观点认为,只要最根本的经济或政治制度达不到理想的状态，那么一切努力都是徒劳的，我对此无法苟同。无论好坏，代议制民主和资本主义经济体系，已经在美国有了一个多世纪的历史，它们共同塑造了美国的现状，如果西方文明延续下去，在下个世纪，它们将继续自身的使命。此外，如果美国采用了与其有本质不同的体系，无论它是什么，目前的问题都未必会得到改善，反而可能变得更糟。最后，我和很多人一样，认为美国社会的许多事情都需要根本性的改变，包括目前仍根深蒂固的种族主义。但我认为，现实中不存在什么方法能立即将其彻底改变。我认为，即使我们无法彻底消除不公正和种族主义，我们也不应该为了虚幻的乌托邦放弃在当下通过有力手段改善生活与社区状况的机会。对于穷人来说，无人能承担放弃行动的代价，只有富人才能轻松地做出取舍。

如果想取得进步，那么渐进主义或乌托邦主义可能都不管用。我们需要在面对挑战时，采用一种不同的思维方式。不像有些人所建议的那样，这种思维方式并不需要一长串花大价钱的项目清单，他们列举的那些项目看起来能促进社会的包容性与公平性，但其实两者一点关系都没有。诚然，这些方法既不是渐进主义也不是乌托邦主义，但总的来讲，它就像我们幻想中的联邦政府那样无所不能，它要求宏观的政策和微观的行动能形成合力。最重要的是，我们不得不发问，要怎样才能实现这些要求呢？在实施时会面对太多的可变性和不确定性，没有人能制定具体的技术路线，但是归根结底，至少还是要提供一些对于合理战略的设想。

我们需要一种务实的思维方式，专注于具体的结果，无论那些"主义"和相关言论有多么强大和深刻，我们都不应该被那些东西推着走。相反，我们应该接受现存的美国政治和经济体制，同时努力在这个体系内部开展变革，而不是去追求所谓的乌托邦。形而上学的各种主义很重要，但它需要服务于现实，而不应将其本身视为目的。

我们需要提出两个问题，并严谨地得出答案。首先，我们已知的是，美国有能力去做的事情有很多，那么，至少在理论层面上，其中哪些事情最可能有效促进社会的包容并减少不平等呢？其次，我们如何开展这些活动？或者说，怎样的方式最可能有效落实我们的目标和愿景？我认为这两个问题最能体现目标明确和远见卓识的务实思想。

我们的目标必须面向美好的未来，但我们也必须知晓哪些是我们能做的，哪些是做不到的。我们可以减少贫困，但我们无法终结贫困。我们可以缩小经济差距、缓解种族隔离以及集中贫困，但我们不能也不该试图让所有社区的人和经济状况都一模一样。我们可以改善破败的社区，使其成为体面安全的居住地，但我们无法将每个社区都变成充满活力的模范社区。最后，也是最令人痛苦的，我们可能无法让每一个破败的城市、城镇或社区恢复健康和活力。当然，这并不意味着我们可以忽视破败社区中居民的困境。

回到本章的开头，我提到，"在改革中，有些内容会比预期的容易，有些则会更难"，那么具体是指什么呢？

说它"更容易"，是因为改革虽会消耗资金，但不会像人们普遍认为的那样成本高昂。从学前班到大学，我们已经在就业和劳动力培训上花费了数千亿美元。如果我们在花钱时更精打细算一些，这笔钱能帮助我们完成更多的事情。我们在零和博弈与非生产性经济发展上也浪费了数十亿美元，而整体幸福感的提升却微乎其微。这种浪费不能再继续下去，资金应该被更加有效地使用。目前提出的一些需要花费数十亿美元的"解决方案"，例如针对公共交通和高速铁路的大规模投资，虽然可能会对整体经济有所贡献，但几乎无法改善贫困和不平等问题。与之相比，不如提供更多的面包车和公交车，扩大它们的服务范围和运行频次，虽然这种方案听起来不够恢宏，但可能会以更小的成本发挥更大的价值。解决方案中的一些关键部分肯定会消耗资金，但还不至于让美国经济或联邦预算难以承受，我们可能只需放弃目前"损人利企"的经济激励措施，节约下来的数十亿美元就可以支付上述方案的大部分费用。

然而，有些工作会比预期的更艰巨，过去那些花大价钱搞建设项目的路子已经走不通了，现实已然对我们提出了更高的要求。这需要美国改变当下的思维方式和政策执行方式，这不仅意味着美国社会需要一场彻底的改变，还意味着组成国家的数百个城市和地区都需要改变。当然，联邦政策同样需要改变。本届政府似乎决定推翻前任政府的一切促进社会平等的政策，这使得改革联邦政策的任务在当下尤其具有挑战性，但这只是冰山一角。

在前面的章节中，我从不同角度描述了我们所面临的复杂的挑战，而要制定一套能真正解决问题的办法却困难重重。每一个问题本身看起来都很棘手。我们不仅要面对个体的贫困，也需要解决集中贫困问题，而后者与地域有较大的关系。我们需要关注与美国社会和经济主流脱节的成年人，并满足他们的生存需求。但我们必须认识到，脱节的现象可能从童年期甚至是婴儿期就已经开始了。因此，任何解决方案都必须在考虑成年人的同时考虑儿童的需求。我们需要时刻牢记，我们的行动不仅关乎贫困，更关乎发展机遇，这不可避免地要求我们拥有更加广阔的视野，去思考社会和经济运作方式的相关问题。许多问题需要在地方层面解决，而地方政府的措施，取决于国家政策和联邦政府的行动。

与此同时，为了减少贫困和不平等，我们必须谨慎行事，以免把美国老城市的复苏扼杀在摇篮中。老城市的复兴的确存在，但其未来走向仍不明朗，我们也不应理所当然地认为这种复兴会一直持续下去。一位德高望重的人口统计学家提出了一个问题，即美国是否已经达到了他所谓的"千禧一代高峰"[2]？若果真如此，那么在未来的美国，医疗产业及其产生的数百万个工作岗位将充满激烈的竞争。如果匹兹堡和底特律这样的城市能够持续复兴并继续增加就业机会和财富，那将会有更多的人享受到发展的成果。

因此，任何一项旨在解决问题的议案，都应当在多个层面回应上述问题。接着上一章的逻辑，在后续的讨论中，我会从地方政府的角度看待一系列问题：考虑中心城市本身和城市周边地区的关系，同时关注个人和地方之间的关系，还要把国家的总体战略融入进来。如此，才能实现我们所需要的变革，而不是像现在那样，只关注几个本就表现不错的社区，却罔顾整个城市和地区的困境。虽然我也知道，美国还有更多的问题需要解决，我们也有能力解决，但本书的篇幅实在有限，不可能讲清楚每个问题的全貌，也不能列尽所有对应的解决方案。所以，我选取了社会公平的两个最重要目标，作为接下来叙述的依据：第一，所有人都应该有机会摆脱贫困并过上体面的生活；第二，"为每个美国家庭提供体面的居住环境和宜人的生活环境"[3]，这个目标提出于1949年，现在是时候兑现当时的承诺。

如果我们能够达成这两点目标，我相信，我们会看到许多变化，不仅是老城市的变化，而且是整个美国社会的变化。我并不会天真地相信，只要减少白人与黑人之间明显的经济失衡，以及社区间种族隔离的现象，就会让美国社会的地方性种族主义消失。但无可否认的是，种族主义、经济不平等和种族隔离之间存在着千丝万缕的联系。在积极对抗种族主义的同时，我们还须构建起一个为所有人创造机会的系统，从而克服经济和地域间的不平等。

就业是第一要务

如果我们想尽快帮助人们脱离贫困的旋涡，让他们有机会过得更好，就必须考虑就业问题。套用福特汽车公司的老口号——就业是第一要务。或许鼓励创业听上去不错，很契合美国作为企业家之国的自我定位，但事实是，它没有想象中那么有吸引力。小型商业项目存在固有的局限性，其受益人群较小，而且可持续性也不强。在贫困的内城区更是如此，人们的可支配收入太少，根本支持不了几个本土企业。有证据表明，许多少数族裔的生意只能提供少量的就业机会，甚至大部分老板都无法过上脱离贫困的体面生活。针对类似小公司的扶持项目很重要，且最好是能帮助有潜力的小公司成长，而非仅支持新公司的成立。但是，这些项目的地位没么高，只是全部计划的一小部分。

实际上，即使不鼓励创业，也有大量工作机会存在，至少在巴尔的摩和匹兹堡之类的城市是这样。让我们再算一笔账。2015年，巴尔的摩大约有3万名16—64岁的失业人口。同时，该市有约32.5万个工作岗位，且每年增加约2 000个。此外，每年巴尔的摩现有的工作岗位还会发生进离职接替，如果按照全美的工作变动率即15％进行计算，那么每年的人事变动和新增工作将会为该市提供5万个职位空缺。巴尔的摩三分之一的工作由大学毕业生占位，三分之二的工作则由没有受过正规教育的人占位。这意味着巴尔的摩每年有3.3万个不需要大学学历的工作岗位向公众开放。

从某种层面上讲，工作数量和失业人数的比较没有特殊的意义。我们不能将两者机械地对应起来，也不能就此得出填补这些岗位空缺的方法。但在巴尔的摩，比创造新的就业机会更关键的是，要构建起人员与就业岗位之间的联系。然而，建立联系不仅仅意味着为个人提供某些工作的专业技能培训，还需要综合劳动力系统的介入。该系统不只提供技能上的培训，还提供其他方面的培训，使他们有能力在工作岗位上稳定下来，并适应更多的行业。此外，提供工作岗位的公司和机构也需要参与到这一过程中。

图 11-1 展示了这种系统的运作方式，将职业培训、个人赋能、教育、消除法律障碍、家庭支持、辅导和改善交通整合到一起，这要求潜在雇主之间的密切合作。每一部分都是必需的，因为各个部分都分工明确，对应解决各部分问题，以免影响整体的效果。

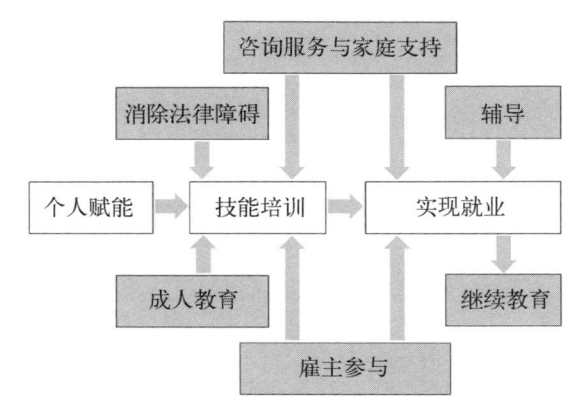

图 11-1 综合劳动力系统模型的运作方式

在这个系统中，城市雇主群体的融入与扶持性措施一样重要。综合劳动力系统成功与否，取决于它能否培养出合格的员工，以及雇主们是否对整个系统有足够的信心。前文提到的巴尔的摩"稳就业保民生"和"双子城崛起"等成功的项目，都与所在社区的雇主建立了密切的关系。雇主参与项目设计的程度越深,雇主与项目的关系就越密切,他们就更有可能定期、持续地雇佣毕业生。

每个美国大城市都存在一个或多个组织,对应综合劳动力系统中的各个板块,若想将他们整合为统一的系统,则需要帮助它们扩展服务、提升能力,并对它们进行团队协作的培训。令人惊喜的是,其成本是可控的,包括拓展服务的成本,以及用于整合各板块信息的管理系统的成本。提出巴尔的摩"稳就业保民生"计划的贾森·珀金斯·科恩(Jason Perkins-Cohen)推算,每个人培训和安置的成本,仅比现有服务花费高 4 000 至 5 000 美元;提出"双子城崛起"的汤姆·施特赖茨认为,成本会更高,每人要多上大约 9 000 美元。假设你想每年培训 5 000 名巴尔的摩失业者,并帮助他们稳定就业,就算为每个人再花 9 000 美元,每年的额外花费也只有 4 500 万美元。这个数额其实相当小,一旦这类措施被广泛应用于长期失业人群,几年后的花销还会大幅减少。与城市和州的大型建设项目支出相比,或是与回报有限的社会政策或经济激励措施相比,这个数字同样算不上大。

此外,正如安全者基金会等项目那样,综合培训是对未来的投资。在马里兰州,关押一名囚犯仅一年的费用就接近 4 万美元。[4] 有效的就业计划将在降低监禁、福利金和社会服务成本方面带来多重效益,这还不包括新就业工人带来的额外税收收入。

以 2017 年的美元价值计算,马里兰州在 20 世纪 90 年代花费了 7 亿美元来补贴巴尔的摩金莺棒球队和乌鸦橄榄球队的体育场建设。如果参照其他地方的情况，市政府和州政府将很快再次收到升级、扩建或更换这两个体育设施的相关提案。2017年12月，46万美元经费被批准用于研究一批预计耗资9亿美元以上的建设的可行性，这批建设包括扩建市会议中心、建造一个新的体育场以及一个新的会议酒店。[5] 对于巴尔的摩来说，或许是时候思考建设优先的政策是否合理了。

对于地方政府来说，确保企业提供体面的工资和工作环境，是一项几乎不可能完成的任务。因此，州和联邦层面应当共同努力，提高最低工资并为低薪工作者创造公平的竞争环境。正如我在上一章中提到的，这些努力之所以如此必要，是因为尽管各地已经取得了一定的成果，在城市层面提高了最低工资标准或提供了工人福利，如带薪事假或病假，但州立法机构站在其对立面，愈发频繁地阻挠其实施。这体现了一个基本但常被忽视的事实：美国仍然是一个联邦体系，不只是人们在向州政府寻求更大的公平，州政府也在向联邦寻求更大的公平。

反过来，州政府可以采取激励措施来促进各地的就业。各州的政府都列出了可以得到税收优惠的业务，通常包括工作培训和创造就业机会。虽然其中许多激励措施对所有工作机会或被培训者一视同仁，但有些激励措施，则针对特定的需要帮助的人群，以艾奥瓦州为例，企业若雇用有犯罪前科的人员可享受税收抵免的政策。在任何城市或地区推动公平就业战略时，都需要州政府的密切参与。而且，州政府应当关注那些最需要帮助的人群,针对性地提出激励措施。

然而,任何就业战略都始于一个基本假设——存在足够的工作岗位,并且具备让大量劳动力进入就业市场的机会。在一些大城市,如巴尔的摩或费城,甚至在底特律或克利夫兰,这都是一个合适的假设。对于像阿利基帕这样的小地方,这个假设也可能成立。尽管当地的就业机会不太可能增加,但只要离更强的就业中心足够近,就可以享受到大城市的辐射带动作用。不过,我们必须现实一点。在许多小城市和工业城镇,工作岗位要么太少,要么正在减少,无法让所有想就业的人都找到工作。无论如何选择,美国社会必须为此作出牺牲,而我将在后文讨论这个伤脑筋的问题。

教育与机会

对于大多数成人来说,我们不应该把各类教育与就业系统分开,最合理的做法是将工作与技能训练结合起来。此外,我们还需要训练他们基础的阅读和数学能力,以填补基础教育的缺失,使之成为符合市场标准的劳动力。城市也必须为那些正在贫困中成长的孩子建立教育系统,特别是那些在贫困问题最集中的内城贫民区长大的孩子,只有这样才能给孩子们带来脱离贫困的机会,从而融入国家的社会和经济主流当中。

现实与理想恰恰相反。在我们现有的体系中,大多数内城贫民区孩子在接受教育的早期阶段就已落后于人,而且再无改善的可能。除了极少数例外，内城的学校正在助长长期的、跨代的贫困。然而，这并非全是学校的过错，这些孩子所处的家庭或社区，往往不能起到榜样的作用。而且，环境中充斥着的暴力对孩子们无疑有着毁灭性的影响。我们只能希望学校能尽量消解这些负面影响，或者是帮助孩子们克服困难。虽然这是一项艰巨的任务，但越来越多的证据表明，即使条件再困难，也要舍得对孩子的教育投入，因为这确实可以给他们带来脱贫的机会。

首先，我要说明一个简单的事实。自20世纪60年代出现托幼早教计划（pre-kindergarten program）以来，人们就一直在研究其影响。有大量的证据表明，经过精心设计的、有专业教学团队的计划可以在最终教育程度、成年后行为和终身收入等方面对参与课程的低收入家庭孩子产生长期的正面影响。然而，并非所有的早教计划的效果都是相同的。就像公共教育中心研究出的结论："较高的师生比、小班教学和教师质量会使教育计划的效果更加明显，无论是学校还是社区机构，早教计划中的教师质量都是十分重要的。"[6]

总的来说，每个孩子都应该获得高质量的托幼早教，尤其是低收入社区的孩子。与前面所说的工作训练计划一样，公共教育中心的这个研究显示，花在学前教育上的资金为社会和经济带来了长期的财政效益，它减少了未来对昂贵的特殊教育服务的需求，减少了犯罪和刑事审判的花销，降低了民众对社会福利的依赖，还增加了家长和孩子们的终身收入。

看看从幼儿园到高中的教育系统,我们就会知道,要想改变托幼早教之后的教育更加艰难。其难处不仅在于教育本身变得更复杂了,更在于,人们对教育相关的政策和政治倾向争论不休,到处都是永无止境的关于特许学校的争议,却无人把注意力放在孩子们身上。很多时候,我们只能看到两种意见:一方面,偏右翼的自由市场拥护者认为,公立学校依靠政府资助和官僚机构撑腰,垄断了教育市场;另一方面,偏左翼公共教育的拥护者认为,公立学校是抵御右翼攻击民权和草根民主的堡垒。

我认为,双方的观点各有千秋。正如底特律的经验所展现的,对于贫困集中地区的低收入家庭的孩子而言,教育领域的自由市场并不能为他们提供一条稳妥的道路。与此同时,从本质上说,那些主张公立学校系统应完全接管儿童教育的人,并不能充分证明自身说法的合理性。总的来说,对于那些受过教育的、积极进取的中产阶级父母的孩子,特别是住在城郊富人区的孩子,美国公立学校的教育做得不错;但是,无可否认的是,对于那些住在城市集中贫困区的贫穷孩子来说,美国公立学校的教育实在是太差劲了。

诚然,所有在公立学校体系工作的教师和管理者还都是很敬业的。然而,许多学校的行政部门与反对者们描绘的情况相差无几。那些行政部门往往头重脚轻,有管理员、协调者、顾问以及各种不知道干了什么事的人。被选出的校董们,往往不是民主的代言人,而是政治机器的产物。比起孩子们的利益,那些根深蒂固的工会,似乎更在乎他们的薪资以及永无休止的权力斗争。当然,问题也不仅仅在于钱。当一些州仍在削减其城市学校支出的时候,其他州已在均衡学校拨款方面取得了重大进展。自 20 世纪 90 年代以来,新泽西州向其 31 个有"特殊需求"学区提供了比该州一般郊区学区更多的资金。虽然拥护者可以举出零星几个改善的例子,但众所周知的是,该政策的总体效果令人失望。

越来越多的证据表明,那些精心管理的、负责任的教育市场竞争的确有可能促进教育机会的公平性,既能帮助成功的重点特许学校,同时也有助于公立学校学区的改善。波士顿匹配项目公共特许学校,以及全美其他的特许学校和传统公立学校,都可以在很大程度上缩小学生之间的成绩差距,并且为众多来自低收入家庭和特困地区的孩子们开辟一条通往机遇的道路。

尽管如此,与仍然无法得到优质教育的儿童数量相比,这些学校接触到的孩子只是很小的一部分。如果美国仍要进一步促进机会平等并减少贫困,那么就得赶紧搞清楚如何复制这些学校的成功模式,包括学校本身,以及整个系统中灵活性和问责制的平衡。我们需要让成功的学校不仅能帮到少数儿童,而且能帮助数以百万计的儿童:美国有 1 060 万年龄在 5—17 岁的儿童生活在贫困当中,还有 610 万育儿家庭的收入仅比贫困线高了 50%,这些孩子的人数加起来远超美国儿童总数的四分之一。和成年人一样,他们都应该有机会摆脱贫困。

不幸的是,人们的焦点并未集中在孩子们身上,而是过度集中于政治立场的争论。一方面,是对理想化的公立学校系统的浪漫愿景,以及对于科技巨头资助的特许学校的强烈反对。另一方面,是不那么浪漫的、残酷的教育自由市场——以教育部部长贝齐·德沃斯为代表,底特律教育系统功能失调的主要责任完全可以归咎于她。纽瓦克的公立学校在经历了20年的国家管理后回归地方控制,《新泽西星报》在一篇社论中赞扬此事,并敦促当地官员"停止对学校无休止的政治抨击,不要再讨论它究竟是特许学校、巨头支持学校还是传统学校"。[7] 此话也适用于纽瓦克以外的许多地方。

区位与机会

城市中不公平现象加剧的背后,是多种因素的共同作用。贫困的持续性使集中贫困地区内的居民在几代人后仍摆脱不了贫困,继而导致种族隔离变得愈发严重。对大多数城市居民来说,逃离贫困并非只是意味着收入达到体面的程度。在底特律或圣路易斯等城市,摆脱贫困通常意味着搬离此地,意味着要在郊区城镇或其他城市找到一套能负担的房子。这给社会公平带来了两个巨大的问题:如果有些人无法搬到提供更多机会或更好生活质量的地方,那他们应该如何生活?在有的人搬走后,那些社区会发生什么?

与此同时,整个城市的状况也在不断变化。一些地区正在复苏或正在经历绅士化,那里的居民变得更加富裕,生活成本也变得更加昂贵。其他大多数地区,包括工人阶级社区和中产阶级社区，可能在前段时间还算稳定，现在却开始衰败，社区内的人口日益减少，用木板封住的住房越来越多地出现在原本稳定的社区中。一个地区面临的挑战并非只涉及某一个方面，而是同时涉及了许多具体问题。但是，除此以外，还有一个更基本的问题需要我们解决。这个问题超越了任何地域的范畴，关乎人类的基本需求。

  这个问题是贫困家庭的住房困境。对于数百万贫困或接近贫困的家庭而言，他们如果没有抽中保障性住房券这种福利，就不得不为住房花上一大笔钱。花了这笔钱之后，他们及其后代的生活将变得极不稳定，他们可能会流离失所，甚至连保障最基本需求的钱都没有。虽然很多人并不认为这是一个不平等问题，但我认为，这不仅是一个关于机遇的问题，更是一个最基本的公平正义问题。在美国这样的富裕社会，我们其实都知道并掌握适当的补救措施，却对数百万公民的生活困境置若罔闻。这在我看来当然是不公平的。

  贫困家庭的住房问题只能由联邦政府来解决，和前文提出的就业解决方案不同，它并非是一个可以在地方层面基本得以解决的问题。若想为一个家庭提供一年住房券，大概需要 9 000 美元。当然，这个数字在美国各地差异很大，它反映了收入和住房成本在各地间的差异，9 000 美元仅是一个平均值。按这个价格计算，就算我们只需要为一小部分困难家庭长期提供住房券，也没有哪个城市或州能承担得起，更何况这样的家庭有数百万个。以下数据会让读者更清晰地了解需要补贴的规模：在年收入为 3.5 万美元或以下的家庭中，960 万人将其总收入的一半以上用于租金，另外 270 万人将其总收入的 40% 至 50% 用于租金。

目前，联邦政府每年花费约 320 亿美元，为 350 万家庭提供住房券。乐观估计，住房券覆盖了四分之一符合条件的家庭。[8] 如果未来计划向所有符合条件的低收入家庭提供住房券，那么可能会额外花费 900 亿至 1 000 亿美元，这个数字略高于联邦政府年度预算的 2%。如果联邦政府真的花了这笔钱，那么将会改变很大一部分美国家庭的生活状况。撇开其他联邦政府的花销不算，在 2017 年，美国财政部在房屋抵押贷款和房产税的减免总额就超过了 1 200 亿美元。

然而，与其说最好的方法是扩展当前住房券计划的社会覆盖面，不如说这其实是一个千载难逢的机会，我们可以借机停下来，回顾住房券计划执行 40 年以来的优缺点，并总结其中的经验教训。同时，我们也可以从许多世界上其他地区采用的住房补贴模式中学习，特别是英国、法国、德国这样的西欧国家，它们为全部有需要的人提供住房补贴。虽然这样的花销肯定不低，但我们还是可以设计一个与住房券相似的福利计划，从而更好地改善低收入人群的居住环境，减少一些对房地产市场的负面溢出效应，并帮助他们从集中贫困地区搬到其他机遇更多的地方。

空间公平性

"位置机会"或者说"空间公平性"是一个重要的权力边界，

如果我们能保证空间公平，或许可以在一定程度上扭转各个阶层间日益严重的地理上的"分化"。这种分化造成了城市中的富人、中产阶级和穷人之间愈发严重的空间阻隔，这不仅是一个不平等的现象，它更有可能在未来导致更加严重的不平等。

空间公平是一个区域层面的问题，反映出城市中心与其郊区之间社会经济发展的不同步，且这一问题正愈发严重。城市，尤其是那些看起来正在复苏的城市，往往承担着特殊的责任：促进城市中那些在经济上处于复兴阶段或正经历绅士化的地区拥有更好的空间公平性。这意味着，应当保留或创造机会，允许数量庞大的低收入家庭在这些地方永久地居住下去。这种情况不会自然而然地发生。如果不加干预，即便没有搬迁改造，住房市场也会通过人员流动出现越来越多同质化的社区。那些保护现有低收入家庭和租户利益的法令意义重大，但这些政策只能产生短期的影响。城市需要确保空间的公平。

为了促进公平，城市有很多方法可以达成目的。首先，在一些城市的复兴地区或与其毗邻的地方，针对老房子的补贴计划应尽可能保留。这一举措的花费可能非常巨大，因为这些房屋的所有者可能更想让自己的房子流入收益更高的私人住房市场，从该地区的复兴中获利。所以，这可能需要严格监管与补贴激励相结合的策略。与此同时，与建造同等数量的新房子相比，维修老房子可能是一笔庞大的花销，而且需要花费更多的时间。

缅因州、马萨诸塞州和马里兰州都通过了相关法律，要求业主在有意出售或置换房产前提前通知租户，并为租户提供房产的"优先购买权,其中马萨诸塞州需提前两年通知租户"。在缅因州,当业主出售住房可能导致"中低收入人群无法继续享受该州财政的援助"[9]时,州住房管理局拥有优先购买权。华盛顿特区则颁布了租户购买机会法案(Tenant Opportunity to Purchase Act,TOPA),当业主决定出售房产时,租户有优先购买权。希望越来越多的州和城市能效仿这种做法。

在城市复兴刚起步,房价尚未达到天文数字的地区,或者在像丹佛的五点地区及圣路易斯的福克斯公园这样已经出现明显复兴迹象的地区,城市和非营利组织可以采取措施建造保障性住房。就像迪西尔斯社区发展机构在福克斯公园地区做的那样,通过购买空置的小型公寓楼并使用低收入税收抵免计划来翻新这些住宅。它们也可以预留土地和建筑物,用于之后的保障性住房的开发,以应对市场的变化。地方政府在这些区域往往拥有自己的土地或建筑,多半是很多年前因未缴纳房产税而被扣押的房产。地方政府可以选择在市场回暖时限制其进入市场流通,在不破坏该地区复兴速度的前提下,将其重新用于保障性住房的开发。

地方政府早已提供了各种激励政策,比如费城的减免税收政策,旨在鼓励私人开发商建造更多的公寓,以满足青年毕业生以及其他群体日渐增长的需求。除芝加哥外,许多其他的城市也要求获得政府相关资助的开发商,须在所开发的住宅中分出一部分作为保障性住房。尽管地方政府经费有限,但是州政府经费充裕,可以提供更多的援助。州政府可以通过增加奖励,为城市提供双重激励。比如说,可以给开发商提供低息融资、税收抵免等杠杆,但前提是开发商要建设一定数量的可负担住房。在许多仍处于财政困境的地区,这些激励措施可以助推私人市场的发展,逐步增加保障性住房的存量,并促进综合社区的形成。

最终,我们可以得出以下结论,美国要想真正地解决这些问题,必须提供公共资源。如果有人认为美国的住房危机可以通过其他方式解决,那一定是在自欺欺人。

生活质量与贫民区

在每个拥有发展机遇的地方,建造保障性住房至关重要。同样重要的是,要确保低收入家庭在每个城市的复兴区域中可以拥有一席之地。我们要在可预见的未来为当前居住在高度贫困和日益衰退的社区中数百万家庭和个人中的一小部分人保留这种机会。为了追求公平,我们需要将资源和精力都向这些领域集中。然而,正如之前讨论的,只要处于集中贫困地区,大多数高度贫困社区几乎不可能复兴。可这并不意味着它们不能成为更好的居住地。我们需要齐心协力提高这些地区的生活质量,尽可能为其居民提供安全健康的生活环境,家中如此,街上也一样。

我已经在第九章中介绍了其中的许多内容,因此在这里我仅作简要的回顾。营造健康的物质环境是基础。这意味着我们需要拆除空置或废弃的建筑物,并将空地变成有吸引力的绿地。政府有关部门需要确保街道和人行道安全且路况良好,保证路灯正常工作,在路旁种上行道树,这些都有助于营造健康的环境。有关部门需要向低收入的业主提供经济援助,用于其房屋的修理和维护,使其家中的环境变得健康而安全,如此一来,他们可以安居乐业而不必流离失所。我们需要积极的租金监管,打击滥用权利的房东,特别是那些利用住房券计划中宽厚租金上限的房东,从而改善数百万租房者的生活条件。

诚然,这些措施的成本很高,但远低于大多数大型建设项目。若要为老年业主建造一座适合居住的小房子,只需花费1万美元就能办到,这样算来,1 000万美元可以改变1 000名类似业主的生活。只需1 000到1 500美元,就可以将垃圾遍地的空地变成一片有吸引力的绿地。租赁房产监管部门可以通过许可费和罚款来收回成本。市政工程部门将预算用于街道和人行道维修上,尽管这笔钱的数额可能不如预期。钱的数额确实很重要,但更重要的是,我们应当先深思熟虑再花掉所有可用的钱,使金钱发挥出相应的价值。

最后,如果这些社区无法保证公共安全,那么以上大部分努力很可能是徒劳的。与许多其他变革一样,这不仅需要改变警力资源的分配问题,还需要改变深植于美国警察中,特别是城市警察中,那独特而狭隘的文化及其产生的制度和行为模式。从另一个角度上说,这种文化与权力网络交织在一起,而权力网络正是政府决策和警务决策的基础。与此同时,内城的暴力不仅反映了警察文化,还是一股累积了数代人的社会力量，这种不稳定的行为已逐渐渗透进许多社区的文化。

如果想要促成重大变革的产生，我们就需要解决上述问题。但就目前而言，我们还对此一无所知。正如 J.D. 万斯在《白渣挽歌》中提到自己在阿巴拉契亚白人社区中长大的经历："人们有时会问我，是否认为我们可以做些什么来'解决'社区的问题。我知道他们在寻找的是：一个魔法般的公共政策解决方案，或是一个具有创新性的政府项目。但是这些关于家庭、信仰、文化的问题并不像魔方那样，我也不相信那些所谓的解决方案（正如大多数人所理解的那样）真的存在。"[10] 在某些方面，无论在克利夫兰的内城还是阿巴拉契亚山脉的山谷，只要有能力离开的人还在持续出逃，这些问题就会变得愈发难以解决。

人与地方之间的相互作用是复杂的。可以肯定的是，那些从匹配项目学校或 KIPP 学校出来的孩子，很少会在大学毕业后回到他们出生的社区居住。即使他们回到圣路易斯或波士顿，由于他们接受的教育和获取的技能，他们有能力搬往市区或郊区中更好的社区，这也反映了他们新的品位偏好。对于现在居住在沙镇-温切斯特或霍姆伍德的人们，如果他们因为前文中提到的各种就业机会而获得好的工作，那么其中的大多数人也会离开，去条件更好的地方生活。

不管某些理论家及其支持者怎么说，这是一件好事。是的，世界上有一小部分人愿意自我牺牲，他们致力于为人民或社区工作，但他们始终是少数。我们为他们点赞，但很少有人愿意效仿他们。公平战略的目的是让人们有机会过上对自身而言有意义、有价值的生活,让他们在安全、健康的家庭和环境中养家糊口,而不是为了某些道德卫士而活。如果我们的努力可以改变现状,消除现在政策的不利影响,让数百万人获得摆脱现状的机会,帮助他们做出自己的选择并过上新生活,那么这些努力就非常值得。

他们是否离开其原生社区取决于很多事情。在他们想改善自己生活机会之时,原生社区改善得越多,他们就越有可能留下或回到社区。这件事发生与否,部分取决于公共政策和公共行动,但更多地可能取决于附近居民的能力。再次引用简·雅各布斯的话来说:"充分了解问题,就不会被这些问题摧毁。"J.D.万斯说的是对的:我们无法通过政府的政策来解决所有问题。

无论社区的种族和经济构成如何,成功的社区都具有一种重要机制,即"集体效能"。这是哈佛大学社会学家鲍勃·桑普森(Bob Sampson)创造的一个术语。[11]集体效能可以被描述为,一个社区通过非正式的社会控制手段,在社区中建立规范并强制实施规范的能力。这基本上相当于已经被人们说烂了的"它需要全民一心……"大量研究发现,根据桑普森及其同事开发的测算方法,集体效能的水平是实际犯罪水平和对犯罪恐慌程度的重要决定因素。

我们对集体效能的理解还不够透彻,我们不知道它如何产生,也不知道如何在集体效能不足的地方催生它。如果陷入困境和高度贫困的城市社区要以更积极的姿态争取更美好、更健康和更稳定的未来,那么在改善社区物质环境和建设高质量生活的同时，还需要建立起更强大的社区凝聚力和主动性。集体效能不是社区中正式组织或制度结构带来的，它润物细无声，是一种社区文化机能。尽管如此，若想构建起这样的文化，或许需要先建立起能将人们聚集起来的组织结构。最终，一些社区会将人们聚集起来，稳定下来，及时复兴，而另一些社区或许没这么幸运。

被抛弃的城市

或许读者们能感受到，我写的大部分解决办法最直接适用于规模更大，也相对更成功的老工业城市。巴尔的摩或匹兹堡这样的城市有大量就业机会，吸引着数十亿美元的私人投资，你可以看到人们正在迁入，而不仅仅是搬出。但对大量曾是工商业中心的小城市和工业城镇来说，情况就没有那么好。虽然其中少数已经找到了复兴的道路，但更多的小城市正在苦苦挣扎，许多小城市似乎没有办法来重建破碎的经济。

作为一个国家，我们必须为这些城市谋划未来。我们目前的做法让许多城市陷入一种困境：就算这些城市已经尽了最大努力，它们还是会逐渐衰败，人们失去就业机会，变得越来越穷，城市里的居民越来越看不到希望。难道对于遍布美国中心地带的数百个小城市和城镇来说，这就是他们唯一的结局吗？

在我看来，这是很可悲的。这些城市不是可有可无的，也不是在资本主义理论发展的康庄大道上被撞死的过路绵羊。

它们都是真实的地方，有着丰富的历史，住满了活生生的人。它们有实在的价值。凯瑟琳·坦伯(Catherine Tumber)在她的《真实绿色的小城》(small, Gritty, and Green)一书中记录了小城市的现状和前景，书中提到，这些小城市"拥有密集的人口和承担更多事务的能力。它们也有土地资产……也拥有制造业基础设施和劳动力技术，而新兴的科技可以将之替换掉"。她的结论是："我们正处在第三次工业革命的边缘，这些城市非常适合在其中发挥核心作用。"[12]

我没有坦伯那么乐观，但我同意她的观点，我也认为小城具有价值，但是其价值仍有待发掘。此外还有两个问题需要探讨：首先，美国的工业小城镇是否存在一条通往繁荣的发展道路？其次，如果有，它是否会惠及所有人，还是像目前许多大城市一样，只有少数人受益？

如果没有经济效益，任何经济发展战略都不会长期奏效，小型工业城市成为未来的美国制造业基地是合乎发展规律的，就像卡拉马祖、大急流城或北卡罗来纳州希科里等地，这些小地方的工业一直活力不减。许多小城市有充足的土地、品质优良且人们可负担的住房、成熟的劳动力储备和靠近主要市场的优良位置。俄亥俄州扬斯敦市科技孵化器被2014年的大学商业孵化器指数评为"世界上最好的大学商业孵化器"。自2012年以来，它已帮助俄亥俄州东北部创造了近2 000个就业机会，其中包括许多先进制造业岗位。[13]诚然，这些就业机会并不多，但它是一个重要的开始。与此同时，多亏了扬斯敦州立大学的存在，扬斯敦市中心已经出现了复苏的

第十一章 通往包容和机遇之路

苗头。20 世纪 20 年代的豪华办公楼正逐渐改造为公寓,餐馆和咖啡馆也开始营业。

在该市的其他地方,扬斯敦社区发展公司通过一系列的项目和举措,帮助城市重获新生。在许多其他和扬斯敦相似的小城市,该公司的做法可以复制,然而找到像伊恩·贝尼斯顿这样充满活力的执行董事并不容易。弗吉尼亚州的丹维尔刚刚创建了一个以扬斯敦为蓝本的城市发展公司。在无法独立支持这类组织的城镇,比如莫农加希拉河谷地区,可以建立一个类似于扬斯敦社区发展公司的区域组织,服务区域内 5 到 10 个不同的社区。这当然会花费一些钱。但很明显,钱不是障碍,只要花上大约 2.5 亿美元,我们就可以建立一个全国性的计划,以支持全国上百个扬斯敦社区发展公司的运行,而这笔钱比一个体育场的费用还低,甚至不到联邦政府预算的零头。

在小型工业城市,有许多途径可以促进当地经济的发展。像扬斯敦州立大学或密歇根大学弗林特分校这样的大学可以成为重要的支柱,如果可以建造更多的住房,让目前通勤的学生住进市中心或附近的社区,效果会更好。鼓励人们购房定居的计划会很有效,可以吸引大学的工作人员、医院员工、城市警察和消防员一类的人。另外,类似扬斯敦社区发展公司的组织的加入,可以为城市的一些社区注入新活力,还能为城市的小企业增加机会。

有关部门应精心设计激励措施,以吸引制造业回流到小城市,或鼓励它们基于旧址建设新工厂,只要那里的条件有助于其成功。贝洛特的钢铁厂曾是贝洛特公司（Beloit Corporation）的所在地，共占地近10万平方米，目前，有13家独立的企业在黛安娜·亨德里克斯的带领下开展厂区的重新利用工作。很少有工业巨头会接管整个近10万平方米的工厂，但有许多小企业有意愿在其中占有一席之地。如果每个小城市都有机会像贝洛特那样，获得资金来重新利用幸存的制造业工厂，并创建像扬斯敦这样的孵化器，那结果可能是惊人的。关键在于，这不是一条捷径，相反，这是一个循序渐进的重建过程。

不过，也有一些棘手的困难。首先，很少有小城市有能力将资金、管理或技术结合起来。如果没有扬斯敦社区发展公司，扬斯敦市政府甚至很难做到扬斯敦社区发展公司的一半成果。事实上，小城市期待的由扬斯敦社区发展公司提供的从总体规划到拆除的各种服务，在一个更大或更有能力的城市，将由市政府提供。即使有钱，也很少有城市懂得如何制定一个变革性的经济发展战略或社区复兴战略。

其次，在扬斯敦或约翰斯敦这样的城市很难想象有什么合理的策略可以让五十年前的工作岗位恢复，哪怕只是一小部分。过去的几年里，扬斯敦在20世纪70年代关闭的老钢厂原址上，新建了一座最先进的钢铁厂。旧钢厂雇佣了15 000名员工，而原址建立的新厂仅需350名员工就足以创造出与之前价值相当的产品。另外，它们不是同一类的工作。现在钢厂的工作对阅读、写作、数学和其他技能的要求要比一百年前的高，对体力的要求则低得多。如今的工作往往需要技术学校或社区大学的学位。

并非所有地方都是如此。许多小城市或工业小镇,如果在其工业历史上不是大型钢铁厂,而是以侧重生产专业产品的小公司为主,那么它更有可能围绕制造业建立起健康的地方经济。如果他们能以某种方式让年轻一代及其长辈抛弃偏见,让他们不再普遍认为只有拥有大学学位的人才能获得好工作,那么也会对经济复苏有帮助。由于这里的住房更为便宜,这些小城镇同样可以为制造业从业者提供一流的生活质量。

在艾奥瓦州的锡达拉皮兹,制造业岗位数量自2002年以来翻了一番,数百个高薪工作正虚位以待。我们不知道是否有更多类似的小地方,我们也不知道是否有更多像阿里基帕和约翰斯敦那样仍在挣扎的城市。但事实是,还有很多像铁锈地带中心的地区,那里有太多人为了生活而挣扎,但工作机会却少之又少。与此同时,在过去十年中,大量男性成为蓝领下岗潮中的主要受害者,但他们不愿意进入医疗保健等领域工作,因为这些工作在传统上被视为女性的领域。正如哈佛大学的经济学家劳伦斯·卡茨(Lawrence Katz)所言,他们在"寻找曾经拥有的工作"。"这不是技能不匹配,"他补充道,"而是身份不匹配。"[14]不是他们不能成为一名医疗领域的工作者,而是他们还沉浸在过去那一套保守的身份认知当中。

归根结底,没有哪个计划能帮助那些不能自助的人。尽管能力很重要,但这不仅与能力有关,还与心态有关。一位非常了解中西部及其困境的作家理查德·朗沃思(Richard Longworth)说:"一段时间后,整个小镇的人忘记了如何谋生,就像失业工人失去了曾经糊口的技能。"他引用了一位在印第安纳州小城市工作,不愿透露姓名的分析师的话。"有一个很难描述的问题,"他告诉朗沃斯,"或者说一种失败主义的态度。人们被裁员打击得体无完肤,他们完全丧失了奋斗目标。"[15]

在这之后,如果像弗林特或丹维尔这样的城市振作起来,我上面描述的一切条件也都已成熟,但多数人还是没有任何变化,那该怎么办?新的工作机会也许并不足够,尤其是像接受记者克莱尔·凯恩·米勒(Claire Cain Miller)的这类男人的工作。他说:"我是一名焊接工,我只会焊接。"[16] 还有一个更大的疑问:他们能否胜任新出现的工作?雄心勃勃、精力充沛的年轻人仍然会去上大学,但大多数情况下他们不会回来。城外高速公路上的沃尔玛超市仍然是该地区最大的雇主,市中心仍然由政府办公室、社会服务机构和空置的店面占据。事情可能会变好,但对许多人来说,情况不容乐观。

通常,这可能是人们能期待的最好结果。美国的许多老工业城市,包括更多的老工业城镇,其存在是因为百年前或更久以前的一系列条件。这些条件已经消失了,而且可能是永远消失了。今天,情况已大不相同。过去的条件或许只会为一些城市或小镇提供一些复兴机会,但不会为全部城市都提供复兴的机会。而且它们也不会像50年前或100年前那样发展起来。有些地方,如莫农加希拉河谷地区的小型工业城镇,完全不可能成为弗林特和扬斯敦那样的城市。不过,它们也不会像19世纪的矿业城镇,或古罗马港口城市克拉斯那样消失,城市转移支付经济将确保它们不会消失。

从公共政策的角度来看,这些地方的未来是很难有起色的,这带来了巨大的问题。我们的国家,实际上我指的是州政府和联邦政府,到底该怎么做呢?我们应该继续保持他们目前的状态,允许这些人和地方长期处于贫困而无望的状态,靠转移支付来维持吗?还是说我们应该由公共部门出面进行干预而不是只依赖自由市场,从而创造更稳定的地方经济?再或者,我们是否应该认为,这些数量众多的工业城镇,若其经济潜力无法维持如今的人口,我们应该任其收缩或加速其灭亡?

最后一种方法,也就是任这些城镇收缩或加速其灭亡,由于种种原因,不是一个可行的方法。前一种方法,即稳固其地方经济,值得更认真的考虑。总的来说,通过公共干预来创造一个更稳定的地方经济,意味着策划一个公共资助的就业和培训项目,以满足老年人和残疾人对优质家庭护理的需求;意味着为当地儿童考虑;意味着改善城镇的物质环境,如重建基础设施、拆除或修复空置建筑物、修建公园和开放空间、植树或照料社区农场等。很明显,有大量的合理需求急需满足。只要付出一些合理范围内的努力,这样的就业和培训项目就可以给人们提供真正的技能和有意义的工作,而不仅仅是一个提供无意义工作的项目。

从某些角度上讲,我喜欢上述观点,但我对此也有一些质疑。首先,其中存在一个古老的道德风险问题。如果有一个现成的选择,有一个更简单的联邦资助替代方案,为什么城市或城镇还需要努力地、缓慢地通过私营部门重建经济？也许可以设计一个联邦计划,使援助与当地的努力成正比,但它可能是非常复杂或非常官僚的,或者两者兼而有之。无论是哪种,它的成本都会非常高昂。

第二个问题是,专门为美国小工业城市和工业城镇量身定制计划,这件事情能否被证明是合理的。的确,没法证明。在美国中西部铁锈地带以外的许多地方,特别是在南部农村和西部平原,情况没有太大差别。但是,对于无法创造足够的私营部门就业机会的地区,无论在美国的哪个地方,构建一个针对高失业率和贫困的长期、严肃和不局限于无意义工作的计划,是值得认真考虑的。根据今后几十年工作的未来情况,这个问题可能在未来的美国受到更广泛的关注,影响到更多的人员和地区。

持续的复兴

如果没有持续的复兴,为每个人扩大发展机会的可能会很渺茫。虽然涨潮时不是所有的船能浮起来,但如果想要在给人增加机会的同时又不夺走其他人的机会,就需要一个不断扩大的蛋糕。在过去15年或20年里,老工业城市的复兴为思考社会公平打开了新大门。社会公平也与机会相关,而不仅仅关乎集体的贫困。增长不仅意味着有更多的资源可以分享,还意味着人们和各类机构更愿意与他人分享这些资源。

然而,城市的历史以及当前的不确定性告诉我们,我们绝不应该把复兴或繁荣视为理所当然。即使是最近被频繁报道的、被誉为"全球创新城市"的匹兹堡,也不能安于现状。[17] 任何真的相信自己已经成功的城市都是在自欺欺人,因为城市的发展依然面临着太多的不确定性。城市能一直指望着高等教育和医疗保健领域的持续增长吗?能一直指望青年毕业生持续涌入城市吗?如果这股人流在未来几年消失了,会有婴儿潮一代或移民来取代他们带来的增长吗?已经在城市里工作的青年毕业生在刚成家后会留在城里,还是会像他们的父母那样搬到郊区去?联邦政府是否会一如继往地为城市提供适度的社会保障和支持——有些地方从 20 世纪 30 年代就开始接受联邦政府的支持,另一些在六七十年代时也开始得到资助——还是说这微不足道的支持也不可靠?

城市为促进公平和提供机会而采取的许多措施也将推动城市的复兴。对于任何城市而言,建设一支更强大、更高技能的本地劳动力队伍都是最有价值的事情之一。即使算不上最有价值的事,这种做法也可以为当地经济助力,提高其在全国和全球的竞争地位。布鲁金斯学会最近发布的报告,给匹兹堡的创新经济发出了警告:"根据人口预测结果、当前劳动力参与率和劳动力技能水平判断,匹兹堡将无法满足不断增长的先进产业的需求。"[18]

一个强大的 IT 部门需要的远不止拥有高级学位的分析师,正如匹兹堡的一位 CEO 告诉布鲁金斯团队的那样:"公司 75% 的 IT 工作不需要四年制的学位。"[19] 其他部门也是如此。此外,建立强大的劳动力不仅有助于支持现有企业并帮助他们成长，还能吸引其他企业，建立强大城市所需要的集聚经济。

更好的生活质量，更好的学校，更安全的环境，能让每个人都受益。今天，许多城市的大部分地区比 20 世纪 90 年代时安全得多，这当然是这些城市复兴的一个主要因素，但安全与复兴都没有惠及这些城市的许多其他地区。同样，尽管专家们可能对青年毕业生在组建家庭后的去向有不同意见，但毫无疑问，会有一些人想留在城市。而学校，以及安全的环境，将在他们的决定中起到重要作用。在圣路易斯市，许多家庭为了让他们的孩子进入城市花园特许学校，搬到了西南花园和附近社区。

另外，在增强现有居民经济实力的同时，城市还需要实施其他战略，着重建设更强大、更多样化的地方经济和区域经济，努力吸引和保留多样化的人口。像巴尔的摩和代顿这样的城市，在经济上高度依赖于"教育和医疗"，但这对于未来的繁荣或增长来说可能不是一件好事。巴尔的摩拥有全球性的机构，似乎比代顿处于更强势的地位，但不能认为它已经找到了一个成功的可持续发展模式。

城市要想继续复兴，就必须实现经济多样化。匹兹堡可能正在塑造多样而富有活力的经济，正如布鲁金斯报告所评论的那样，匹兹堡地区"在机器人技术、老年医学、重症监护、人工智能、细胞和组织工程、神经创伤和软件等领域十分强势"。[20] 其他城市，如费城和巴尔的摩，正试图利用他们的医疗机构进军新的行业，如生物技术，它们还试图将旅游业和会展业务变成经济的重要部分。先进制造业是老城的另一个机遇。

根据在美国教育中推广 STEM 知识①的变革方程（Change the Equation）的报道，底特律、大急流城和托莱多属于全美在该领域增长最快的前五大城市。城市必须实事求是地看待自己的优势和劣势，专注于那些具有潜在竞争优势的领域，并杜绝投机取巧的想法，不应照搬一个规模不同、特点迥异的城市的成功经验，也不要随波逐流。

有鉴于此，经济思维应该是区域性的，而不是狭隘的地方性的。整个地区优质工作岗位数量的增长使得中心城市受益，尤其是增加了城市居民的就业机会，且远远超出了中心城市本身所能达到的能力。如果交通可以进一步改善的话，效果会更好。区域增长吸引新的人员和公司来到该地区：一个城市越强大，越有吸引力，这些新来者就越有可能在该市而不是在其周围的郊区定居。城市需要积极识别和培育那些可能成为区域核心吸引力的经济板块，包括专门的零售和服务、餐馆和娱乐区。圣路易斯的华盛顿大道是当地年轻人的圣地，另外，自我标榜为"纽约外全美最大表演艺术中心"的克利夫兰剧院广场，每年吸引了美国中部地区超过一百万名游客前往剧院和其他表演艺术场所。[21] 它不仅对本地经济有利，而且对整个区域都有利。

同时，城市政府需要更有成效地思考如何吸引和留住更加多样化的人口——不仅仅是经济上的多样化，家庭的类型、

---

① STEM 知识，即科学（science），技术（technology），工程（engineering），数学（mathematics）四门学科英文首字母的缩写。——译者注

年龄结构和出身同样也要尽量多样化。一些像费城这样的城市和像底特律国际这样的组织，已经开始专注于吸引移民。这很重要，但只是全部策略中的一部分。事实上，我在老工业城市旅行时，通过与人们交谈，注意到了一种奇怪的脱节。很少有城市在考虑如何吸引和留住人口，出于一种"如果你进行建设，人们就会来"的心态，他们正在考虑如何吸引开发商。他们认为，如果自己能让开发商建设，开发商就会想办法来吸引人。事实并非如此。

开发商很重要，但他们只是达到目的的手段，而不是目的本身。如果只关注开发商，而不关注吸引人口这个目的，城市将很有可能损坏自身的长期利益。开发商关心他们能得到多少资金，并希望在短期内赚钱。赚钱是开发商的本能，他们希望榨取市场上所有购房者的最后一分钱。在市中心建造高档的出租公寓不一定是件坏事，但即使在一个极其火爆的房地产市场中，也有可能出现过度建设的情况，而且它们会遗漏很多城市和许多潜在的市场。

每个城市都应该与开发商建立合理的友好关系。区划和建筑规范应该是可预测和且合理的，许可的审批要及时，还应该提供项目选址和各类报批的便利。政府也可以为开发商提供激励措施，但只有在开发商需要克服市场困难，或通过可负担住房之类的项目实现公共利益时才提供。同时，城市不应该在规划和设计标准上妥协。开发商最多十年左右就会离开，但他们留下的大楼仍将矗立在那里，持续困扰着城市规划委员会成员的子孙后代，困扰着人们今天的生活。

很少有城市认真或系统地采纳与人口多样化相关的建议。除了移民,城市还需要关注其他不同的人群。今天的青年毕业生会变老。有些人可能留在城市,另一些人则不会。无论如何,城市都需要新的年轻人来填补当今年轻人在未来腾出的空间。城市需要确保未来的几代人持续流入市中心和附近的社区,并确保自 2000 年起的复兴不会成为昙花一现。

有些人认为,城市的吸引力仅此而已了。正如《财富》杂志最近的一篇文章所说:"越来越多的证据表明,千禧一代对城市的热爱是过眼云烟,不过是一场经济大萧条带来的枪口下的婚礼。千禧一代并不比前几代人更热爱城市,只是被困在城市的时间更长,他们一直在城市里思念着郊区。"[22] 我对此持强烈的反对意见,原因在前文中已经讲到。不过,城市必须时刻保持警惕,避免这种猜测成为现实。因此我们必须在住房上提供更多的选择,而不是任由房价飞涨。此外,还必须让城市持续保持对优秀年轻人的吸引力,保证城市的公共服务设施和人们的生活质量不会下降。

城市还应该想办法吸引更多的空巢老人和逐渐变老的婴儿潮一代,这或许也是开发商在费城市中心等地大量建设昂贵公寓的原因。这不仅是一种城市营销的策略,更是要让市中心和城市社区更适合老年人的生活。城市应提供各类适宜的服务和活动,以确保人行道和路口的安全、保证社区的运营维护和照明。

与此同时,城市需要专注于接纳更多的年轻人,为他们之后的成熟、结婚和育儿提供良好的条件。吸引中高收入的家庭在城市中定居，也会产生重大影响。今天，城市里的社区缺少这类群体——他们拥有较高的可支配收入以及较好的稳定性。城市不一定要吸纳上述所有人。只要这些人有一小部分留在城市，情况就会产生巨大的改变。现在，愿定居城市的人比以往更多，城市应该将吸纳更多人定居作为重要的任务。

几乎每个老城都有为吸引育儿家庭而建立的独户住宅区，通常价格也很实惠，这些住宅对今天的育儿家庭的吸引力也许并不亚于一百年前的情况。显然，安全和学校是两个关键因素，这决定了一个城市中的住宅区能否吸引那些可以轻松搬到郊区居住的人。这里所说的学校，不仅应该教学质量突出，而且还得是"社区"学校。也就是说，这些学校从它们所在的社区招生，从而使家长能在孩子的教育中发挥更重要的作用。虽然法律或政策规定学校应在全市范围内招生，这似乎促进了社会公平。但这么做也有相应的代价，学校将无法成为建设社区和维系健康的重要纽带。一种更好的促进公平的方法是：在较富裕社区的学校中，为那些需要免费午餐或打折午餐的低收入家庭，保留更多入学的名额。

城市可以采取其他措施，让社区吸引更多的年轻家庭。核心吸引力之一是极具魅力、维护良好的、可以经常使用的公园。巴尔的摩的帕特森公园和圣路易斯的塔格罗夫公园，提高了周边社区对年轻家庭的吸引力。步行友好的邻里商业中心是另一个重要因素。布法罗的埃尔姆伍德大道（Elmwood Avenue）、匹兹堡劳伦斯维尔社区的巴特勒街都是很好的例子。又如纽瓦克铁界的渡轮街，其独特的葡萄牙商店和餐馆不仅吸引了一些家庭定居在这个街区,而且成为城市经济的重要组成部分。

城市在建设和优化环境时,也应该保持务实的态度。从零开始创建像塔格罗夫公园这样优秀的城市公园,或像渡轮街这样充满活力、适合步行的商业街,不仅造价极高,而且在很大程度上要依赖社区的基本稳定。如果没有稳定的社区,无论有多少资金,都不可能呈现出良好的效果。每个城市都应该根据现有的活跃度、特定的便利设施、社会资本和集体效能的水平,确定哪些地方的干预条件已经成熟,然后在现有条件的基础上,将社区变成规划师所说的"广受欢迎的社区",吸引家庭入住。

最重要的是,城市要更加努力地留住已经在此安家的家庭,尤其是那些工薪阶层和中产阶级的黑人家庭。近年来,他们越来越多地从城市逃往了附近的郊区。这些家庭,与可能被城市吸引的家庭想要的东西没什么区别:安全的社区、体面的学校、良好的公共服务和设施。

不过,其中还有一个城市很少想到的问题。人们希望得到尊重,并希望他们对社区作出的贡献得到尊重。当我与底特律等城市的家庭交谈时,我注意到一个反复出现的主题,可总结为"冷漠的城市"。这些家庭,通常是业主,在城市社区生活了一辈子,正在或已经在那里抚育了他们的孩子,忍受了经济的不景气和生存上的挣扎。他们常常觉得地方政府不关心他们,不在意他们关心的问题,也不在乎他们的去留。可悲的是,他们也许是对的。

对于事务缠身的地方政府来说,他们需要面对许多艰巨的问题,还要考虑州政府、公司、大机构、开发商、商业利益,以及许多其他各方的问题,因此很容易就会忘记那些维系城市街区良好发展的人。那些人依法纳税,积极参与公共事务,是社区中坚定而受人尊敬的群体,为社区贡献颇丰。我们可以理解政府的难处,但这却是严重的错误。人们越是觉得他们受到重视,就越有可能留下来继续作出贡献。这不仅适用于黑人中产阶级家庭,更适用于所有人。对于迁入城市的年轻家庭,以及通过政府的各种政策获得体面收入和稳定生活的内城家庭来说,都是如此。城市必须重视所有的居民,无论他们的人种、民族和当前的经济状况如何。城市不能将任何人置之不理,或把他们在此居住视作理所当然。

展 望 未 来

尼尔斯·博尔(Niels Bohr),或约吉·贝拉(Yogi Berra)说过,预测是困难的,尤其是事关未来的预测。[23]这是事实,但不知道为什么,当我们今天展望未来时,这种不确定性甚至比过去更大了。不断发展的技术将以高度不可预测的方式改变环境。根据普华永道咨询公司的一项研究,到2030年,美国近40%的工作可能因自动化和机器人技术而消失,其中包括运输业和制造业领域一半的工作岗位。[24]这种预测存在广泛争议。同样备受争议的问题还有:是否会出现新的工作和行业,以及会出现哪些新工作和新行业?是否会像部分人期望的那样，全民福利保障收入在未来会取代工资收入，成为人们主要的收入来源？

几乎每个人都认为自动驾驶汽车、卡车和公共汽车将在五年或最多十年内成为现实，但关于其影响，大家没能达成一致。观点往往大相径庭，人们各自有一套完美的说辞：有人认为它们将有利于公共交通的发展；有人认为公共交通会被取代；有人认为它们将加剧不平等；另一些人认为它们将创造更多机会；有人认为它们将加强城市的中心作用；有人认为城市的中心作用将减弱。无论如何，自动驾驶肯定会大幅减少蓝领工作的数量。2016年，美国劳工统计局的数据显示，美国有超过450万名公交车司机、出租车司机、司机兼销售，以及卡车司机，其中170万人为非洲裔或拉丁裔。[25] 很多相关的工作岗位，也许是大部分的相关工作岗位都将消失。

全球范围内甚至有更多不确定性。正如许多人所指出的那样，世界是充满危险的。虽然任何可能发生的国际动荡，都不会对美国造成军事上的入侵或对物质空间的严重破坏，但我们与全球经济紧密相连，很容易受到其他地方动荡的影响，更不用说美国不负责任的或者短视的政策所产生的影响。

现在，气候变化带来的影响几乎不可逆转，甚至愈加严重。未来几十年，我们面临的是海平面上升、美国西南地区沙漠化、极端天气事件频发等环境问题。这些都将以无法预测的方式，对美国的社会和经济产生负担。也许，正如一些人预测的那样，西南地区干旱、沿海地区的洪水泛滥，这些变化可能会增强中部地区的相对吸引力，如密歇根州和俄亥俄州等州及其城市，因为那里气候凉爽，拥有丰富的淡水资源。然而对此我们只能猜测，不能下定论。因为我们没有可以参考的历史经验。同样，我们必须尽力了解可能发生的事情所带来的影响，并提高抗风险能力，从而抵御未来可能发生的不可避免的冲击。

除了这些因素外，我前面提到的局部因素，也使美国老城市的未来更加不确定。教育和医疗经济的发展，今后国际移民和国内移民的模式，以及未来美国政治和公共政策的制定，这些都未可知。当我们展望未来时，每个城市的发展都能被框定在某一范围内，但各自有差异，其具体情况不仅取决于强大的外部力量，还取决于它们应对这些力量的方式。通过分析最好和最坏的情况，我们可以描绘一下二三十年后的城市。

未来，在最坏的情况下，事情会变得相当可怕。科技使得大量的蓝领工作消失，而经济和社会及技术的变化，更是削弱了教育和医疗在经济中的主导作用。随着气候变化和国际贸易崩溃的影响，经济体量萎缩，除少数城市外，其他城市在国家经济中逐渐被再次边缘化。由于这些城市提供的机会越来越少，加之自动驾驶汽车使距离不再成为问题，未来几代刚毕业的大学生们不再涌向城市，而老去的千禧一代大多已经选择了郊区。虽然城市不可能回到 20 世纪 70 年代的状况，但新世纪前几十年大部分成果将被颠覆。

同时，城市将变得更加两极分化和孤立，在面对社会和经济冲击时，城市的韧性也会降低。随着城市开支的缩减，原有的高档地区变得更小、更集中，在市中心、重点大学和医疗中心周围形成与外界严格隔离的飞地,同时只有很少的中产社区保持完整。在城市其他地区,由于集中贫困世代传递,很少有人迁入这些贫困的地区,人们逐渐离开原来的居所,城市的人口再次萎缩。

人们为各地复兴的投入也越来越少,这些地区被迫只提供最基本的公共服务。在一些繁华的飞地里,企业和居民自行纳税以支付私人服务的费用,这些服务在很大程度上取代了那些城市不再提供的服务。市政府的职能越来越失调,市长们陷入愤怒但徒劳的民粹主义和高压的精英主义之间,左右徘徊但无计可施。

未来最好的情况则截然相反。随着城市经济的多样化,新的工作和企业取代了那些因技术或经济变革而消失的工作和企业。各类有效的项目和计划,成功地保障了城市的人力资本,城市对各种新兴产业的吸引力越来越大。气候变化是一个艰巨的挑战,然而,有远见的地方领导人已经建立了富有韧性的城市系统,使城市能够成功地适应环境、经济和社会的变化。

开明的联邦政策加强了社会的公共安全,并提供了全民住房补贴。同时,精心设计的包容性城市住房战略,让城市中的住房品质不断提升,家家户户安居乐业,越来越多的社区实现了社会阶层和种族的大融合。尽管城市中仍然存在穷人,但他们或者他们的下一代通常都能摆脱贫困。虽然城市的贫困率仍处于全国平均水平左右,但更多是由于人们为了脱贫而来到城市寻求发展的机会,和长期的世代贫困没什么关系。

城市经济的繁荣和市民收入的增长稳定了税基,使城市既能提供更好的公共服务,又能面向未来投资基础设施。

热情好客的城市持续吸引着青年毕业生、移民,以及越来越多的老年人,城市人口持续增长。由于所有城市的居民都可以选择优秀的学前教育和公立学校,越来越多的白人和黑人中产阶级家庭选择迁入城市,并一直留在这里。随着城市中更多的穷人摆脱贫困,城市越来越繁荣,城市里的中产社区越来越稳定。

在有些读者看来,第二种情况不过是我一厢情愿的想法。这个想法尽管不太可能实现,但并非毫无道理。如果没有开明的国家领导和一定的运气,使全美经济在面对未来的挑战时保证持续的韧性和增长,那么即使是最有能力的地方领导也很难实现这样的愿景。从本书写作时间(2017年)来看,这样的愿景似乎不太可能实现。但鉴于美国的物力和人力,这并非完全不可能。高度贫困或集中贫困并不是不可避免的。事实上,在主要的工业国家中,美国的贫困程度远高于平均值。尽管存在难以克服贫困的原因,但没有理由认为这是不可改变的现实。

向韧性迈进

最好的情况和最坏的情况之间存在巨大的差距,但任何城市的情况都会在这两者之间。在一定程度上,城市未来的情况取决于城市之外的不可控事件,也取决于城市及其领导人的所作所为，包括经济建设、促进公平和包容、增强城市的韧性以更好地面对未来几十年无法避免的冲击。虽然韧性这个词可能被过度使用，但它与美国城市的未来高度相关。它指的不仅仅是人们适应海平面上升的自然环境的能力，尽管这种能力已经非常重要。

韧性是指遭遇打击后恢复的能力。有些人可能认为，匹兹堡和巴尔的摩这样的城市在某些方面是韧性城市的典范。尽管失去了推动其发展的制造业，但它们在世界一流的医疗中心和大学的推动下，又风风光光地成了后工业化城市。然而，巴尔的摩和匹兹堡或者西雅图，是真正的韧性城市吗？还是说，它们只是趁着经济和人口变化的浪潮，靠着拥有约翰斯·霍普金斯大学和卡内基梅隆大学等机构，或是依靠比尔·盖茨（Bill Gates）、杰夫·贝索斯（Jeff Bezos）和保罗·艾伦（Paul Allen）等企业家的运气，才发展成现在的城市？

新加坡经济韧性的故事已经家喻户晓，但在这里值得重述。1965年，当新加坡从刚建立的马来西亚中分离，成为一个独立国家时，它的前景看起来远没有那么好。它没有自然资源，只有少量工业，也没有国内市场。它曾经的经济规模依赖于其作为马来西亚和印度尼西亚的中转港口的角色，但它在独立后又失去了这个角色。事实上，它只不过是大英帝国时的军事堡垒及其衰落后的沉寂港口，甚至还被一位新加坡早期的经济顾问描述为"亚洲黑暗角落的可怜小市场"。[26]的确，1965年新加坡的资产比今天大多数美国工业城市的资产还要少。

然而，在几十年内，新加坡转变为经济增长和繁荣的城市典范。新加坡是所谓的亚洲四小龙中最小的，在某些方面也是最成功的，不仅在经济上，在社会上也是如此。建国总理李光耀在新加坡长期执政，虽然他的管理方式受到批评，但这不影响他和他的国家取得的非凡成就。他的经济战略属于投机主义，但他的两个关键做法极大地推动了新加坡经济增长：第一，在法治基础上提供诚实、透明和高度称职的政府服务；第二，高度重视教育，将其作为实现国家人力资本价值最大化的手段。新加坡是一个相对有凝聚力的社会，这给了李光耀和他的同事们相当大的合法性，但如果他们没有长期高度关注政府建设和教育，合法性将失去意义。

新加坡不是克利夫兰、匹兹堡或布法罗。但它作为先例，具有很大的参考价值。在未来的几十年里，韧性将变得越来越重要，而城市学习相关经验的能力很可能决定了它们未来十年、二十年甚至更久以后的发展状况。在美国老工业城市中建立真正的经济和社会韧性，不仅取决于它们的具体方案和战略，还取决于它们能在多大程度上遵循以下四大原则：

● 重新思考地方政府的管治模式。政府必须变得更有能力，更好地整合内部和外部的资源，并对其管辖社区的需求作出更积极的反应。竞争力、与他人建立伙伴关系的意愿，以及有效解决社区需求的能力是至关重要的，但如果不建立开放的、响应迅速的政府，或者说一个更加透明，提供更多服务且愿意与公民分享权力的政府，仅凭城市本身的竞争力是远远不够的。韧性的强弱取决于政府的公信力。在今天的美国老城市中，政府的公信力已经很微弱，甚至可以说消失殆尽。除非市民认为地方政府的行为符合他们的利益，否则地方政府将无法重建自己的公信力，打造一个有凝聚力、有韧性的社会。

● 人力资本建设。城市应该建立一个系统，让所有的居民，无论是青年人还是成年人，都能获得教育、技能，并有机会过上经济富足、令人满意的生活。对于既减少两极分化，又增强韧性而言，这是唯一和最有力的策略。对于既促进公平，又减少不平等，从而为城市经济的长期增长奠定坚实的基础而言，这也是唯一和最有力的策略。

● 保障大多数人而不是少数人的生活质量。一个城市的生活质量不是由体育场馆和大型建设项目决定的，而是取决于这个城市为居住在那里的人们提供了怎样的服务，特别是那些没有财力，在生活质量上只能依靠城市公共服务的人。城市需要关注的基本问题包括：确保城市的安全、打造良好的学校、提供有吸引力的公园和游乐场、清除废墟、建立宜居社区和强大的充满活力的市中心。

● 从长计议。政客们喜欢谈论如何解决五十年或更久之后的问题，但这不会在一夜之间发生。大多数时候，这只是失败的借口，而不是实施长期战略的理由。我们都知道，改变需要时间，但时间的流逝可能会让事情变得更好，也可能让事情变得更糟。积极的改变需要持续、充分地利用时间。如果没有一份持续的、长期的承诺来保证变革的发生，我们就无法妥善解决今天对城市造成困扰的各种弊病，以及未来可能出现的各种问题。

我是一个坚定的乐观主义者。在过去的五十年里，我一直与美国的城市打交道。我看到了许多变化，有些变好了，有些变坏了。在许多方面，今天的城市比20世纪70年代要好得多，但在其他方面，它们几乎相同，甚至更糟。许多计划都失败了，但也有些计划成功了，其中的经验和教训让我们受益良多，我们知道了什么是有效的，以及如何实现变革。不会有城市版本的马歇尔计划，也不会出现任何其他魔法。改变是一个漫长而艰难的过程。

我依然是一个坚定的乐观主义者，因为我知道在底特律、克利夫兰和匹兹堡，以及弗林特、加里和扬斯敦等地，有很多杰出的人正在努力使他们的社区和城市变得更好、更具包容性和韧性。我知道他们工作有多努力，也知道他们为此付出了多少年的艰苦努力。正是这样的榜样让我相信，尽管有许多艰难险阻，美国的城市值得拥有更好的明天。

参考文献

引言

1. Mayoral campaign kick-off speech quoted in Hunter Walker, "Bill de Blasio Tells a 'Tale of Two Cities' at His Mayoral Campaign Kick-off," *Observer*, January 27, 2013, http://observer.com/2013/01/bill-de-blasio-tells-a-tale-of-two-cities-at-his-mayoral-campaign-kickoff/.

2. Robert J. Samuelson, "The 'Hollowing' of the Middle Class?" *Washington Post*, January 3, 2016, https://www.washingtonpost.com/opinions/the-hollowing-of-the-middle-class/2016/01/03/167309ea-afdc-11e5-9ab0-884d1cc4b33e_story.html? utm_term = .9a422f198b31.

3. Jacob A. Riis, *How the Other Half Lives: Studies Among the Tenements of New York* (New York: Charles Scribner's Sons, 1890; Hypertext Edition, 2006), http://depts.washington.edu/envir202/Readings/Reading01.pdf.

4. Eugene Smolensky and Robert Plotnick, *Inequality and Poverty in the United States 1900 to 1990* (Madison, WI: University of Wisconsin-Madison, Institute for Research on Poverty, 1993), https://www.irp.wisc.edu/publications/dps/pdfs/dp99893.pdf.

5. Data by Boxwood Means from PolicyMap (www.policymap.com), analysis by author.

6. Lawrence Brown, "Two Baltimores: The White L vs. the Black Butterfly," *City-Paper*, June 28, 2016, http://www.citypaper.com/bcpnews-

two-baltimores-the-white-l-vs-the-black-butterfly-20160628-htmlstory.html.

7. Joel Kotkin, *The Human City: Urbanism for the Rest of Us* (Chicago: Agate B2, 2016), 116.

8. David Smith, *Third World Cities in Global Perspective: The Political Economy of Uneven Urbanization* (Boulder, CO: Westview Press, 1996), 2.

9. William Faulkner, *Requiem for a Nun* (London: Chatto & Windus, 1951), 85.

第一章

1. Frances Trollope, *Domestic Manners of the Americans* (London: Whitaker, Treacher & Co, 1832), http://www.gutenberg.org/ebooks/10345.

2. Anna Brownell Jameson, *Winter Studies and Summer Rambles in Canada* (London: Saunders and Otley, 1838), https://ia600300.us.archive.org/13/items/cihm_35746/cihm_35746.pdf.

3. Eleanor Nolan Shuman, *The Trenton Story* (Trenton, NJ: McCrellish & Quigley, 1958).

4. Phillip B. Scranton, "Workshop of the World—Philadelphia," http://www.workshopoftheworld.com/overview/overview.html.

5. Quotation from Federal Writers Project, *They Built a City: 150 Years of Industrial Cincinnati* (Cincinnati, OH: Cincinnati Post, 1938), 4, https://archive.org/details/theybuiltcity15000federich.

6. Quotation from Scott Martelle, *Detroit: A Biography* (Chicago: Chicago Review Press 2012), 34.

7. "The Steel Business: The Lot of a Steelworker," PBS *The American Experience*, http://www.pbs.org/wgbh/amex/carnegie/sfeature/mf_steelworker.html.

8. Quoted in Jon C. Teaford, *Cities of the Heartland: The Rise and Fall of the Industrial Midwest* (Bloomington, IN: Indiana University Press, 1994), 72.

9. Teaford, *Cities of the Heartland*, 72.

10. Joseph Ferrie, "The End of American Exceptionalism? Mobility in the United States since 1850," *Journal of Economic Perspectives* 19, no. 3

(2005): 199–215.

11. Robert Beauregard, *Voices of Decline: The Postwar Fate of US Cities* (Cambridge, MA: Blackwell, 1993), 59.

12. Teaford, *Cities of the Heartland*, 179–180.

13. John T. Cumbler, *A Social History of Economic Decline: Business, Politics, and Work in Trenton* (New Brunswick, NJ: Rutgers University Press, 1989).

14. Douglas Rae, *City: Urbanism and Its End* (New Haven, CT: Yale University Press, 2003), 218.

15. Phillip Porter, quoted in James Heaphy, *Parish* (2010), http://engagedscholarship.csuohio.edu/clevmembks/7/.

16. Mark Goldman, *City on the Edge* (Amherst, NY: Prometheus Books, 2007), 101–102.

17. Quoted in Martelle, *Detroit: A Biography*, 140.

18. Martelle, *Detroit: A Biography*, 159.

19. Ray Suarez, *The Old Neighborhood: What We Lost in the Great Suburban Migration* (New York: The Free Press, 1999), 22.

20. Ibid., 3.

21. Jon C. Teaford, "Urban Renewal and Its Aftermath," *Housing Policy Debate* 11, no. 2 (2000): 443–465.

22. Martin Anderson, *The Federal Bulldozer: A Critical Analysis of Urban Renewal 1949–1962* (Cambridge, MA: MIT Press, 1964), 8. For a picture of the anger and resentment that urban renewal left behind, see Mindy Thompson Fullilove, *Root Shock: How Tearing Up City Neighborhoods Hurts America, and What We Can Do about It* (New York: One World/Ballantine Books, 2004).

23. David Jay Merkowitz, "The Segregating City: Philadelphia's Jews in the Urban Crisis 1964–1984" (PhD dissertation, University of Cincinnati, 2010), iii, https://etd.ohiolink.edu/!etd.send_file?accession=ucin12735 95539&disposition=inline.

24. Quoted in Richard A. Lamanna, "Change and Diversity in American Community Life," *The Review of Politics* 34, no. 4 (1972): 26–43, 27.

25. Quoted in Lamanna, "Change and Diversity in American Community Life," 26.

26. Quoted in Beauregard, *Voices of Decline*, 201.

27. Jonathan Mahler, *Ladies and Gentlemen, The Bronx Is Burning: 1977, Baseball, Politics, and the Battle for the Soul of a City* (New York: Macmillan, 2005).

28. Teaford, *Cities of the Heartland*, 220.

29. Ibid., 223.

30. Kevin Fox Gotham, "Urban Redevelopment, Past and Present," in *Critical Perspectives on Urban Redevelopment*, vol. 6, edited by Kevin Fox Gotham (Bingley, UK: Emerald Group Publishing Limited, 2001), 13.

31. Robert H. McNulty et al., *The Return of the Livable City* (Washington, DC: Acropolis Books, 1986), 3.

32. Teaford, *Cities of the Heartland*, 229.

33. Richard Florida, *The Rise of the Creative Class* (New York: Basic Books, 2002), 217.

第二章

1. See: Baltimore.org, http://baltimore.org/listings/breweriespubstaverns/maxs-taphouse.

2. See: Zillow, http://www.zillow.com/homes/for_sale/Fells-Point-Baltimore-MD/158479_rid/39.297742,-76.570716,39.269341,-76.61685_rect/14_zm/, accessed September 1, 2016.

3. "The Rising Cost of Not Going to College," Pew Research Center, http://www.pewsocialtrends.org/2014/02/11/the-rising-cost-of-not-going-to-college/.

4. Sean Reardon and Kendra Bischoff, "Growth in the Residential Segregation of Families by Income 1970–2009," USA 2010 Project, 2011, http://www.s4.brown.edu/us2010/Data/Report/report111111.pdf.

5. Shirley Bradway Laska and Daphne Spain, *Back to the City: Issues in Neighborhood Renovation* (New York: Pergamon Press, 1980), xi.

6. Terry Nichols Clark, "Introduction: Taking Entertainment Seriously," in *The City as an Entertainment Machine*, edited by Terry Nichols Clark (Lanham, MD: Lexington Books, 2011), 7.

7. "Millennials and Re-Urbanization of the City," Avison Young, http://philadelphiapjm.avisonyoung.com/millennials-and-re-urbanization-

of-the-city/.

8. Ray Suarez, *The Old Neighborhood: What We Lost in the Great Suburban Migration* (New York: The Free Press, 1999), 14.

9. Quoted in Ted Hesson, "Rickshaws as a Ride to Detroit's Salvation," *Atlantic Monthly*, July 8, 2015, http://www.theatlantic.com/business/archive/2015/07/rickshaws-as-a-ride-to-detroits-salvation/426189/.

10. *Encyclopedia of Cleveland History*, http://ech.cwru.edu/Resource/Image/I02.gif.

11. John Carlisle, "The Last Days of Detroit's Chaldean Town," *Detroit Free Press*, August 2, 2015, http://www.freep.com/story/news/columnists/john-carlisle/2015/08/01/detroit-chaldean-town-last-days/30993903/.

第三章

1. Quoted in Lisa Prevost, "The Yale Effect Spreads Out," *New York Times*, March 24, 2009, http://www.nytimes.com/2009/03/25/realestate/commercial/25haven.html?mcubz=1.

2. Fred Powledge, *Model City: One Town's Efforts to Rebuild Itself* (New York: Simon & Schuster, 1970), 25.

3. Douglas Rae, *City: Urbanism and Its End* (New Haven, CT: Yale University Press, 2003), 79.

4. Herbert N. Casson, *The Romance of Steel* (New York: A. S. Barnes & Co., 1907), 25.

5. Ibid., 218–219.

6. Mark Muro and Sifan Liu, "Manufacturing Sector Inflation-Adjusted Output and Employment, 1980–2015," from "Why Trump's Factory Job Promises Won't Pan Out—In One Chart," *The Avenue* / Brookings Institution, November 21, 2016, https://www.brookings.edu/blog/the-avenue/2016/11/21/why-trumps-factory-job-promises-wont-pan-out-in-one-chart/?utm_campaign=Metropolitan+Policy+Program&utm_source=hs_email&utm_medium=email&utm_content=38550371.

7. Enrico Moretti, *The New Geography of Jobs* (New York: Houghton Mifflin Harcourt, 2012), 26.

8. Vaclav Smil, *Made in the USA* (Cambridge, MA: MIT Press,

2013），1.

9. Salena Zito, "The Day That Destroyed the Working Class and Sowed the Seeds of Trump," *New York Post*, September 16, 2017, https://nypost.com/2017/09/16/the-day-that-destroyed-the-working-class-and-sowed-the-seeds-for-trump/.

10. John Cumbler, *A Social History of Economic Decline: Business, Politics, and Work in Trenton* (New Brunswick, NJ: Rutgers University Press, 1989), 186–187.

11. Quoted in Bill Toland, "In Desperate 1983, There Was Nowhere for Pittsburgh's Economy to Go but Up: A Tide of Change," *Pittsburgh Post-Gazette*, December 23, 2012, http://www.post-gazette.com/business/businessnews/2012/12/23/In-desperate-1983-there-was-nowhere-for-Pittsburgh-s-economy-to-go-but-up/stories/201212230258.

12. "General Motors to Cut 70,000 Jobs; 21 Plants to Shut," *New York Times*, December 19, 1991, http://www.nytimes.com/1991/12/19/business/general-motors-to-cut-70000-jobs-21-plants-to-shut.html?pagewanted=all.

13. Tracy Neumann, *Remaking the Rust Belt: The Postindustrial Transformation of North America* (Philadelphia: University of Pennsylvania Press, 2016), 93.

14. James W. Wagner, "Multiversity or University? Pursuing Competing Goods Simultaneously," *Academic Exchange* 9, no. 4 (February/March 2007), http://www.emory.edu/ACAD_EXCHANGE/2007/febmar/wagneressay.html.

15. Clark Kerr, *The Uses of the University* (Cambridge, MA: Harvard University Press, 1963). The book was an expanded version of his 1963 Godkin Lecture at Harvard, "The Idea of a Multiversity."

16. Wagner, "Multiversity or University?"

17. Johns Hopkins University website, http://www.hopkinsmedicine.org/about/index.html.

18. National Institutes of Health website, https://report.nih.gov/award/index.cfm?ot=&fy=2014&state=&ic=&fm=&orgid=&distr=&rfa=&om=n&pid=.

19. Aaron Aupperlee, "Developing Spinoffs Help Pitt, CMU Advance

Technologies," *Pittsburgh Tribune-Journal*, September 3, 2016, http://triblive.com/news/allegheny/10994116-74/university-cmu-pitt.

20. J. R. Reed, "Up Close: A New Haven for Biotech," *Yale Daily News*, April 16, 2014, http://yaledailynews.com/blog/2014/04/16/a-new-haven-for-biotech/.

21. Cortex website, http://cortexstl.com/the-district/.

22. Bruce Katz and Julie Wagner, *The Rise of Innovation Districts: A New Geography of Innovation in America* (Washington, DC: The Brookings Institution, May 2014), 1, https://www.brookings.edu/wp-content/uploads/2016/07/InnovationDistricts1.pdf.

23. Michael Sorkin, ed., *Variations on a Theme Park: The New American City and the End of Public Space* (New York: Hill & Wang, 1992).

24. Terry Nichols Clark, "Introduction: Taking Entertainment Seriously," in *The City as an Entertainment Machine*, edited by Terry Nichols Clark (Lanham, MD: Lexington Books, 2011), 2.

25. Edward L. Glaeser, Jed Kolko, and Albert Saiz, "Consumer City," *Journal of Economic Geography* 1, no. 1 (2001): 27–50.

26. Quoted in Richard Florida, *The Rise of the Creative Class* (New York: Basic Books, 2002), 217.

27. Ibid., 224.

28. Ed Stannard, "Yale University and New Haven Team Up to Remake Broadway for Retail, Restaurants," *New Haven Register*, May 16, 2015, http://www.nhregister.com/connecticut/article/Yale-University-and-New-Haven-team-up-to-re make-11357057.php.

29. Ibid.

30. Heywood T. Sanders, *Convention Center Follies: Politics, Power, and Investment in American Cities* (Philadelphia: University of Pennsylvania Press, 2014), 10.

31. Econsult Solutions, Inc., "Tourism as an Economic Engine for Greater Philadelphia: 2015 Visitation and Economic Impact Report, Prepared for Visit Philadelphia," http://files.visitphilly.com/Visit-Philly-2015-Visitation-and-Impact-Full-Report.pdf.

32. Rob Roberts, "Public Financing of Renovations at Big Hotel Is

Part of One-Two KC Convention Punch," *Kansas City Business Journal*, September 28, 2016, http://www. bizjournals. com/kansascity/news/2016/09/28/public-financing-of-renovations-at-kcs-biggest.html.

33. Nicholas J. C. Pistor, "City Struggles to Maintain $17 Million Washington Avenue Streetscape," *St. Louis Post-Dispatch*, December 5, 2015, http://www.stltoday.com/news/local/govt-and-politics/st-louis-struggles-to-maintain-million-washington-avenue-streetscape/article_c9ee57c4-c43d-50a8-8f88-3481f36401e9.html.

34. Glaeser et al., "Consumer City," 29.

35. Moretti, *The New Geography of Jobs*, 98.

第四章

1. Charles Silberman, *Crisis in Black and White* (New York: Alfred Knopf, 1964), 4.

2. *Report of the National Advisory Commission on Civil Disorders* (Washington, DC: Government Printing Office, 1968), 1.

3. Ibid., 398.

4. "Baltimore Tries Drastic Plan of Race Segregation," *New York Times Sunday Magazine*, December 25, 1910, http://sundaymagazine.org/2010/12/baltimore-tries-drastic-plan-of-race-segregation/.

5. Quoted in "Redlined: The History of Race and Real Estate in Cleveland & Its Relationship to Health Equity Today," Kirwan Institute for the study of Race & Ethnicity, Ohio State University, 2014 (PPT Presentation), http://kirwaninstitute.osu.edu/wp-content/uploads/2015/02/cleveland-place-matters.pdf.

6. Douglas Linder, "The Sweet Trials: An Account," http://law2.umkc.edu/faculty/projects/ftrials/sweet/sweetaccount.HTM.

7. Kirwan Institute, "Redlined."

8. Arnold R. Hirsch, *Making the Second Ghetto: Race and Housing in Chicago, 1940 – 1960* (Cambridge, UK: Cambridge University Press, 1983), 145.

9. Scott Martelle, *Detroit: A Biography* (Chicago: Chicago Review Press, 2012), 152.

10. Steve Babson, *Working Detroit: The Making of a Union Town*

(New York: Adama Books, 1984), 157.

11. Elaine Moon, "Paradise Valley," quoted in "Detroit's Black Bottom and Paradise Valley Neighborhoods," Walter P. Reuther Library, Wayne State University, https://reuther.wayne.edu/node/8609.

12. Mary Karmelek, "Does Lafayette Park's Landmark Status Whitewash History?" *Newsweek*, August 31, 2015, http://www.newsweek.com/does-lafayette-parks-landmark-status-whitewash-history-367320.

13. Tim O'Neil, "A Look Back: Clearing of Mill Creek Valley Changed the Face of the City," *St. Louis Post-Dispatch*, August 9, 2009, http://www.stltoday.com/news/local/a-look-back-clearing-of-mill-creek-valley-changed-the/article_04738cde-b0f8-5688-a20e-6fd86266d1ac.html.

14. Eliel Saarinen, *The City: Its Growth, Its Decay, Its Future* (New York: Reinhold Publishing, 1943), 143, 144; see also: Amanda Row Tillotson, "Pathologizing Place and Race: The Rhetoric of Slum Clearance and Urban Renewal, 1930–1965," *Agora Journal of Urban Planning and Design* (2010), https://deepblue.lib.umich.edu/handle/2027.42/120358.

15. Leah Platt Boustan, "Was Postwar Suburbanization 'White Flight'? Evidence from the Black Migration," *Quarterly Journal of Economics* 125, no. 1 (2010): 417–443.

16. Eugene Robinson, *Disintegration: The Splintering of Black America* (New York: Doubleday, 2010), 66.

17. Kendra Bischoff and Sean Reardon, "Residential Segregation by Income, 1970–2009," (New York: Russell Sage Foundation, 2013), 15.

18. Elon Gilad, "500 Years Later: The Mysterious Origin of the Word 'Ghetto,'" *Ha'aretz*, March 29, 2016, http://www.haaretz.com/jewish/features/.premium-1.700477. For possible origins of the word *ghetto*, see: Anatoly Lieberman, "Why Don't We Know the Origin of the Word Ghetto?" Oxford Etymologist, *OUP Blog*, March 4, 2009, http://blog.oup.com/2009/03/ghetto/.

19. Hutchins Hapgood, *The Spirit of the Ghetto* (New York: Funk & Wagnalls, 1902), 9.

20. St. Clair Drake and Horace A. Cayton, *Black Metropolis: A Study of Negro Life in a Northern City* (New York: Harcourt Brace,

1945），382. This discussion is also indebted to: Mitchell Duneier, *Ghetto: The Invention of a Place, the History of an Idea* (New York: Farrar, Strauss & Giroux, 2016).

21. Talja Blokland, "From the Outside Looking In: A 'European' Perspective on the Ghetto," *City & Community* 7, no. 4 (December 2008): 372.

22. Justin Charity, "What Does 'Inner City' Mean, Anyway?" *The Complex*, February 1, 2016, http://www.complex.com/life/2016/02/inner-city-origin-and-proliferation-of-sloppy-political-language.

23. St. Louis population data is for area included in census tracts 1111 through 1115.

24. Joe Cortright and Dillon Mahmudi, "Lost in Place: Why the Persistence and Spread of Concentrated Poverty—Not Gentrification—Is Our Biggest Urban Challenge," *City Observatory*, December 2014, http://cityobservatory.org/lost-in-place/.

25. Randall Dodd and Paul Mills, "Outbreak: U. S. Subprime Contagion," *Finance & Development* 45, no. 2 (June 2008): 14–18, https://www.imf.org/external/pubs/ft/fandd/2008/06/pdf/dodd.pdf.

26. "The Hansen Files with Chris Hansen," *NBC News*, March 22, 2009, http://www.nbcnews.com/id/29827248/ns/dateline_nbc-the_hansen_files_with_chris_hansen/t/if-you-had-pulse-we-gave-you-loan/#.WK2gjuQzWUk.

27. Emily Badger, "The Dramatic Racial Bias of Subprime Lending During the Housing Boom," *CityLab*, August 16, 2013, http://www.citylab.com/housing/2013/08/blacks-really-were-targeted-bogus-loans-during-housing-boom/6559/.

28. Quoted in Michael Powell, "Banks Accused of Pushing Mortgage Deals on Blacks," *New York Times*, June 6, 2009, http://www.nytimes.com/2009/06/07/us/07baltimore.html.

29. Geoff Boucher, "A Politician Who Runs on Hip-Hop," *Los Angeles Times*, May 11, 2003, http://articles.latimes.com/2003/may/11/nation/na-kwame11.

30. Detroit personnel data from City of Detroit *Certified Annual Financial Reports* (CAFR), various years, compiled by author.

31. Gus Burns, "Detroit Loses 1,400 Police Officers in a Decade, Struggles to Keep Pace with Crime," *Mlive*, August 28, 2013, http://www.mlive.com/news/detroit/index.ssf/2013/08/detroit_loses_1400_police_offi.html.

32. Lauren Hood, "Escaping Like Thieves in the Night: The New Wave of Black Flight," Posted to *Michigan Now*, July 29, 2014, http://www.michigannow.org/2014/07/29/black-senior-citizen-flight/.

33. "Black Flight," *Economist*, March 31, 2011, http://www.economist.com/node/18486343, 25.

34. Akiim DeShay, quoted in Brendan Kirby, "Blacks Take Flight," *PoliZette*, May 30, 2016, http://www.lifezette.com/polizette/blacks-take-flight/.

第五章

1. The phrase I have used in the title of this chapter, although not original, is simply too good not to use. "Gentrification and Its Discontents" is clearly derived from Freud & Strachey's 1930 book *Civilization and its Discontents*, with a nod to Joseph Stiglitz's 2003 volume *Globalization and its Discontents*; the first published work I have been able to find with this title is a piece by Benjamin Schwartz in the *Atlantic Monthly* in 2010. It has since been used by others, including Richard Campanella (writing about New Orleans) in 2013, and Richard Florida.

2. Chloe Detrick, "5 Reasons to Love Lawrenceville," *NEXTpittsburgh*, May 4, 2015, http://www.nextpittsburgh.com/neighborhoods/lawrenceville/things-to-do-in-lawrenceville/.

3. Census tract 902.

4. Ruth Glass, "London: Aspects of Change," reprinted in *The Gentrification Debates: A Reader*, edited by Japonica Brown-Saracino (New York: Routledge, 2013), 22.

5. J. Peter Byrne, "Two Cheers for Gentrification," *Howard Law Journal* 46, no. 3 (2003): 405.

6. Justin Davidson, "Is Gentrification All Bad?" *New York*, February 2, 2014, http://nymag.com/news/features/gentrification-2014-2/.

7. See: http://www.businessdictionary.com/definition/gentrification.

html.

8. Zillow. com, http://www. zillow. com/homes/for_sale/Anacostia-Washington-DC/pmf, pf_pt/house, townhouse_type/524952_zpid/121670_rid/38. 87777,-76. 961804, 38. 8492,-77. 007938 _ rect/14 _ zm/, accessed December 9, 2016.

9. Robert M. Fogelson, *Downtown: Its Rise and Fall, 1880 – 1950* (New Haven, CT: Yale University Press, 2001), 26.

10. Quoted in Fogelson, *Downtown*, 21.

11. Larry R. Ford, *Cities and Buildings: Skyscrapers, Skid Rows, and Suburbs* (Baltimore, MD: Johns Hopkins University Press, 1994).

12. Jon C. Teaford, "Urban Renewal and Its Aftermath," *Housing Policy Debate* 11, no. 2 (2000): 448.

13. Ibid.

14. Mitchell Schwarzer, "Downtown: A Short History of American Urban Exceptionalism," *Places Journal*, February 2016, https://doi.org/10.22269/160216.

15. Erin McCarthy, "Eleven Unexpectedly Awesome Things in St. Louis's City Museum," *Mental Floss*, November 13, 2012, http://mentalfloss. com/article/13063/11-awesomely-unexpected-things-st-louis%E2%80%99s-city-museum.

16. Bryan Christopher Zundel, *Catalyzing Urban Redevelopment on Washington Avenue*, MCRP thesis, Missouri State University, 2008.

17. Census tracts most closely approximating downtown boundaries were used for these calculations, comparing data from the 2000 census with that from the 2011 – 2015 American Community Survey. Census tracts in St. Louis were 1255, 1256, and 1274; in Cleveland, 1071.01, 1077.01 and 1078.02.

18. Louis Aguilar, "Putting a Price Tag on Properties Linked to Gilbert," *Detroit News*, April 28, 2016, http://www. detroitnews. com/story/business/2016/04/28/dan-gilbert-bedrock-downtown-detroit-buildings/83681698/.

19. Jackelyn Hwang and Robert J. Sampson, "Divergent Pathways of Gentrification: Racial Inequality and the Social Order of Renewal in Chicago Neighborhoods," *American Sociological Review* 79, no. 4 (2014): 726 – 751.

20. Todd Swanstrom, Henry S. Webber, and Molly W. Metzger, "Rebound Neighborhoods in Older Industrial Cities: The Case of St. Louis," in *Economic Mobility: Research and Ideas on Strengthening Family, Community, and the Economy*, edited by Alexandra Brown, David Buchholz, Daniel Davis, and Arturo Gonzalez (St. Louis, MO: Federal Reserve Bank of St. Louis, 2016), 340.

21. Lawrence Brown, "Two Baltimores: The White L vs. the Black Butterfly," *Citypaper*, June 28, 2016, http://www.citypaper.com/bcpnews-two-baltimores-the-white-l-vs-the-black-butterfly-20160628-htmlstory.html.

22. Kalima Rose, "Beyond Gentrification: Tools for Equitable Development," *Shelterforce* no. 117 (May/June 2001), http://www.nhi.org/online/issues/117/Rose.html.

23. "York & Fig, Part V: Flipping the Neighborhood," *Marketplace*, American Public Media, December 5, 2014, http://yorkandfig.com/#post-279.

24. Quoted in Terry Pristin, "From Abandoned Brewery to Piazza, Philly-Style," *New York Times*, November 3, 2009, http://www.nytimes.com/2009/11/04/realestate/commercial/04piazza.html.

25. Quoted in "Mayor de Blasio Signs Three New Laws Protecting Tenants from Harassment," Press Release, New York City Mayor's Office, September 3, 2015, http://www1.nyc.gov/office-of-the-mayor/news/590-15/mayor-de-blasio-signs-three-new-laws-protecting-tenants-harassment.

26. Jerome Krase and Judith N. DeSena, *Race, Class, and Gentrification in Brooklyn: A View from the Street* (Lanham, MD: Lexington Books, 2016), 32.

27. Joseph Cortright, "The Perils of Conflating Gentrification and Displacement: A Longer and Wonkier Critique of Governing's Gentrification Issue," *City Observatory*, February 2, 2015, http://cityobservatory.org/longer-governing-response/.

28. Emily Dowdall, "The Actual Value Initiative: Philadelphia's Progress on Its Property Tax Overhaul" (Philadelphia, PA: Pew Charitable Trusts, 2015).

29. Jarrett Murphy, "The Complicated Research on How Gentrification Affects the Poor," *City Limits*, November 20, 2015, http://citylimits.

org/2015/11/20/the-complicated-research-on-how-gentrification-affects-the-poor/.

30. Swanstrom, Webber, and Metzger, "Rebound Neighborhoods," 342.

31. Michelle Lewis, quoted in Abigal Savitch-Lew, "Gentrification Spotlight: How Portland Is Pushing Out Its Black Residents," *Colorlines*, April 18, 2016, http://www.colorlines.com/articles/gentrification-spotlight-how-portland-pushing-out-its-black-residents.

32. Quoted in *The Guardian*, February 26, 2014, https://www.theguardian.com/cities/2014/feb/26/spike-lee-gentrification-rant-transcript.

33. Janine Bologna et al., "The Right to Stay Put: City Garden Montessori School and Neighborhood Change," George Warren Brown School of Social Work and Sam Fox School of Design and Visual Arts, Washington University in St. Louis, 2015, https://csd.wustl.edu/Publications/Documents/city-garden_final-report.pdf.

34. "Gentrification in Philadelphia's Fishtown Neighborhood Creates Tension between Original Residents and Newcomers," blog post, *Fishtown Uncovered*, October 14, 2013, https://foreverfishtown.wordpress.com/2013/10/14/tension-caused-by-gentrification-in-fishtown-is-a-choice/.

35. Jake Flanagin, "The Brooklynization of Detroit Is Going to Be Terrible for Detroiters," *Quartz*, July 15, 2015, http://qz.com/453531/the-brooklynization-of-detroit-is-going-to-be-terrible-for-detroiters/.

36. "Gentrification on Steroids: The Water Shut-Offs and You," *Movement Strategy Center* (no date), http://movementstrategy.org/gentrification-steroids-detroit-water-shut-offs/#.

第六章

1. Data for Pen Lucy and Wilson Park is for census tracts 2701.01 and 901.

2. Daniel Kay Hertz, "Watch Chicago's Middle Class Disappear Before Your Very Eyes," *City Notes*, blog post, March 31, 2014, https://danielkayhertz.com/2014/03/31/middle-class/.

3. Matthew Desmond, *Evicted: Poverty and Profit in the American City* (New York: Crown Publishers, 2016), 4.

4. Foreclosure filing data provided to author by Ralph W. Voorhees Center for Civic Engagement, Rutgers University, New Brunswick, New Jersey.

5. Ellen Seidman and Bing Bai, "Where Have All the Small Loans Gone?" *Urban Institute*, blog post, April 18, 2016.

6. Quoted in "Absentee Landlords Investing in Cheap Rentals Out-of-State," *Newsweek*, October 19, 2016, http://www.newsweek.com/absentee-landlords-investing-cheap-rentals-out-state-507449.

7. Interviewed on Business Innovators Radio, June 4, 2015, http://businessinnovatorsmagazine.com/avi-cohen-trenton-real-estate-investment-expert/.

8. Quoted in Nick Carey, "Cheap Detroit Houses Scooped Up by Investors Can Be Costly for Communities, Bad News for Buyers," *Huffington Post*, July 3, 2013, http://www.huffingtonpost.com/2013/07/03/cheap-detroit-houses_n_3538213.html.

9. Data is for Census tract 1510.

10. Jane Jacobs, *The Death and Life of Great American Cities* (New York: Random House, 1961), 112.

11. Wesley G. Skogan, *Disorder and Decline: Crime and the Spiral of Decay in American Neighborhoods* (Berkeley, CA: University of California Press, 1990), 13.

12. Lauren Hood, "Gentrification in Detroit," *Honeysuckle Magazine*, September 2016, http://honeysucklemag.com/gentrification-in-detroit/.

13. Jerry Mangona, "Gentrification: Views from Both Sides of the Street," *Huffington Post*, July 10, 2012, http://www.huffingtonpost.com/jerry-mangona/gentrification-detroit_b_1662070.html.

第七章

1. Kirstin Kennedy, "Aliquippa Housing Plans Show Journey of Immigrants," *Beaver County Times*, February 25, 2015, http://www.timesonline.com/progress/2015/aliquippa-housing-plans-show-journey-of-immigrants/article_8c12628e-ae3b-11e4-9978-cbb2cd1b4e8c.html.

2. Quoted in S. L. Price, "The Heart of Football Beats in Aliquippa," *Sports Illustrated*, January 26, 2011, http://carldavidson.blogspot.com/

2011/01/aliquippas-harsh-realities-featured-in.html.

3. Integrated Postsecondary Education Data System, National Center for Education Statistics; salaries compiled by startclass.com; see: http://faculty-salaries.startclass.com/.

4. Higher Education Research and Development Survey, National Science Foundation, https://www.nsf.gov/statistics/srvyherd/.

5. Edward L. Glaeser, "Introduction," in *Agglomeration Economics*, edited by Edward L. Glaeser (Chicago: University of Chicago Press, 2010), 1.

6. Stuart S. Rosenthal and William C. Strange, "Small Establishments/Big Effects: Agglomeration, Industrial Organization, and Entrepreneurship" in *Agglomeration Economics*, edited by Edward L. Glaeser, 300.

7. David B. Audretsch and Maryann P. Feldman, "Knowledge Spillovers and the Geography of Innovation," in *Handbook of Regional and Urban Economics 4*, edited by J. Vernon Henderson and Jacque-Francois Thisse (Amsterdam: Elsevier, 2004), 2713–2739.

8. Enrico Moretti, *The New Geography of Jobs* (New York: Houghton Mifflin Harcourt, 2012), 125.

9. Ibid., 126.

10. Ibid., 127.

11. Richard Florida, *The Rise of the Creative Class* (New York: Basic Books, 2002), 224.

12. Laura A. Reese and Minting Ye, "Policy Versus Place Luck: Achieving Local Economic Prosperity," *Economic Development Quarterly* 25, no. 3 (2011): 221–236.

13. Youngstown Neighborhood Development Corporation website, http://www.yndc.org/about.

14. Quoted in "How Rust Belt City Youngstown Plans to Overcome Decades of Decline," *PBS Newshour*, April 16, 2016, http://www.pbs.org/newshour/bb/how-rust-belt-city-youngstown-plans-to-overcome-decades-of-decline/.

15. Alexandra Stephenson, "In Weary Wisconsin Town, a Billionaire-Fueled Revival," *New York Times*, August 5, 2017.

16. J. D. Vance, "Opioid of the Masses," *Atlantic Monthly*, July 4, 2016, https://www.theatlantic.com/politics/archive/2016/07/opioid-of-

the-masses/489911/.

17. Alana Semuels, "Suburbs and the New American Poverty," *Atlantic Monthly*, January 7, 2015, https://www.theatlantic.com/business/archive/2015/01/suburbs-and-the-new-american-poverty/384259/.

18. Elizabeth Kneebone and Alan Berube, *Confronting Suburban Poverty in America* (Washington, DC: Brookings Institution Press, 2013).

19. William H. Whyte, *The Organization Man* (New York: Simon & Schuster, 1956), 313.

20. Ibid., 314–315.

21. Advertisement found on Pinterest; see: https://www.pinterest.com/pin/279152876876513040/.

22. John Ostenburg, "Confronting Suburban Poverty in Park Forest, Illinois," *Confronting Suburban Poverty*, blog post, February 5, 2014, http://confrontingsuburbanpoverty.org/2014/02/confronting-suburban-poverty-in-park-forest-illinois/.

23. Joe Mahr and Matthew Walberg, "Harvey Residents Detail Life in 'Lawless' Community," *Chicago Tribune*, December 25, 2014, http://www.chicagotribune.com/news/watchdog/ct-harvey-residents-frustrated-met-20141225-story.html.

24. Mark Glennon, "Suicidal Property Tax Rates and the Collapse of Chicago's South Suburbs," *WirePoints*, November 22, 2015, http://www.wirepoints.com/suicidal-property-tax-rates-and-the-collapse-of-chicagos-south-suburbs-wp-original/.

25. House prices and taxes, Zillow.com, https://www.zillow.com/homes/recently_sold/Park-Forest-IL/house_type/33328_rid/globalrelevanceex_sort/41.531133,-87.590561,41.423871,-87.775097_rect/12_zm/, accessed April 3, 2017.

26. Sales price data from Boxwood Means on PolicyMap, https://www.policymap.com/.

27. Reihan Salam, "How the Suburbs Got Poor—Places That Thrived in the Era of Two-Parent Families Are Struggling Today," *Slate*, September 4, 2014, http://www.slate.com/articles/news_and_politics/politics/2014/09/poverty_in_the_suburbs_places_that_thrived_in_the_era_of_two_parent_families.html.

28. Sarah Kendzior, "Down and Out in Beverly Hills, Missouri: The Tiny Town That Runs on Police Tickets," *The Guardian*, April 22, 2015, https://www.theguardian.com/us-news/2015/apr/22/beverly-hills-missouri-police-ferguson.

29. "Investigation of the Ferguson Police Department," US Department of Justice, Civil Rights Division, March 4, 2015, 3–4, https://www.justice.gov/sites/default/files/opa/press-releases/attachments/2015/03/04/ferguson_police_department_report.pdf.

30. Ben Casselman, "The Poorest Corner of Town," *Five Thirty Eight*, August 26, 2014, https://fivethirtyeight.com/features/ferguson-missouri/.

31. Michael Duncan, "Snapshot: An Ordinary Suburb, an Extraordinary Number of Foreclosures," *Bridges*, Federal Reserve Bank of St. Louis, Fall 2008, https://www.stlouisfed.org/publications/bridges/fall-2008/snapshot-an-ordinary-suburb-an-extraordinary-number-of-foreclosures.

32. Casselman, "The Poorest Corner of Town."

33. Stanton Lawrence, "How Missouri Killed the Normandy School District," *Diane Ravitch's Blog*, June 22, 2014, https://dianeravitch.net/2014/06/22/stanton-lawrence-how-missouri-killed-the-normandy-school-district/.

34. Mike Jones, quoted in Elisa Crouch, "Officials Express Shame at State of Normandy Schools," *St. Louis Post-Dispatch*, May 5, 2015, http://www.stltoday.com/news/local/officials-express-shame-at-state-of-normandy-schools/article_0966c61a-4c93-5138-9546-cb46f7b93590.html.

35. Christopher Leinberger, "The Next Slum?" *Atlantic Monthly*, March 2008, https://www.theatlantic.com/magazine/archive/2008/03/the-next-slum/306653/.

第八章

1. Judy Rose, "Indian Village Mansion Was Detroit's First $1-Million Home," *Lansing State Journal*, September 16, 2014, http://www.lansingstatejournal.com/story/life/2014/09/16/indian-village-mansion-detroits-first-m-home/15748179/.

2. Roslyn Corenzwit Lieb et al., "Abandonment of Residential Property in an Urban Context," *DePaul Law Review* 23, no. 3 (Spring

1974): 1186.

3. Roger Starr, "Making New York Smaller," *New York Times Sunday Magazine*, November 14, 1976.

4. Robert W. Burchell and David Listokin, *The Adaptive Reuse Handbook* (New Brunswick, NJ: Rutgers Center for Urban Policy Research, 1981).

5. Alan Mallach, *A Decent Home: Planning, Building, and Preserving Affordable Housing* (Chicago: Planners Press, 2008), 263.

6. Detroit Land Bank Authority website, www.buildingdetroit.org.

7. Cleveland Design Collaborative website, http://www.cudc.kent.edu/projects_research/research/reimagining_cleveland.html.

8. J. Blaine Bonham Jr., Gerri Spilka, and Daryl Rastorfer, *Old Cities/Green Cities: Communities Transform Unmanaged Land*, Planning Advisory Service Report 506/507 (Chicago: American Planning Association, 2002), 110.

9. Quoted in Patrick Kerkstra, "Special Report: Vacant Land, Focused Plans," *Plan-Philly*, September 21, 2010, http://planphilly.com/articles/2010/09/21/special-report-vacant-land-focused-plans.

10. For research on vacant-lot greening effects, see, for example: Charles C. Branas et al., "A Difference-in-Differences Analysis of Health, Safety, and Greening Vacant Urban Space," *American Journal of Epidemiology* 174, no. 11 (2011): 1296–306; and Eugenia C. Garvin, Carolyn C. Cannuscio, and Charles C. Branas, "Greening Vacant Lots to Reduce Violent Crime: A Randomized Controlled Trial," *Injury Prevention* 19, no. 3 (2013): 198–203.

11. Ronnie Schreiber, "Hantz Woodlands—A Tree Grows (Actually It's More like 20,000) in Detroit," *The Truth About Cars*, August 4, 2015, http://www.thetruthaboutcars.com/2015/08/tree-grows-actually-like-20000-detroit-hantz-woodlands/.

12. For a description and analysis of the Baltimore Vacants to Value program, see: Alan Mallach, "Tackling the Challenge of Blight in Baltimore: An Evaluation of Baltimore's Vacants to Value Program" (Washington, DC: Center for Community Progress, 2017).

13. Quoted in Michael Westgate with Ann Vick-Westgate, *Gale Force:*

Gale Cincotta, the Battles for Disclosure and Community Reinvestment (Education and Resources Group, Inc., 2011), 26.

14. Federal Reserve System Board of Governors website, https://www.federalreserve.gov/consumerscommunities/cra_about.htm.

15. Quoted in J. Scott Kohler, "Bedford-Stuyvesant and the Rise of the Community Development Corporation," in Joel L. Fleishman, J. Scott Kohler, and Steven Schindler, *Casebook for The Foundation: A Great American Secret* (Durham, NC: Duke University Center for Strategic Philanthropy and Civil Society, 2007), 95.

16. Alexander von Hoffman, "The Past, Present, and Future of Community Development in the United States," in *Investing in What Works for America's Communities*, edited by Nancy O. Andrews and David J. Erickson (San Francisco: Federal Reserve Bank of San Francisco & Low Income Investment Fund, 2012), 35.

17. Roland F. Ferguson and William T. Dickens, "Introduction," in *Urban Problems and Community Development*, edited by Roland F. Ferguson and William T. Dickens (Washington, DC: Brookings Institution Press, 1999), 5.

18. Ibid., 1.

19. Avis Vidal, *Rebuilding Communities: A National Study of Urban Community Development Corporations* (New York: New School for Social Research, Community Development Research Center, Graduate School of Management and Urban Policy, 1992).

20. Nicholas Lemann, "The Myth of Community Development," *New York Times*, January 9, 1994, http://www.nytimes.com/1994/01/09/magazine/the-myth-of-community-development.html?pagewanted=all&mcubz=1.

21. The author was present at this exchange.

22. Lemann, "The Myth of Community Development."

23. Quoted in Laura Sullivan, "Affordable Housing Program Costs More, Shelters Fewer," *National Public Radio*, May 9, 2017, http://www.npr.org/2017/05/09/527046451/affordable-housing-program-costs-more-shelters-less.

24. Tim Evans, "Assessment of the New Jersey Low-Income Housing

Tax Credit Program"（Trenton，NJ：New Jersey Future，2017），http：// www.njfuture.org / wp-content / uploads / 2017 / 05 / New-Jersey-Future-Assessment-of-the-NJLIHTC-program.pdf.

25. Annie Linskey，"20-Year Life Gap Separates City's Poorest, Wealthy," *Baltimore Sun*，October 16，2008，http：//articles.baltimoresun.com/2008-10-16/news/bal-te.md.ci.death16oct16_1_life-expectancy-hollins-market-neighborhoods.

26. For research on outcomes of moves，see：Micere Keels et al., "Fifteen Years Later：Can Residential Mobility Programs Provide a Long-Term Escape from Neighborhood Segregation, Crime, and Poverty?" *Demography* 42，no.1（February 2005）；Michael P. Johnson, Helen F. Ladd, and Jens Ludwig, "The Benefits and Costs of Residential Mobility Programs for the Poor," *Housing Studies* 17，no.1（2002），25–138；and Raj Chetty, Nathaniel Hendren, and Lawrence Katz, "The Effects of Exposure to Better Neighborhoods on Children：New Evidence from the Moving to Opportunity Project," *American Economic Review* 106，no.4（2016）.

27. Douglas S. Massey et al., *Climbing Mount Laurel: The Struggle for Affordable Housing and Social Mobility in an American Suburb* （Princeton，NJ：Princeton University Press，2013），193.

28. Andrew Giambrone, "D.C. Affordable Housing Program Begins Seeing Results," *Washington CityPaper*，August 18，2017，http：//www.washingtoncitypaper.com/news/housing-complex/blog/20972914/dc-affordable-housing-program-begins-seeing-results.

29. George Galster et al., *The Impact of Community Development Corporations on Urban Neighborhoods* （Washington，DC：The Urban Institute，2005），2.

30. Ibid.，40.

31. Data for census tract 2403.

32. Sarah Fenske, "Fox Park Will Be the St. Louis Area's Hottest Neighborhood in 2017, Redfin Says," *Riverfront Times*，Janurary 20，2017，https：//www.riverfronttimes.com/newsblog/2017/01/20/fox-park-will-be-the-st-louis-areas-hottest-neighborhood-in-2017-redfin-says.

33. Quoted in Stefanie DeLuca and Peter Rosenblatt, "Sandtown-

Winchester— Baltimore's Daring Experiment in Urban Renewal: 20 Years Later, What Are the Lessons Learned?" *The Abell Report* 26, no. 8 (November 2013).

34. DeLuca and Rosenblatt, "Sandtown-Winchester," quoting the *Baltimore Sun*, July 23, 1995.

35. Michael S. Rosenwald and Michael A. Fletcher, "Why Couldn't $130 Million Transform One of Baltimore's Poorest Places?" *Washington Post*, May 2, 2015, https://www.washingtonpost.com/local/why-couldnt-130-million-transform-one-of-baltimores-poorest-places/2015/05/02/0467ab06-f034-11e4-a55f-38924fca94f9_story.html?utm_term=.72b4865b5de7.

36. "Homeowners Begin Receiving Free Home Repair & Modification Assistance Authorized by City Council," Philadelphia City Council, Council News, May 18, 2017, http://phlcouncil.com/PHDC-BSRP-funding.

37. "Frequently Asked Questions: Tiering Process for Rental Licensing Inspections and Annual Renewal Billing," City of Minneapolis website, http://www.minneapolismn.gov/www/groups/public/@regservices/documents/webcontent/wcms1p-144603.pdf.

38. J. C. Reindl, "Why Detroit's Lights Went Out," *Detroit Free Press*, November 17, 2013, https://www.usatoday.com/story/news/nation/2013/11/17/detroit-finances-dark-streetlights/3622205/.

39. Detroit Public Lighting Authority website, http://www.pladetroit.org/about-us/.

40. J. C. Reindl, "Detroit's Streetlights Go from Tragedy to Bragging Point," *Detroit Free Press*, December 15, 2016, http://www.freep.com/story/news/local/michigan/2016/12/15/detroit-streetlights-go-tragedy-bragging-point/95483846/.

41. "Neighborhoods and Violent Crime: Research Spotlight," US Department of Housing & Urban Development, *Evidence Matters*, Summer 2016, https://www.huduser.gov/portal/periodicals/em/summer16/highlight2.html.

42. Amy E. Lerman and Vesla Weaver, "Staying Out of Sight? Concentrated Policing and Local Political Action," *Annals of the American Academy of Political and Social Science* 651, no. 1 (2014): 202–219.

43. Nancy La Vigne, Jocelyn Fontaine, and Anamika Dwivedi, "How Do People in High-Crime, Low-Income Communities View the Police?" (Washington DC: Urban Institute, February 2017), 8, 10.

44. *Guide to Critical Issues in Policing*, US Department of Justice, Community Relations Service, 2016, https://www.justice.gov/crs/file/836416/download.

45. Quoted in "What Happened When Camden Started Rethinking Policing to Build Trust," *PBS Newshour*, June 30, 2017, http://www.pbs.org/newshour/bb/happened-camden-started-rethinking-policing-build-trust/.

第九章

1. Rev. Ricky Burgess, "What Homewood Could Be," *Pittsburgh Post-Gazette*, September 23, 2015, http://www.post-gazette.com/opinion/2015/09/23/What-Homewood-could-be/stories/201509230017.

2. John Edgar Wideman, *Hiding Place* (New York: Houghton Mifflin, 1981), 59.

3. Edward Glaeser, *Triumph of the City* (New York: Penguin Press, 2011), 70.

4. Devon Douglas-Bowers, *Global Research* website, blog post, January 9, 2011, http://www.globalresearch.ca/intergenerational-poverty-in-america/22705.

5. Ben Gitis and Tara O'Neill Hayes, "The Value of Introducing Work Requirements to Medicaid," *American Action Forum* website, blog post, May 2, 2017, https://www.americanactionforum.org/research/value-introducing-work-requirements-medicaid/.

6. Barbara Ehrenreich, "It Is Expensive to Be Poor," *Atlantic Monthly*, January 13, 2014, https://www.theatlantic.com/business/archive/2014/01/it-is-expensive-to-be-poor/282979/.

7. Quoted in Alana Semuels, "A Different Approach to Breaking the Cycle of Poverty," *Atlantic Monthly*, December 24, 2014, https://www.theatlantic.com/business/archive/2014/12/a-different-approach-to-breaking-the-cycle-of-poverty/384029/.

8. Paul Jargowsky, *Concentration of Poverty in the New Millennium*

(New York: The Century Foundation, 2013), 22.

9. Katie Buitrago, Amy Rynell, and Samantha Tuttle, *Cycle of Risk: The Intersection of Poverty, Violence, and Trauma* (Chicago: Heartland Institute, 2017), 17.

10. Erwin Parson, "Inner City Children of Trauma: Urban Violence Traumatic Stress Response Syndrome (U-VTS) and Therapists' Responses," in *Countertransference in the Treatment of PTSD*, edited by J. P. Wilson and J. D. Lindy (New York: Guilford Publications, 1994), 157.

11. Anne Gunderson, "Breaking the Cycle of Inner City Violence with PTSD Care," *Chicago Policy Review*, June 2, 2017, http://chicagopolicyreview.org/2017/06/02/breaking-the-cycle-of-inner-city-violence-with-ptsd-care/.

12. Quoted in "Inner City Violence and PTSD—A Hidden Epidemic," *Faces of PTSD* website, blog post, October 15, 2015, http://www.facesofptsd.com/civilian-ptsd-resources-blog/2015/10/15/inner-city-violence-ptsd-a-hidden-epidemic.

13. Patrick Sharkey, *Stuck in Place: Urban Neighborhoods and the End of Progress toward Racial Equality* (Chicago: University of Chicago Press, 2013), 46.

14. Alan Mallach, "The Uncoupling of the Economic City: Increasing Spatial and Economic Polarization in American Older Industrial Cities," *Urban Affairs Review* 51, no. 4 (2015): 443–473.

15. Stephen J. Rose, "Mismatch: How Many Workers with a Bachelor's Degree Are Overqualified for Their Jobs?" Washington, DC: Urban Institute, 2017, https://www.urban.org/sites/default/files/publication/87951/college_mismatch_final.pdf.

16. Phillip Moss and Chris Tilly, "'Soft Skills' and Race: An Investigation of Black Men's Employment Problems," *Work and Occupations* 23, no. 3 (August 1996): 259.

17. Lauren Rivera, "Hiring as Cultural Matching: The Case of Elite Professional Firms," *American Sociological Review* 77, no. 6 (2012): 999–1022.

18. Marianne Bertrand and Sendhil Mullainathan, "Are Emily and Greg More Employable than Lakisha and Jamal? A Field Experiment on

Labor Market Discrimination," *American Economic Review* 94, no. 4 (2004): 991–1013.

19. *Report of the National Advisory Commission on Civil Disorders* (Washington, DC: Government Printing Office, 1968), 262, 416, 440, and 444.

20. Natalie Holmes and Alan Berube, "The Earned Income Tax Credit and Community Economic Stability," *Insight* (Fall 2015), http://www.gistfunders.org/documents/GCYFInSightFall2015.pdf.

21. Elizabeth Kneebone and Natalie Holmes, "Fighting Poverty at Tax Time Through the EITC," Brookings Institution website, blog post, http://www.brookings.edu/blogs/the-avenue/posts/2014/12/16-poverty-tax-eitc-kneebone-holmes.

22. Robert Greenstein, "New Research: EITC Boosts Employment; Lifts Many More Out of Poverty than Previously Thought," Center for Budget and Policy Priorities, *Off the Charts*, blog post, July 23, 2015, https://www.cbpp.org/blog/new-research-eitc-boosts-employment-lifts-many-more-out-of-poverty-than-previously-thought.

23. Matthew Desmond, *Evicted: Poverty and Profit in the American City* (New York: Crown Publishers, 2016), 295.

24. Ibid., 4–5.

25. Family Independence Initiative website, https://www.fii.org/.

26. "Usual Weekly Earnings of Wage and Salary Workers," Second Quarter 2017 and Second Quarter 1997, US Bureau of Labor Statistics, https://www.bls.gov/news.release/pdf/wkyeng.pdf, https://www.bls.gov/news.release/history/wkyeng_072297.txt.

27. Timothy J. Bartik, Brad J. Hershbein, and Marta Lachowska, *The Effects of the Kalamazoo Promise Scholarship on College Enrollment, Persistence, and Completion* (Kalamazoo, MI: W. E. Upjohn Institute, Working Paper 15–229, 2015), http://research.upjohn.org/cgi/viewcontent.cgi?article=1246&context=up_workingpapers.

28. National Center for Educational Statistics website, https://nces.ed.gov/programs/digest/d15/tables/dt15_306.10.asp?current=yes.

29. Quoted in "In Higher Education Black Women Are Far Outpacing Black Men," *Journal of Blacks in Higher Education* 17 (Autumn

1997): 86.

30. "The Promise of College Completion: Kipp's Early Successes and Challenges," Kipp Foundation, 2011, 8.

31. Christina Clark Tuttle et al., *KIPP Middle Schools: Impacts on Achievement and Other Outcomes: Final Report* (Princeton, NJ: Mathematica Policy Research, February 27, 2013), xiii.

32. "The Promise of College Completion," 4.

33. Quoted in David Leonhardt, "Schools That Work," *New York Times*, November 4, 2016, https://www.nytimes.com/2016/11/06/opinion/sunday/schools-that-work.html? mcubz=1.

34. Joshua D. Angrist et al., "Stand and Deliver: Effects of Boston's Charter High Schools on College Preparation, Entry, and Choice," *Journal of Labor Economics* 34, no. 2, pt. 1 (2016), 275–318.

35. Atila Abdulkadiroglu, Parag A. Pathak, and Christopher Walters, "Free to Choose: Can School Choice Reduce Student Achievement?" National Bureau of Economic Research, 2017, https://economics.mit.edu/files/12494.

36. Kate Zernicke, "A Sea of Charter Schools in Detroit Leaves Students Adrift," *New York Times*, June 28, 2016, https://www.nytimes.com/2016/06/29/us/for-detroits-children-more-school-choice-but-not-better-schools.html? mcubz=1.

37. Julian Vasquez Heilig, "10 Things to Know about the Charter School Debate," *The Progressive*, August 25, 2016, http://progressive.org/public-school-shakedown/10-things-know-charter-school-debate/.

38. Jim Horn, "KIPP Denies Access to KIPP Memphis 'Public' Schools," *Memphis Schools Matter* blog, May 5, 2014, http://memphisschoolsmatter.blogspot.com/2014/05/kipp-denies-access-to-kipp-memphis.html.

39. "Why Students Call KIPP 'Kids in Prison,'" *Schools Matter* website, blog post, March 23, 2012, http://www.schoolsmatter.info/2012/03/why-students-call-kipp-kids-in-prison.html.

40. Valerie Strauss, "To Trump's Education Pick, the U.S. Public School System Is a 'Dead End,'" *Washington Post*, December 21, 2016, https://www.washingtonpost.com/news/answer-sheet/wp/2016/12/21/to-trumps-education-pick-the-u-s-public-school-system-is-a-dead-end/?utm_

term = .41583c4f896d.

41. Daniel C. Vock, "Rerouted: Big-City Bus Systems Are Finding Ways to Dig Out from Decades of Stagnation," *Governing* 30, no. 12 (September 2017): 40.

42. Lisa Margonelli, "The (Illegal) Private Bus System That Works," *Atlantic CityLab*, October 5, 2011, https://www.theatlantic.com/national/archive/2011/10/the-illegal-private-bus-system-that-works/246166/.

43. ICF International, *2011 Evaluation of the National Ways to Work Program* (Fairfax, VA: ICF International, 2011), https://waystowork.org/docs/evaluations/2011EvalReport.pdf.

44. Binyamin Appelbaum, "Out of Trouble, but Criminal Records Keep Men Out of Work," *New York Times*, February 28, 2015, https://www.nytimes.com/2015/03/01/business/out-of-trouble-but-criminal-records-keep-men-out-of-work.html.

45. Poverty and Opportunity Profile, The Sentencing Project website, http://www.sentencingproject.org/wp-content/uploads/2015/11/Americans-with-Criminal-Records-Poverty-and-Opportunity-Profile.pdf.

46. Devah Pager, "The Mark of a Criminal Record," *American Journal of Sociology* 108, no. 5 (March 2003): 937–975.

47. State of Iowa website, https://tax.iowa.gov/income-tax-benefit-iowa-employers-who-hire-ex-offenders.

48. See: Safer Foundation website and 2016 Annual Report at http://www.saferfoundation.org and http://www.saferfoundation.org/files/documents/SFR_AR2016.pdf.

49. Abstract June 2017, City of Baltimore, Mayor's Office of Employment Development website, http://moed.baltimorecity.gov/sites/default/files/1b4j_abstract_0617.pdf.

50. Steven Rothschild, *The Non Nonprofit: For-Profit Thinking for Nonprofit Success* (San Francisco: Jossey-Bass, 2012), 101–102.

51. Ibid., 103.

52. Video from Twin Cities RISE! website at http://www.twincitiesrise.org/who-we-are/.

53. Greg Fisher, "Cradle to Career Is Focus of Education Efforts," *Louisville Courier-Journal*, September 20, 2015, http://www.courier-

journal.com / story / opinion / 2015 / 09 / 20 / cradle-career-focus-education-efforts/32564607/.

54. Kimberly McLain, "Hiring Locally Makes Good Business Sense," *Star-Ledger* (Newark, NJ), July 16, 2017, D4.

55. Robert S. Stokes, "Newark Workforce Landscape Assessment," prepared for the New Jersey Institute for Social Justice, the Newark Community Development Network, and The Enterprise Foundation, 2002, https://d3n8a8pro7vhmx.cloudfront.net / njisj / pages / 164 / attachments / original/1458586251/workforce.pdf? 1458586251.

第十章

1. George Sternlieb, "Are Cities Worth Saving?" in *The City in the Seventies*, edited by Robert K. Yin (Itasca, IL: F. E. Peacock Publishers Inc., 1972), 263.

2. Robin Meiksins, "Tom L. Johnson," Cleveland Historical, https://clevelandhistorical.org/items/show/329, accessed December 17, 2017.

3. Charles M. Tiebout, "A Pure Theory of Local Expenditures," *Journal of Political Economy* 64, no. 5 (1956): 416–24, 418.

4. Paul E. Peterson, *City Limits* (Chicago: University of Chicago Press, 1981), 20.

5. Ibid., 30.

6. Harvey Molotch, "The City as a Growth Machine: Toward a Political Economy of Place," *American Journal of Sociology* 82, no. 2 (September 1976): 309–32, 309. As of mid-2017, according to Google Scholar, this paper had been cited by 2,875 other scholarly publications, topped, however, by more than 16,000 citations for Tiebout's article noted above.

7. Adam M. Zaretsky, "Should Cities Pay for Sports Facilities?" St. Louis Federal Reserve Bank, *The Regional Economist*, April 2001, https://www.stlouisfed.org / publications / regional-economist / april-2001 / should-cities-pay-for-sports-facilities.

8. Kevin J. Delaney and Rick Eckstein, *Public Dollars, Private Stadiums* (New Brunswick, NJ: Rutgers University Press, 2003), 71.

9. "Summary of Total Cost and Public Subsidy for NFL Stadiums

Constructed or Significantly Renovated Since 1990," *League of Fans* website, http://www.leagueoffans.org/mlbstadiums1990.html. Delaney and Eckstein quote a figure for the construction of the baseball stadium more than double that shown on the League of Fans summary. The League of Fans site, though, is the only one that provides data for all three stadiums.

10. Delany and Eckstein, *Public Dollars, Private Stadiums*, 198.

11. Tara Nurin, "The List: Camden Banks on Millions in Tax Subsidies to Help Fund Its Future," NJ Spotlight, October 6, 2015, http://www.njspotlight.com/stories/15/10/05/the-list-camden-banks-on-millions-in-tax-subsidies-to-fund-its-future/.

12. Kevin C. Gillen, "Philadelphia's Ten-Year Property Tax Abatement," Business Industry Association of Philadelphia, March 2017, https://chambermaster.blob.core.windows.net/userfiles/UserFiles/chambers/9394/File/BIA-AbatementFullReport_Final.pdf.

13. See: https://en.wikipedia.org/wiki/Cargo_cult.

14. Clarence N. Stone, "Urban Regimes and the Capacity to Govern: A Political Economy Approach," *Journal of Urban Affairs* 15, no. 1 (1993): 1-28, 7, 8.

15. Quoted in Stone, "Urban Regimes," 8.

16. Ibid., 20.

17. Richard Schragger, *City Power: Urban Governance in a Global Age* (New York: Oxford University Press, 2016), 216-217.

18. Norton E. Long, "A Marshall Plan for Cities?" *The Public Interest* 46 (Winter 1977): 54.

19. Matt Katz, "Camden Rebirth: A Promise Still Unfulfilled," *Philadelphia Inquirer*, November 8, 2009, http://www.philly.com/philly/news/special_packages/inquirer/20091108_Camden_Rebirth__A.html.

20. Abraham H. Maslow, "A Theory of Human Motivation," *Psychological Review* 50, no. 4 (1943): 370-396.

21. According to the Talmud (Tractate Shabbat 31a), the first-century sage Hillel, when asked by a prospective convert to Judaism to teach him the whole Torah while he stood on one leg, replied: "That which is hateful unto you do not do to your neighbor. This is the whole of the Torah, the rest is commentary. Go forth and study." For a commentary on that saying,

including evidence that it is probably apocryphal, by Rabbi Louis Jacobs, see: *My Jewish Learning* website, http://www.myjewishlearning.com/article/hillel/.

22. Marni von Wilpert, "City Governments Are Raising Standards for Working People—and State Legislators Are Lowering Them Back Down," Economic Policy Institute website, August 26, 2017, http://www.epi.org/publication/city-governments-are-raising-standards-for-working-people-and-state-legislators-are-lowering-them-back-down/.

23. Sendhil Mullainathan, "Get Ready for Technological Upheaval by Expecting the Unimagined," *New York Times*, September 2, 2017, https://www.nytimes.com/2017/09/02/business/economy/get-ready-for-technological-upheaval-by-expecting-the-unimagined.html.

第十一章

1. Jonathan Matthew Smucker, "The Danger of Fetishizing Revolution," from *Waging Non-Violence*, July 1, 2014, https://wagingnonviolence.org/feature/danger-fetishizing-revolution/.

2. Dowell Myers, "Peak Millennials: Three Reinforcing Cycles That Amplify the Rise and Fall of Urban Concentration by Millennials," *Housing Policy Debate* 26, no. 6 (2016). Myers's analysis and conclusions have been sharply challenged by Urban Observatory's Joe Cortright; see "Here's What's Wrong with That 'Peak Millennials' Story," *CityLab*, January 24, 2017, https://www.citylab.com/equity/2017/01/flood-tide-not-ebb-tide-for-young-adults-in-cities/514283/.

3. This was the pledge made in the 1949 Housing Act, US Code 42, chapter 8A, Subchapter I, § 1441.

4. The per-inmate annual cost of incarceration in 2012 in Maryland was $38,383. See: Christian Henrichson and Ruth Delaney, *The Price of Prisons: What Incarceration Costs Taxpayers* (New York: Vera Institute, 2012), https://storage.googleapis.com/vera-web-assets/downloads/Publications/price-of-prisons-what-incarceration-costs-taxpayers/legacy_downloads/price-of-prisons-updated-version-021914.pdf.

5. Jeff Barker, "Team Named to Study Convention Center Expansion, Possible New Arena," *Baltimore Sun*, December 17, 2017, http://www.

baltimoresun.com/news/maryland/bs-bz-convention-center-study-20170504-story.html.

6. Eileen M. O'Brien and Chuck Dervarics, *Pre-Kindergarten: What the Research Shows* (Alexandria, VA: Center for Public Education, 2007), http://www.centerforpubliceducation.org / Main-Menu / Pre-kindergarten / Pre-Kindergarten/Pre-kinder garten-What-the-research-shows.html.

7. "Now in Control, Will Newark Put Kids First?" Editorial, *Star-Ledger* (Newark, NJ), September 16, 2017, http://www.nj.com/opinion/index.ssf/2017/09/newarks_back_in_control_of_its_schools_will_it_put.html#incart_river_index.

8. This includes what are known as "project-based" vouchers, where the voucher is contractually tied to a particular housing unit, often in a project created through the Low Income Tax Credit or other subsidized-housing program. If the tenant moves, she loses her voucher, which becomes available to the next tenant. This is in contrast to the regular "tenant-based" or "portable" voucher, which the tenant can take with her to another unit. Roughly two-thirds of all vouchers are portable, and one-third project-based.

9. Allison Allbee, Rebecca Johnson, and Jeffrey Lubell, *Preserving, Protecting, and Expanding Affordable Housing: A Policy Toolkit for Public Health* (Oakland, CA: ChangeLab Solutions, 2015), 21.

10. J. D. Vance, *Hillbilly Elegy* (New York: HarperCollins, 2016), 238.

11. For a discussion of Sampson's collective efficacy theory, see: Robert J. Sampson, "Collective Efficacy Theory: Lessons Learned and Directions for Future Inquiry," *Taking Stock: The Status of Criminological Theory* 15 (2008).

12. Catherine Tumber, *Small, Gritty, and Green* (Cambridge, MA: MIT Press, 2012), xvi.

13. Robert L. Smith, "Youngstown Business Incubator Named World's Best," *Cleveland Plain Dealer*, September 16, 2014, http://www.cleveland.com/business/index.ssf/2014/09/youngstown_business_incubator.html.

14. Quoted in Claire Cain Miller, "Why Men Don't Want Jobs Done

Mostly by Women," *New York Times*, January 4, 2017, https://www.nytimes.com/2017/01/04/upshot/why-men-dont-want-the-jobs-done-mostly-by-women.html?mcubz=1.

15. Richard C. Longworth, *Caught in the Middle: America's Heartland in the Age of Globalism* (New York: Bloomsbury, 2008), 47–48.

16. Quoted in Miller, "Why Men Don't Want Jobs Done Mostly by Women."

17. Scott Andes et al., *Capturing the Next Economy: Pittsburgh's Rise as a Global Innovation City* (Washington, DC: The Brookings Institution, 2017), https://www.brookings.edu/wp-content/uploads/2017/09/pittsburgh_full.pdf.

18. Ibid., 30.

19. Ibid., 20.

20. Ibid., 6.

21. Playhouse Square website, http://www.playhousesquare.org/about-playhousesquare-main/about-playhousesquare.

22. David Z. Morris, "Why Millennials Are About to Leave Cities in Droves," *Fortune*, March 28, 2016, http://fortune.com/2016/03/28/millennials-leaving-cities/.

23. Although the saying is most often attributed to the Danish physicist, it almost certainly does not originate with him, nor with Yogi Berra; the best available evidence suggests that it is Danish, but from an earlier, anonymous source. See: https://quoteinvestigator.com/2013/10/20/no-predict/.

24. Aric Jenkins, "Robots Could Steal 40% of U.S. Jobs by 2030," *Fortune*, March 24, 2017, http://fortune.com/2017/03/24/pwc-robots-jobs-study/.

25. Bureau of Labor Statistics, Current Population Survey, https://www.bls.gov/cps/cpsaat11.pdf.

26. Quoted in Vinnie Lauria, "What Makes an Asian Tiger? Singapore's Unlikely Economic Success Lies in Its History," *Forbes Asia*, July 10, 2014, https://www.forbes.com/sites/forbesasia/2014/07/10/what-makes-an-asian-tiger-singapores-unlikely-economic-success-lies-in-its-history/#19d637366697.

图书在版编目(CIP)数据

裂城：美国城市的贫穷与繁荣／（美）艾伦·马拉赫著；高舒琦等译．—上海：上海社会科学院出版社，2025
书名原文：The Divided City：Poverty and Prosperity in Urban America
ISBN 978-7-5520-4044-9

Ⅰ.①裂… Ⅱ.①艾… ②高… Ⅲ.①工业城市—城市史—研究—美国 Ⅳ.①K712.9

中国国家版本馆 CIP 数据核字(2023)第 004396 号

The Divided City: Poverty and Prosperity in Urban America
Copyright © 2018 by Alan Mallach
Published by arrangement with Island Press
Simplified Chinese Translation Copyright © 2024 by Shanghai Academy of Social Sciences Press
All Rights Reserved

上海市版权局著作权合同登记号：图字 09-2023-0409

裂城：美国城市的贫穷与繁荣

著　　者：[美]艾伦·马拉赫
译　　者：高舒琦　赵牧荑
责任编辑：应韶荃
封面设计：杨晨安
出版发行：上海社会科学院出版社
　　　　　上海顺昌路 622 号　邮编 200025
　　　　　电话总机 021-63315947　销售热线 021-53063735
　　　　　https://cbs.sass.org.cn　E-mail:sassp@sassp.cn
排　　版：南京展望文化发展有限公司
印　　刷：上海市崇明县裕安印刷厂
开　　本：890 毫米×1240 毫米　1/32
印　　张：13.25
字　　数：275 千
版　　次：2025 年 1 月第 1 版　2025 年 1 月第 1 次印刷

ISBN 978-7-5520-4044-9/K·678　　　　定价：88.00 元

版权所有　翻印必究